中國学術思想 研究輯刊

三四編

林慶彰 主編

第7冊

異端的儒學
——李贄《九正易因》研究論文集

袁光儀 著

花木蘭文化事業有限公司

國家圖書館出版品預行編目資料

異端的儒學——李贄《九正易因》研究論文集／袁光儀 著 --
初版 -- 新北市：花木蘭文化事業有限公司，2021〔民110〕
序 12+ 目 2+174 面；19×26 公分
（中國學術思想研究輯刊 三四編；第 7 冊）
ISBN 978-986-518-490-2（精裝）
1.（明）李贄 2. 學術思想 3. 儒學
030.8   110010875

ISBN-978-986-518-490-2

9 789865 184902

中國學術思想研究輯刊
三四編 第 七 冊   ISBN：978-986-518-490-2

異端的儒學
——李贄《九正易因》研究論文集

作　　者　袁光儀
主　　編　林慶彰
總 編 輯　杜潔祥
副總編輯　楊嘉樂
編　　輯　許郁翎、張雅淋、潘玟靜　美術編輯　陳逸婷
出　　版　花木蘭文化事業有限公司
發 行 人　高小娟
聯絡地址　235 新北市中和區中安街七二號十三樓
　　　　　電話：02-2923-1455／傳真：02-2923-1452
網　　址　http://www.huamulan.tw 信箱 service@huamulans.com
印　　刷　普羅文化出版廣告事業
封面設計　劉開工作室
初　　版　2021 年 9 月
全書字數　167476 字
定　　價　三四編 14 冊（精裝）新台幣 36,000 元

異端的儒學
——李贄《九正易因》研究論文集

袁光儀　著

作者簡介

袁光儀，1970 年生，國立臺灣師範大學國文學系學士、碩士、博士。曾任國中教師，現任國立臺北大學中文系教授。著有《晚明之儒家道德哲學與世俗道德範例研究——劉蕺山《人譜》與《了凡四訓》、《菜根譚》之比較》、《李卓吾新論》、《彼我同為聖賢——耿定向與李卓吾之學術論爭新探》等書，與有關李贄、耿定向，以及晚明儒學相關議題之論文多篇。

提　要

　　本書收錄有關李贄《九正易因》一書之研究論著，包括專書一部、論文兩篇。

　　李贄向被視為反傳統的異端，然《九正易因》作為李贄生平最後一部著作，實代表李贄對儒學之正面表詮，故筆者以《異端的儒學——李贄《九正易因》闡論》一書作一申發。全書共分五章，第一章以「一條擴展李贄與儒學研究的新路徑」衡定其書研究之價值。第二章申明其書以文王孔子之神聖為法的基本態度，則知其所謂「反傳統」，乃據儒者聖王之理想，批判專制現實之悖離，面對此理想與現實相違的狀況，李贄之易學詮釋，亦著重闡釋文王「深於憂患」之智慧。其下三章則首先以「仁者以天地萬物為一體」為題，闡釋《九正易因》所展現之真道學精神，又細分三節作申述：仁者襟懷之具體表現、萬物一體之精神境界與仁者修養之反求諸己。第四章則題為「蒙以養正——藉《九正易因》之〈蒙卦〉解重探〈童心說〉之真諦」，藉由〈童心說〉與李贄解《易》之義理融貫，使「童心」即「人之正性」一義得以充分彰明。由於李贄於〈乾〉申揚聖凡之平等，於〈坤〉又強調「君尊臣卑之正道」，故第五章再由此兩種看似相反的形象談起，反思李贄與儒學在專制時代之矛盾困境及其價值重估。

　　〈從李贄對蘇軾學術之評價考察其思想之建樹——以《九正易因》對《東坡易傳》之徵引討論為核心〉一篇，旨在申明李贄特加看重蘇軾易學，其背後所隱含的意義。可謂乃以「萬物一體」之精神，既能掌握洛學言道德性命之精微，且更尊重、吸納蜀學之優長，故能消融洛、蜀二派之對立，展現「君子和而不同」之修養與胸襟。

　　〈從《易因》到《九正易因》——論李贄易學詮釋之發展與完成〉一篇，由李贄從《易因》之撰作至《九正易因》之改訂，觀察其易學詮釋之演進，可知其中許多重要主張，在《易因》中已然大備，然其時仍有較多的看法依循前儒之說，並廣納朋友之見；而至《九正易因》之定稿，則重在闡明個人獨特的見解並勇於提出體例之創新，自二書內容之變與不變中，李贄易學詮釋之特殊內涵及其意義於茲見焉。

出版序

　　《異端的儒學——李贄《九正易因》闡論》一書，是筆者獲得國科會（今科技部）專題研究計畫「李贄易學研究」（計畫編號：NSC 98-2410-H-305-054-）之獎助，陸續完成數篇論文，其後再加改寫統整而成（詳見後篇本書原序之說明），由此申請升等副教授而順利通過。本書原於 2012 年委由高雄復文圖書出版社刊印，當時乃自費出版，採少量印刷，除了自贈師友以及母校臺灣師大國文所與任教學校臺北大學圖書館外，只有十本委由出版社賣出。當時只覺得這麼冷門的研究，大概也沒人要看，多印也是浪費，出版社賣完十本也就算了，然而這麼多年下來，關於《九正易因》的研究，只偶而看到對岸有些單篇論文發表，研究者大概也無從看到我的著作，不免還是覺得有點寂寞。——其實我倒是甘於寂寞的，如果別人忽然告訴我看過我的論文，我常常會覺得驚嚇，大家都不知道我，或許才讓我比較心安，所以我所謂的寂寞並不是指我個人。我只是不忍看到李贄這位孤獨的思想家，他臨終前如此看重的這部著作，後世卻很少有人去仔細研究它。儘管在晚明時期他就已經是個「暢銷作家」、儘管五四以來也有許多學者對他十分推崇，但究竟有幾人能真心認同他「法文王、法孔子」的思想？且能真心肯定他確實是一位「上足以闡羲文孔孟之心傳，下足以紹周邵陳王之嫡統」（馬經綸〈與當道書〉）的真道學呢？博士論文口試委員劉錦賢老師曾許我為「卓吾的知音」，雖然我對這個稱號還是很心虛的——他的著作太多，我亦無法通讀；就算讀過的，也不敢說都能通解——但無論如何，能夠不讓自己更心虛的方式之一，就是希望我所認識的李卓吾，也有機會能夠讓更多人理解。所以，要感謝花木蘭出版社願意幫我出版這本書，雖然我還是不知道，在一系列的叢刊中，究竟能有幾位

讀者會看到這本小書，但也正因附在這樣一套大部叢刊之中，可以與眾多學者的論著一同保存，應該還是可以增加一點本書的能見度吧？總之，除了感謝，還是感謝。

在這本《異端的儒學》之外，本書也收錄了我另外兩篇有關《九正易因》的研究論文，以下對其寫作因緣亦作一介紹：

〈從李贄對蘇軾學術之評價考察其思想之建樹——以《九正易因》對《東坡易傳》之徵引討論為核心〉一篇，原刊於《成大中文學報》第 43 期（2013/12，頁 47～86），是國科會計畫「李贄《九正易因》與蘇軾《東坡易傳》之比較研究」（100-2410-H-305-048-）的研究成果。之所以提出這個計畫，首先是在研讀《九正易因》的過程中，發現李贄在書中附錄歷代諸家《易》說，其中引用最多的便是蘇軾《易傳》，且對其他諸家皆只有附錄其說而從未置評，唯獨對蘇軾之說每有批語討論，或肯定、或駁正，實是一值得考察的特殊現象；其次再關注到李贄其他著作書信中論及蘇軾之言，亦可見李贄對於蘇軾其人其學之看重與賞愛，而袁中道〈跋李氏遺書〉更有「卓吾李先生，今之子瞻也」一說，與其他相關史料文獻相對照，既可見李贄在晚明其時表彰蘇學之功，亦可見李贄在當時晚明文人心目中，亦有類似於蘇軾為宋代文壇盟主之地位。筆者前此已撰有〈卓吾李先生，今之子瞻也——李贄與蘇軾並論之意義探討〉一篇，乃應大陸李贄研究專家張建業教授舉辦李贄學術研討會之邀稿，後由張教授推薦刊登於《北京科技大學學報·社會科學版》第 28 卷第 4 期（2012/12，頁 22～30），該篇或可謂為本篇論文之初稿。在〈卓吾李先生，今之子瞻也〉一文中，李贄《九正易因》大量徵引《東坡易傳》的現象，只是其推重蘇軾之一例證，文中更多篇幅在論李贄與晚明「蘇學復勝」之風潮，以及李贄對「洛學」（道學）與「蜀學」（文學）之調合；而本篇論文以上述研究為基礎，重點則聚焦於《九正易因》徵引討論《東坡易傳》之思想內容。然而，從李贄在〈同人〉與〈睽〉卦中對蘇軾《易》說或讚許或駁正的觀點，亦可見其主張「和而不同」、「相反相成」的態度，與其涵融洛、蜀的精神，正可相互印證。雖然〈卓吾李先生，今之子瞻也〉一文之架構及內容重點，與本篇論文並不相同，但引證之史料文獻畢竟多所重複，相關論點亦為後者所承襲，且文中論及《九正易因》的部分亦不多，故本書不加收錄，然其作為本篇論文研究之基礎，亦有本篇論文未能納入之內容，卻彷彿是不受寵的長子被弟妹取代了父母心目中的地位一般，思之略有所憾，故在此略記數

語，以茲紀念。

〈從《易因》到《九正易因》——論李贄易學詮釋之發展與完成〉一篇，就本質上來說是一篇指定作業，緣於張建業教授完成《李贄全集注》之後，仍持續校訂《全集》中尚未收錄的其他李贄著作，而將《九正易因》之初稿——《易因》一書的點校工作囑託於我，並希望我完成之後撰寫一篇主題論文，於是而有本篇之作，完成之後便由張教授推薦刊登於《閩南》第 64 期（2018/4，頁 2～18）。其時我亦恰好以「李贄的道家詮釋」一題，獲得科技部專題研究計畫之獎助（106-2410-H-305-066-MY2），而我在撰作《異端的儒學——李贄《九正易因》闡論》一書時，便已採用「聖人無功」（第三章第二節四）此一出於《莊子・逍遙遊》之語來闡述李贄所論之聖王精神，而在「李贄的道家詮釋」一題的思考下，再回頭研讀《易因》與《九正易因》，則更可看出李贄心目中的聖王，除了儒者「樂以天下，憂以天下」、以萬物為一體的仁者襟懷，乃以「惓惓欲人作聖」之性善宗旨為根柢以外，更強調無為無名、以剛下柔、用在柔中等道家智慧，由此對於李贄學術中儒道交融的精神，亦有更深刻的感受。

在完成〈從《易因》到《九正易因》〉後，又逢系上舉辦第八屆中國文哲之當代詮釋國際學術研討會，我便以〈以「無」之妙用踐「仁」之本體——論李贄儒道交融的生命與學術〉為題，而以李贄《老子解》與《九正易因》為主要討論的文獻（其一是其歸隱之初便已完成的道家專著，其一則是其臨終前以文王孔子為法的蓋棺之作），闡發我對李贄生命人格與學術精神的體悟。不過，那時我剛升等教授不久，印象深刻的是多年以前參加研討會時聽到陳金木教授說過的一段話，他說：「我以前不知道升教授有什麼好處，後來我發現，升教授最大的好處，便是論文可以不必再給別人審了，我可以寫自己想寫的東西。」我當時也有這種心態，只想寫下自己多年來對李贄兼融儒道的生命學術之體會，或未能詳述我這些「結論」背後的理據從何而來。當時研討會的與談人鍾彩鈞老師很和善，只提醒我一些註釋上的小建議，會後也與我討論李贄究竟是儒是道的問題（我認為李贄本質上是個道家，但同時有著儒者對社會人群的大愛關懷，故有袁中道〈李溫陵傳〉中所說的「本絕意仕進人也，而專談用世之略」等表現），對於李贄既道且儒的生命人格在晚明官場中處處牴牾的矛盾痛苦，我們都十分感喟。然而因為該篇論文畢竟是科技部專題研究計畫的成果，似乎仍須投稿期刊論文正式發表才不負獎助，而其初稿

便逾三萬多字，即使濃縮刪略為三萬字以內，也只有少數核心期刊得以容納，於是審查過程便不能如當初陳金木教授說的如此瀟灑了，在幾次曠日費時的改寫投稿過程中，雖然也有審查委員肯定「本文資料搜集與應用、章節與層次安排、推論與文字鋪陳等，皆有一定之程度。如就作者之題旨界定，本文是一篇可推薦的論文」，然亦多有委員對於文中所謂李贄「生命本質」之說有所商榷，以為不能合於客觀學術研究之矩矱，此外亦提出許多建議，期勉本篇論文應再求嚴謹與周詳。而《成大中文學報》的審查委員之意見，則令我讀之汗顏，他說：「本篇論文的主旨，袁光儀的專著《異端的儒學：李贄《九正易因》闡論》已有深入詳密的論述，本篇論文並未有超出該專著的論點，相形之下，顯得粗略了些。」又曰：「《九正易因‧蒙卦》……或可見良知之說與童心說之相契，但作者引而未發，粗略帶過，未若袁光儀〈蒙以養正：李贄《九正易因》之〈蒙卦〉解與「童心說」〉之詳明和深入。」這些評論讓我既驚且愧，竟然有委員讀過我的專著！（真的驚嚇了，應該是當年升等過程中負責審查的某位委員吧？）雖然其說看似對我《異端的儒學》一書以及〈蒙以養正〉論文的肯定，但簡而言之，委員是說我，退步了。

無論如何，《異端的儒學》既能蒙審查委員之謬讚，或許，將它重新出版也是有些正面意義的吧！這便是今年收到花木蘭出版社之邀稿時，我願意再花時間將本書整理出版的重要原因。不過，因為每年總有新的科技部計畫要進行，也有新的課務調整要準備，關於〈以「無」之妙用踐「仁」之本體〉一文，究竟何時能有心力如委員的建議再加修訂，我自己都沒把握，所以也來不及收入本書之中。畢竟作為「李贄的道家詮釋」一題的研究成果，該篇的重點應更放在《老子解》才對，只是認為李贄《老子解》的文句太過簡略，而《九正易因》闡述的聖王精神正能作一印證與補充，所以便把二書放在一起談。究其實，該篇也不算是《九正易因》的主題研究，沒放進來也是無所謂的。

其實我真的很難拿捏，在累積了多年的李贄研究與論文撰寫之後，在援引既有成果作為論述之前提時，要如何仍作充分的論證，且又不流於重複贅述與自我抄襲？審查委員指為粗略帶過者，實因我在前此之論著中已有論證申明，故只以其結論作為後續研究探討之前提，然若專就該篇論文來看，其闡述不足，則未免令讀者生疑，但其詳略之間當如何取捨，即使斟酌再三，也依然令人（不論是讀者或自己）無法滿意。如本書的三篇論著，亦不免有

某些重複之處，在各篇獨立的文章脈絡中亦難刪略，但合併於一書中卻委實有點尷尬，尤其《異端的儒學》原本只有少量印刷，見者極罕，在寫〈從《易因》到《九正易因》〉時，覺得有些《異端的儒學》已有的內容，仍是該篇所應論述的重點，便直接援用了，如今也無心力再作統整改寫。只有〈從李贄對蘇軾學術之評價考察其思想之建樹〉一篇，因當初發表時限於字數而刻意減省，某些對文獻的討論只在文中夾敘夾議，這次則補上獨立段落的標楷體引文，讓讀者閱讀時更加完整清楚，其他除了註釋體例再求統一完備之外，大抵而言，各篇只維持當初發表時的原貌，故或有彼此重複冗贅之處卻未作刪改，而近年來所見更多的研究材料亦未作增益補充，凡此諸病，也只能請讀者見諒。

　　此外，還想分享的是，當我越是深入了解李贄其人其學，越能感受其童心之真誠不容偽，其所謂「身履是事，口便說是事」（〈答耿司寇〉），此一態度便是其對己對人的一貫標準，因此我深信李贄《九正易因》中所謂以文王孔子為法，並非虛言空論，而是他以切身的體驗所感悟踐行的生命境界。正如李贄在〈豫約・感慨平生〉一文中，記他任姚安太守時與駱守道（駱問禮，1527～1608）之意見衝突，曰：「余嘗苦勸駱曰：『邊方雜夷，法難盡執，日過一日，與軍與夷共享太平足矣。仕於此者，無家則難住；攜家則萬里崎嶇而入，狼狽而去，尤不可不體念之！但有一能，即為賢者，豈容備責？但無人告發，即裝聾啞，何須細問？蓋清謹勇往，只可責己，不可責人，若盡責人，則我之清能亦不足為美矣，況天下事亦只宜如此耶！』嗟嗟！孰知余竟以此相觸也哉！雖相觸，然使余得以薦人，必以駱為薦首也。」文中既強調不論治軍治民乃至面對群僚下屬，皆不應刻厲，而須寬和包容，更以「清謹勇往，只可責己，不可責人」作為己身自律的標準，且即使與駱理念不合，仍表示「使余得以薦人，必以駱為薦首」，可見其處事大公而不記私怨，這難道不就是他在《九正易因》中中言的文王孔子以萬物為一體的精神之具體表現嗎？其姚安治績，如袁中道〈李溫陵傳〉言：「為守，法令清簡，不言而治」，《雲南通志》則載其致仕之時，「士民攀轅臥道，車不能發」，可見其能令百姓悅服，實非一般尋常官吏可比。凡此，難道不能證明李贄的生命實踐，即其學術之具體印證；而其學術，亦絕不是理論空言，而正是由其生命實踐所凝煉而成的智慧境界？然其所謂「但有一能，即為賢者，豈容備責？但無人告發，即裝聾啞，何須細問？」對律法規範採取不主動施行，備而不用的態度，若

以今日法治的標準來看，雖然是不夠客觀嚴謹的，但那也只是因為這個世間缺少以萬物為一體的聖人，而不能要求聖人需要以現代人的心態來看待人事。總之，李贄強調「縱不讀書，童心固自在也，縱多讀書，亦以護此童心而使之勿失焉耳」，因此讀李贄之書，我也與自身童心相印證，相信李贄生命學術之一貫，絕然有其「言顧行，行顧言」之一致性，誠不我欺。然則以這樣的信念來寫李贄的研究論文，是主觀？不客觀？老實說，就我主觀的理解來看，我以為儒釋道三教的學問都應該是要能與自身生命相印證的學問，而面對極度要求問學真誠的李贄，研究他的學術時舉其生命以相印證，亦當合於李贄論學之初心。只是論文究竟要如何寫，才能讓讀者認同「出於主體生命的真誠、且能與其生命實踐相印證的學問，才是李贄心目中的真道學」，正是一種對李贄學術的一種「客觀」理解？真的，很困難啊。

最後要再補充的是，由於李贄落髮出家，且自居異端，因此早期研究中，對李贄思想的研究，多著重其佛學的探討，而本書卻以李贄之儒學為主題，如前述拙稿〈以「無」之妙用踐「仁」之本體〉一文，論李贄學術中之儒道交融，亦有委員質疑我如何能將李贄的佛學排除在外，故亦在此略作說明。其實論及《九正易因》只能以李贄的「儒學」為主題，最簡單的理由，就是這部被李贄視為「我得《九正易因》成，死快矣」（袁中道〈李溫陵傳〉）的蓋棺之作，在其開宗明義〈讀易要語〉中便明白宣示：「法神聖者，法孔子者也，法文王者也」，其中所謂的文王孔子的「神聖心事」，亦多能與其《老子解》所申明的道家智慧相印證，但卻未嘗有一字論及佛語，所以我在相關論文中，自然無法憑空討論李贄的佛學。

而論及李贄對佛學的態度，我與許多學者的看法或許也有不同，李贄自謂：「雖落髮為僧，而實儒也」（《初潭集·序》），即可見其即使學佛，仍以儒者自居的態度。雖然佛學在李贄生命中亦是重要的一環，但其主要在於「了生死」的生命關懷上。就筆者來看，李贄批評儒者闢佛，乃因佛學在「了生死」議題上自有其深刻的洞悟，非儒者所能貶抑，且其智慧更為儒者所可取法（如其《卓吾先生批評龍谿王先生語錄鈔八卷》中，便每以眉批指出某句出自佛經，某段「通是禪語」等等），除此之外，主要乃以儒者自身「萬物一體」的標準以及道家「以無為治天下」的精神來詰問儒者：「應當如何看待佛學，才是一位『真道學』所該有的胸襟？」就個人學術的抉擇上，李贄認為「願作聖者師聖，願為佛者宗佛」（《焚書·復鄧石陽》），應該完全尊重個人

意願，但問題在於心懷「治天下」之理想的儒者必須要有此自覺：不能以個人意志揚此抑彼，而應保障不同學術之自由取擇、自由發展。因此，李贄「本絕意仕進人也，而專談用世之略」，前者之避世學佛，是他個人「老而怕死」（《焚書·復鄧石陽》）的追求，若無真切「了生死」的關懷則不學也可，與他人何干？但「用世」則屬公眾事務，所有關懷社會人群的知識分子，當然都有權利發聲，故李贄亦必責求「用世」的道學家，必當擁有尊重個人自由的胸襟，否則在其治下的社會，又豈能合於儒者仁心仁政的初衷？面對「用世」的問題，責求的對象自然是儒家，本與佛老無關，但道家之「無」，則是三教皆不可不知的共法（牟宗三語），至於佛家的智慧，是在於如何了生死、成佛解脫上，而不是在解決如何「治天下」的問題上，因此若要治天下，所可法者當然是文王、孔子，李贄對儒、佛二家的分判，其實是很清楚的。

其次，佛教在李贄出處進退的抉擇上當然亦有其重要性，但如他在〈豫約·感慨平生〉所自述的：「我亦出家，寧有過人者？蓋大有不得已焉耳，非以出家為好而後出家也，亦非以必出家乃可修道然後出家也⋯⋯只以不願屬人管一節，既棄官，又不肯回家，乃其本心實意。特以世人難信，故一向不肯言之。」可見他學佛求道，追求了生死之學，固有其生命的真實悲感，但「出家」一事明顯是他的道家性格對世俗社會的抗爭。總之，就筆者來看，面對人世，入世即儒，避世即道，但道家心在山林，猶在人間，與儒猶有會通之道，但佛教真正的關懷不在人間，而是彼岸，故儒者每以闢佛為主。此外，身在廟堂而無異山林，可以是跡冥圓融，儒道會通，亦可能是鄉愿偽學，貌似神異，毫釐之辨，孰能洞悉？而又是否可以不辨？無心置辯即道即佛，若儒者，則必如孟子：「予豈好辯哉？予不得已也。」由此觀之，嚴屬批判假道學的李贄，究竟是儒還是佛呢？觀李贄言行，其一方面批評儒者：「最高之儒，狥名已矣⋯⋯自入名網，決難得脫，以是知學儒之可畏也。」（《續焚書·與焦漪園太史》）另一方面卻又為「一棒打殺李卓老，立成萬古之名」而說「名滿天下，快活快活」（汪本鈳：〈續刻李氏書序〉），最終則於獄中自割⋯⋯由此來看，他的生命歸趨，與其說是佛教，或不如說正是他所謂的「狥名之儒」。佛教對人生苦海的理解是透澈的，但李贄最大的痛苦根源，除了「老而怕死」，恐怕還是本於道家的自由性靈，在僵化的禮教社會中的窒息感吧？故如林其賢論李贄的佛學，亦只以「求致道的凡夫」視之；但如果從儒學的角度來看，相知者如焦竑，則推崇李贄可以坐聖人第二席（《明儒學案·文端焦澹園先生

竑》），然則李贄儒學的內涵，豈不值得後人深入發掘？

　　雖然，被明清正統道學家視為異端，又被五四以來眾多學者視為反傳統之革命先鋒的李贄，其學術與儒學的關係為何，至今學界或尚有異見；而焦竑對李贄的讚譽，是否能作為其儒學內涵之客觀評價，或亦有待辯證。我無法確定本書所論的李贄儒學與大家所認為的儒學是否相同，只是希望藉由《九正易因》一書的研究，能將李贄心目中的「真道學」「是什麼」說清楚而已。我喜歡他所詮釋的文王、孔子，也認為他所闡釋的「神聖心事」與歷代大儒之說相互印證，實乃心同理同，但這一體認是主觀，還是客觀呢？「喜歡」本身是主觀的，舉歷代大儒之說相印證則是客觀的，但如何詮解李贄與歷代大儒之說？如果別人的詮解不同於我，究竟誰的詮解才是客觀的呢？我只知道，讀李贄開拓了我的視野與心靈，以往對儒學的許多困惑，受到李贄的啟發，我也逐漸找到屬於自身的解答，這些心得啟發或許都是主觀的，但也未必便沒有客觀的學術意義。這些年來我很幸運地每年能得到科技部計畫的獎助，我都以僥倖視之，我常常懷疑著自己，並沒有能力完成自己所提出的研究計畫，因此每次得到後也會懷疑這是不是就是最後一次了。我覺得過去之所以能通過獎助，只是因為我會「問問題」而已，李贄正是一個讓我有很多問題可以追問的人，而這本書則是我追問李贄之異端何以為異、真道學之何以為真、儒學之何以為儒的一個階段性成果。我能確信這些追問是有學術意義的問題，至於得出的成果有多少學術價值，則或許只能從所收諸篇論文之通過刊登、順利升等及審查委員的片語肯定中得到些許安慰，但如果出版之後，亦有讀者認為這本小書對於認識李贄儒學的真貌是有幫助的，大概就是我所能想見撰作本書的意義所在了。

書　序

　　本書之寫作，乃承蒙國科會通過專題研究計畫之補助（計畫名稱：李贄易學研究，計畫編號：NSC 98-2410-H-305-054-），陸續發表數篇論文，再重新加以整理改寫而成。本題之研究，以李贄《九正易因》一書為核心，其書乃李贄一生竭盡心力完成的最後一部著作，其中的內涵精神，實足以證明李贄學術乃一「上足以闡羲文孔孟之心傳，下足以紹周邵陳王之嫡統」（馬經綸：〈與當道書〉，收入《李溫陵外紀》）的真道學，然其書既為長期研究所忽略，而此一學術本質，亦與其長期以來被視為「異端」的形象大相逕庭。實則李贄曾謂：「《李氏焚書》，大抵多因緣語、忿激語，不比尋常套語，恐覽者或生怪憾，故名曰《焚書》，言其當焚而棄之也。」（〈答焦漪園〉，《焚書》卷一，頁7）其忿激之語，僅可視為一種破執之論，遮詮之說，唯有《九正易因》一書，方能代表李贄對儒學之正面表詮。然而，仔細尋繹《九正易因》之內容，在與孔孟儒學一脈相承的精神之外，確亦有著許多超越傳統道學的思維，李贄以「法文王、法孔子」為最高標準，而對後世道學有許多愛深責切的批判，不但違反晚明當時道學主流的價值觀，即使在二十一世紀的今日，仍顯得十分先進；由此吾人對於李贄所以被視為「異端」之故，亦可有另一重了解，故本書仍以「異端的儒學」為名，闡揚李贄這一套別具心眼的「真道學」。以下將各章大旨略作說明：

　　第一章「《九正易因》——一條擴展李贄與儒學研究的新路徑」，以及第二章「《九正易因》思想性格之基本定位」，改寫於〈李贄《九正易因》初論——一條擴展李贄與儒學研究的新路徑〉，原文發表於第四屆中國文哲之當代詮釋學術研討會，及《臺北大學中文學報》第8期（2010年9月）。前一章先

回顧既有的李贄研究之概況,申明《九正易因》與李贄儒學研究之意義與價值;第二章則以《九正易因‧讀易要語》為核心,申明李贄之易學詮釋,乃以「法文王、法孔子」及「文王之深於憂患」為其根本精神,並對前輩學者之所謂「反傳統」思想作一討論,以作為其後研究之基礎。

第三章「仁者以天地萬物為一體——《九正易因》所展現之『真道學』精神」,乃由〈仁者以天地萬物為一體——李贄儒學闡微〉一篇改寫而成,原文發表於《成大宗教與文化學報》第 15 期(2010 年 12 月)。全章多方引述《九正易因》對各卦之詮釋,以「仁者襟懷之具體表現」一節,闡明仁者「樂以天下,憂以天下」之精神,既愛民如子,亦愛君如父,即使對於缺乏道德自覺之小人,亦能寬容以待;而「萬物一體之精神境界」一節,則分作「聖凡平等、寬恕包容、和平反戰、聖人無功」四小節,闡明李贄心目中聖人襟懷的內涵;第三節「仁者修養之反求諸己」,則就「憂患意識之戒懼惕勵、道德生命之超越昇進、身處憂患之卑巽艱貞」三小節,析論仁者道德實踐之態度表現。綜觀《九正易因》所展現之「仁者以天地萬物為一體」的精神,證之論、孟、六經,與歷代大儒之言行表現,實無不同,但在「陽為道學,陰為富貴」的掌權者眼中,自然是一種危及其權威正當性的革命造反,故李贄之「真道學」在專制時代被視為異端,實亦屬理所當然,然而在時移世易之後,則更可看出儒學萬古常新之價值所在。

第四章「蒙以養正——藉《九正易因》之〈蒙卦〉解重探〈童心說〉之真諦」,原題〈蒙以養正——李贄《九正易因》之〈蒙卦〉解與「童心說」〉,發表於《成大中文學報》第 29 期(2010 年 7 月)。有鑑於眾多學者的李贄研究,往往以「童心說」概括其學術宗旨,然而關於「童心」之內涵,學者則仍有諸多異說;而〈童心說〉一文中對「道理聞見」、「六經、語、孟」之批判,更與《九正易因》所謂「法文王、法孔子」之說,看似矛盾衝突,而既有研究中,亦尚未有一貫之詮解。《易》之〈蒙卦〉象徵「物之稺也」,與「童心者,心之初」的階段正相彷彿,而李贄《九正易因》之〈蒙卦〉解的內容,與〈童心說〉亦正有互文足義的作用,卻少有學者能對比而觀之,故本章藉《九正易因》之〈蒙卦〉解作一對照,將「童心說」之內涵與精神重加探討,以「童心之正」、「聞見之蔽」與「啟蒙之道」,申述李贄〈蒙卦〉解與其〈童心說〉之義理融貫。裨使《焚書》(〈童心說〉收錄於此)之「因緣語、忿激語」,與《九正易因》「法文王、孔子」之「真要語」,能獲得一貫之說解,由此方能看清李

贄學術之真貌，正是一同情包容，且更同等尊重所有蒙者的大愛精神。

　　第五章「推尊君王與聖凡平等——從李贄學術之精神看儒學的本質及其意義」，以李贄強調「推尊君王」（則聖凡懸絕）而又主張「聖凡平等」，看似兩極矛盾的主張，反思背後「一以貫之」的精神所在。「推尊君王」與「聖凡平等」，在第三章論「仁者以天地萬物為一體」時，實已有所闡述，本章則再引述《焚書》、《藏書》中的內容加以印證之，以破除長期以來對其「因緣語」、「忿激語」之誤讀與誤解。此外，五四以來之研究，多僅宣揚李贄「聖凡平等」的精神，且視之為「反封建」、「反傳統」之進步思想；不但忽略其亦有「推尊君王」的一面，且更將儒者忠君之主張，視為封建專制之幫兇，從而否定貶抑儒學之價值。然而，經由本書之反覆探討，既知李贄之「真道學」，亦即「法文王、法孔子」之真儒學，則其「推尊君王」而又強調「聖凡平等」，當然亦同樣反映了儒學之本質精神：「推尊君王」是身處專制時代的儒者尊重既有體制的和平理性，但「聖凡平等」才是儒者道德理想主義之政治藍圖。儒者之理想政治，在專制現實中固然難以真正落實，但「推尊君王」所代表的精神，乃尊重既有體制的和平理性，故反對「以暴易暴」的革命戰爭，此一和平反戰的性格，在走過兩次大戰、邁向二十一世紀地球村的時代中，應當重新彰揚其中宏闊的胸襟與深厚的智慧，乃當今人類之所未到，實具有亙古彌新的價值。本章主要內容，曾於 2011/10/15 第五屆中國文哲之當代詮釋學術研討會中發表，原題〈反封建與尊君王——論李贄學術之矛盾及其意義〉，承蒙主持人鄭志明教授之指教，認為「反封建」既是反傳統論者在意識型態框架下對李贄的誤解，其看似矛盾亦非李贄學術本身之矛盾，則筆者若要彰明李贄學術之真貌，便應跳脫既有框架，不要再以「反封建」云云定位李贄超越時代的見解，而當如實地還原其學術的真貌，故本章題目重作調整，內文亦再加引證與補充說明，期使讀者能更清楚筆者論述之重點，且更表彰李贄自言其著書「於聖教有益無損」的學術宗旨所在。誠如本書第一章標題，本書之研究以《九正易因》為始，其目標亦在擴展既有的儒學研究，故以本章之討論作結。但願當今所有表彰李贄者，亦皆能真知其「法文王、法孔子」之真道學；而宣揚孔孟儒學者，亦皆能堅持和平理性，堅持寬容博愛，堅決反對戰爭，永遠保有獨立於政治權力之外的清明心志，正視社會底層「下下人」的尊嚴與福祉……。如此高標準之「真道學」，在二十一世紀之今日，確實依然是個曲高和寡之「異端」，但正是這樣的「異端」，才真正具體彰顯了

所謂「夫子之道大，故天下莫能容」（《史記‧孔子世家》），確實是如子貢所讚嘆之「仲尼，日月也」（《論語‧子張》第 24 章），其輝光日新，永遠地引領著人類文明發展的方向。

目

次

第一章 《九正易因》——一條擴展李贄與儒學研究的新路徑

第一節 既有研究中的李贄與儒學

李贄（號卓吾，1527～1602）是晚明毀譽兩極的思想家，一方面他以其特立的言行自居「異端」〔註1〕，又以其「聰明蓋代，議論間有過奇」〔註2〕，而使其著作在晚明風靡一時，所謂：「海以內無不讀先生之書者，無不欲盡先生之書而讀之者，讀之不已或並其偽者而亦讀矣。……第浸至今日，坊間一切戲劇淫譃，刻本批點，動曰卓吾先生。」〔註3〕然而所著《焚書》、《藏書》亦成為獲罪之由。萬曆三十年，禮科都給事中張問達（？～1625）上疏彈劾，而以「敢倡亂道，惑世誣民」的罪名被補下獄〔註4〕，以至明末三大儒與清代

〔註1〕李贄：〈答焦漪園〉：「今世俗子與一切假道學，共以異端目我，我謂不如遂為異端，免彼等以虛名加我，何如？」（《焚書》卷一，頁7，張建業主編：《李贄文集》第一卷，北京：社會科學文獻出版社，2000年。案：本書所引李贄著作，除另行標註者外，皆採用《李贄文集》全七卷。又：張建業主編《李贄文集》後，2010年又有《李贄全集注》共二十六冊問世，凡此皆減省了後學在資料收集上的無數心力。）
〔註2〕沈德符（1578～1642）：《萬曆野獲編・四・二大教主》，臺北：偉文圖書公司，卷二七，頁1821。案：本書引用資料，除首次引用標明出版者及出版年外，再次引用時皆省略。
〔註3〕汪本鈳（生卒年不詳）：〈續刻李氏書序〉，《續焚書》，《李贄文集》第1卷，頁3。
〔註4〕《明神宗萬曆實錄》卷三六九。收入張建業主編：《李贄全集注》第二十六冊

《四庫全書》的編纂者，皆視之為叛聖之異端，大加撻伐〔註5〕，其書亦屢遭禁毀。然而，自五四以來，卻又以其「反傳統」的異端色彩，而備受學界之關注。尤其在大陸，數十年來累積之研究，實已堪稱為顯學，不唯諸哲學史中多列入專章介紹，以李贄為主題之各種專書論著亦已累積不下一、二十種。文革前後囿於意識形態之研究姑不置論，近二、三十年來亦累積了許多具有學術意義與價值的研究成果。在李贄的眾多著作中，《九正易因》乃其闡明易理之專著，亦是正面表述其儒學思想內涵的作品，在其學術中實佔有重要的地位，但在相關於李贄的大量研究中，至今卻少被深入探討。以下對既有的李贄研究略作回顧，以見本書研究之意義與價值。

　　大陸方面，稍早如張建業《李贄評傳》〔註6〕、林海權《李贄年譜考略》〔註7〕等，對相關史料之蒐羅考訂已甚豐富詳明，此後更有諸多論著闡明其思想學術。如左東嶺《李贄與晚明文學思想》曾獲多項學術獎項〔註8〕，而許蘇民繼1998出版《李贄的真與奇》後，2006年又有《李贄評傳》問世〔註9〕；許建平則於2004、2005連續兩年出版《李卓吾傳》與《李贄思想演變史》〔註10〕，皆可見用力之勤；而即使李贄研究已有許多優秀學者投入心血，出版各種專著，但2007年依舊有傅小凡《李贄哲學思想研究》、傅秋濤《李卓吾傳》、屈小強《自然與自我：從老莊到李贄》、秦學智《李贄大學明德精神論》、王均

　　　　〈附錄一‧李贄研究資料匯編〉（北京：社會科學文獻出版社，2010年，後文引用出於此書者，省作〈李贄研究資料匯編〉），頁326。

〔註5〕如顧炎武（1613～1682）曰：「愚按自古以來小人之無忌憚而敢於叛聖人者，莫甚於李贄。」（《日知錄》卷二十，〈李贄〉，楊勇：《原抄本顧亭林日知錄》，臺南：平平出版社，1974年，頁540～541）王夫之（1619～1692）亦曰：「若近世李贄、鍾惺之流，導天下於邪淫，以釀中夏衣冠之禍，豈非逾於洪水、烈於猛獸者乎？」（《讀通鑑論‧下》卷末〈敘論三〉，臺北：里仁書局，1985年，頁1111）黃宗羲（1610～1695）《明儒學案》中，不避泰州學派諸多爭議性人物，卻獨獨不列李贄，更將其徹底排除於儒門之外。四庫館臣更嚴斥之為「狂悖乖謬，非聖無法」，「其書可燬，其名亦不足以污簡牘」。（《欽定四庫全書總目》，史部卷五○，史部六，別史類存目，《藏書》條，《景印文淵閣四庫全書》第二冊，臺北：臺灣商務印書館，頁2～134。）

〔註6〕福州：福建人民出版社，1981年。

〔註7〕福州：福建人民出版社，1992年。

〔註8〕天津人民出版社，1997年。其獲獎事蹟見氏著《王學與中晚明士人心態》，北京：人民文學出版社，2000年，作者簡介。

〔註9〕分別由南京出版社與南京大學出版社刊行。

〔註10〕分別由北京：東方出版社、北京：人民出版社刊行。

江《衝突與和諧：李贄思想研究》等等新作出版〔註11〕，2010年又有司馬朔《一個異端思想家的心靈史：李贄評傳》〔註12〕，可見有關李贄之研究在大陸實乃方興未艾。相較而言，臺灣方面對李贄之研究未如大陸之盛行，然而博、碩士論文中以李贄為主題者實亦不少，而已出版之專書，如林其賢《李卓吾事蹟繫年》與《李卓吾的佛學與世學》〔註13〕，陳清輝《李卓吾生平及其思想研究》與《李贄思想探賾》〔註14〕，劉季倫《李卓吾》〔註15〕等研究論著，實亦已達相當之成就。此外，域外學者對李贄之思想亦有所關注，如狄百瑞（William. Theodore de Bary，1919～2017）已將李贄學術置於儒學發展之脈絡中〔註16〕，而島田虔次（1917～2000）、溝口雄三（1932～2010）等日本學者之研究，亦皆彰明了李贄學術超越時代的意義〔註17〕，如溝口雄三《李卓吾：正統を步む異端》〔註18〕一書，劉季倫更譽為「可以看作是當世卓吾研究之高峰」〔註19〕。

　　雖然如狄百瑞、島田虔次、溝口雄三之研究，皆已肯定李贄學術為儒學發展之一支，但在海峽兩岸中文學界的研究，即使已擺脫了五四以來視李贄為「反傳統」之異端，且肯定其學術之於陽明心學之承繼關係，但卻少有以「李贄之儒學」作為研究焦點的論著。如左東嶺偏重的是其「文學思想」，林其賢、劉季倫則關注其佛學思想的闡發，如許建平《李贄思想演變史》亦引

〔註11〕 依序由福建人民出版社、湖南人民出版社、濟南出版社、北京：中國傳媒大學，及武漢：華中科技大學等出版社刊行。

〔註12〕 桂林：廣西師範大學出版社。此外，2010年張建業亦有《李贄論》出版（北京：社會科學文獻出版社），乃多年散論之結集。

〔註13〕 臺北：文津出版社，1988、1992年。

〔註14〕 臺北：文津出版社，1993、2003年。

〔註15〕 臺北：東大圖書公司，1999年。

〔註16〕 狄百瑞提出：「十六世紀的明代思想家有一種個人主義的傾向，這種傾向在他們自己的時代裡被認為激進，……但是，就他們的激進思想而言，王陽明門下的泰州學派諸子，尤其是李贄，似乎仍是只有把他們當作新儒學長期發展的結果才能理解。」（狄百瑞著，李弘祺譯：《中國的自由傳統》，臺北：聯經出版事業公司，1983年，頁45）。

〔註17〕 島田虔次：《中國近代思惟的挫折》（甘萬萍譯，南京：江蘇人民出版社，2005年，原書名《中國における近代思惟の挫折》，東京：筑摩書房，1949初版，1970改訂新版），溝口雄三：《中國前近代思想的演變》（林右崇譯，臺北：國立編譯館，1994年，原書名《中國前近代思想の屈折と展開》，東京：東京大學出版會，1980年）。

〔註18〕 東京都：集英社，1985年。

〔註19〕 《李卓吾》，頁6。

《維摩詰經》與李贄思想相印證，又如溝口雄三雖肯定李贄在儒學發展之先驅性地位，但仍著重以佛教之「真空」觀念詮釋其「童心」；此外如屈小強則從道家「自然」的脈絡作觀察等等。當然，誠如李贄自謂：「兩都人物之淵，東南財富之產，陽明先生之徒若孫，及臨濟的派、丹陽正脈，但有一言之幾乎道者，皆某所參禮也。」〔註20〕李贄本身雜揉三教的思想性格，使諸不同角度的觀察研究亦都能言之成理，如傅小凡分析李贄之哲學思想，亦不必強分儒釋道；而陳清輝之研究，則更將李贄之儒、釋、道、法，三教合一，乃至文學、史學、禪學、美學等，皆洋洋灑灑地分而述之──因為在李贄龐大的學術內涵中，各類思想確實皆可一談。此外，無論李贄自言「雖落髮出家，而實儒也」〔註21〕，但五四以來他所以備受關注者，皆如許蘇民之書名所述──「李贄的真與奇」──亦即他異乎傳統的大膽主張，才是吸引眾多學者投入研究的主要原因，因此，站在他對立面的傳統儒學，相對被忽略，似乎也是理所當然的事。

　　但不論如何，就李贄「雖落髮出家，而實儒也」，一心闡明「真道學」〔註22〕的本懷初衷而言，其學術即使雜揉三教，但其承繼或闡釋佛老的思想，亦不當等同於其所謂「真道學」之內涵。晚明其時李贄的推崇者劉東星（晉川，1538～1601）曾贊之曰：「卓吾子者固為人謀而必忠，與朋友交而必信，傳而必習，戰戰兢兢，臨深履薄，恒恐一毫之失墜，所謂其君用之則安富尊榮，其子弟從之則孝弟忠信，卓吾子之身之心皆兼而有之矣。」〔註23〕他眼中的李贄，分明為一醇儒之典型；而祝世祿（1540～1611）序《藏書》，對李贄學術之精神，亦以「性命之學」、「治平大道」詮釋之，且更推崇曰：「由其言，有善治即有真儒；不由其言，無真儒即無善治。」〔註24〕若就其所謂「真儒」的內涵而言，是無法以其佛學思想或其《老子解》、《莊子解》等著作來涵括的；而若欲真知李贄自負為「真道學」之於傳統道學有何承繼與創發，或其究竟是「真儒」或「非儒」，當然亦唯有就儒學的角度來剖析，方能盡其精蘊。

〔註20〕〈答何克齋尚書〉，《焚書》增補一，頁247。

〔註21〕《初潭集・序》，《李贄文集》第五卷，頁1。

〔註22〕因為偽道學滔滔者天下皆是，故李贄自謂：「今之欲真實講道學以求儒、道、釋出世之旨，免富貴之苦者，斷斷乎不可以不剃頭做和尚矣。」（〈三教歸儒說〉，《續焚書》卷二，頁72～73）。

〔註23〕劉東星：〈序言善篇〉，收入《續焚書》卷二，頁62。

〔註24〕祝世祿：《藏書・祝序》，《李贄文集》第二卷，頁4。

　　然而，傳統儒者皆視李贄為異端，大陸學界承五四以來以至於文革時期的反傳統思想，對李贄的研究與讚頌，亦以他的「非儒反孔」為主調，即使近年來脫離意識形態的僵固，學者已能正視李贄思想與傳統儒學、陽明心學之淵源，且能申明「李贄非反孔辨」〔註25〕，但眾多李贄研究之專書與論文，仍以闡明其「反傳統」之突破性見解為主〔註26〕，甚且在某些作者眼中，即使不能否認李贄思想與儒學及陽明心學的關係，但仍不免將傳統儒學視為保守落伍、應被揚棄的對象，此類觀點，不單是五四、文革時期之思想主流，即使在晚近出版的論著中，仍免不了出現類似的批語。雖然臺灣方面之研究無意識形態之障蔽，當然較為客觀，但幾本專著皆偏重於文史或佛學方面之申論，則已見前述；相較於大陸諸哲學史幾乎皆將李贄列為專章，臺灣方面的哲學史著作對李贄則甚為忽略，故在儒學研究之相關領域中，亦少有關注李贄者。

　　在當代新儒家之學者中，如唐君毅（1909～1978）雖肯定李贄「有拔乎流俗之見，喜真而非偽，而卓吾固真人也。」卻仍以「只求率真，即歸於狂肆」，而將「晚明王學之所以弊」歸罪於卓吾〔註27〕；而張君勱（1887～1969）雖將李贄列入泰州王門中，其因卻在於：「否則便無法了解泰州學派背離正統的情形」〔註28〕，亦可見其貶抑之意。因此，在現有研究中，能正視李贄學術在儒學發展上之積極意義者實為少數，僅見於李焯然〈論李贄在明代思想史上的地位〉〔註29〕、池勝昌〈試論李贄「不以孔子之是非為是非」的觀念史意義〉〔註30〕等少數論文，而正面從儒學內部之思想脈絡詮釋李贄之學術內涵者，或始於龔鵬程〈克己復禮的路向：晚明思潮的再考察〉〔註31〕一文，及其後少數之期刊論文與學位論文，故將李贄學術視為儒學發展之一脈，且能正視並深入論述其學術在儒學史上之積極意義者，似乎仰賴溝口雄三等域

〔註25〕許建平：《李贄思想演變史》，頁266～269。
〔註26〕如秦學智：《李贄大學明德精神論》，以其教育思想為討論重點，雖亦已申明以「堯舜禹湯文武周公之學為中國文明源頭」（頁17），李贄非「反孔」而是「反尊孔」（頁11），但仍必強調「李贄學術與道學及假道學的不同」（第一章第一節標題）。
〔註27〕《中國哲學原論・原教篇》，臺北：學生書局，1984年，頁443～445。
〔註28〕《新儒家思想史》，臺北：弘文館，1986年，頁361。
〔註29〕《明史散論》，臺北：允晨文化實業股份有限公司，1987年。
〔註30〕《師大歷史學報》第19期，1991年。
〔註31〕收入《晚明思潮》（臺北：里仁書局，1994年）。

外學者之闡揚〔註32〕。

有鑑於既有研究中對李贄儒學的相對忽略，筆者關注李贄對儒者聖人之學之反思與創發〔註33〕，筆者以為，雖然李贄對傳統道學確有深刻的反思與嚴厲的批判，其所遭到的誤解與誤讀，亦造成顯然可見的負面影響，如張鼐（？～1629）亦言：「今俗子懵其奇誕以自淫放，而甘心於小人之無忌憚」〔註34〕，確實是現實中存在的流弊；但他的出發點全然是因愛之深故責之切，而絕非代表對傳統道學之背叛與揚棄，此乃筆者反覆研讀其《焚書》之「因緣語、忿激語」〔註35〕所得之真切感受，然而，若不能深刻體認李贄對孔孟儒學之真心信仰與真知洞見，則不免誤將他的「因緣語、忿激語」視為「非儒反孔」的革命號角。筆者以為，就李贄之研究而言，唯有真知其「真道學」的內涵，才能真知李贄反省批判之洞見；而就儒學之研究而言，亦唯有突破正統道學之框架，正視李贄對儒學的反思與再創造，方能回應五四以來對傳統道學「禮教吃人」的控訴。總之，不論是對李贄或儒學之研究而言，發掘李贄儒學之內涵，皆有積極的意義與重要的價值，然而，李贄在眾所共見的「因緣語、忿激語」之外，其對於儒學之正面闡述何在？本書所欲探討之《九正易因》一書，便是其中不可忽略的著作之一。

《易》作為六經之一，《易傳》亦乃宋明新儒學體系中極其重要之思想來源，「易學」之於儒學思想的重要性固已無須詞費。《九正易因》即李贄對《易》深入鑽研之思想結晶，乃李贄極為重視、再三修訂校正的一部著作，《九正易因》之於李贄學術的重要性，實明載於諸多史料；而其思想內涵即李贄儒學之正面闡釋，亦見於史料之證明，但一如「李贄之儒學」之備受忽

〔註32〕 另外，如周昌龍：〈明清時期中國近代新自由傳統的建立：以李卓吾為中心的研究〉（收入香港中文大學中國文化研究所編：《自由主義與中國近代傳統》，香港：中文大學出版社，2002 年）一文，亦申述李贄學術之自由主義精神，可說是狄百瑞觀點的進一步印證。但李贄學術精神與傳統儒學之關係，並不是該文的重點。

〔註33〕 袁光儀：《晚明極端個人主義的「聖人之學」——「異端」李卓吾新論》（臺師大國文所博士論文，2006 年），後再加改寫刪修與增補為《李卓吾新論》（臺北：國立臺北大學出版社，2008 年）。

〔註34〕 〈讀卓吾老子書述〉，《續焚書》，頁 2。關於李贄學術之流弊問題，參見筆者「為下下人說法」的儒學——李贄對陽明心學之繼承、擴展及其疑難〉（《臺北大學中文學報》第 3 期，2007 年），及前註《李卓吾新論》第六章。

〔註35〕 〈答焦漪園〉：「《李氏焚書》，大抵多因緣語、忿激語，不比尋常套語，恐覽者或生怪憾，故名曰《焚書》，言其當焚而棄之也。」（《焚書》卷一，頁 7）。

略，這樣一部重要著作，在既有的大量研究中，亦少有正視與探討，故其重要性與價值，乃以下所欲進一步彰明者。

第二節 《九正易因》之重要性及其研究價值

一、《九正易因》之於研究李贄儒學思想之重要性

　　李贄對《周易》經傳的研讀，自少至老，下過極大苦功，從他本人及旁人的諸多論述中，皆可引以為證，如他在〈易因小序〉云：「余自幼治《易》，復改治《禮》……竟以《尚書》竊祿。然好《易》，歲取《易》讀之，而讀輒不解，輒亦遂止，然終好也。以終好故輒止輒讀，不知凡幾讀而凡幾止。」〔註36〕其《易因》之作，據其〈易因小序〉所言，乃七十四歲與焦竑（1541～1620）等人每夜會講的紀錄，但此後仍不斷誦讀《易》而有新得，遂又不斷改訂其作。如〈與方伯雨〉中說：「我此處又讀《易》一回，又覺有取得象者，又覺我有稍進處。」〔註37〕在〈與友人〉中則言：「故余仍于每日之暇，熟讀一卦兩卦，時時讀之，時時有未妥，則時時當自知，今又已改正十二卦矣。此非一兩年之力，決難停妥，是以未甘即死也。」〔註38〕又〈與汪鼎甫〉中說：「又將《易因》對讀一遍，宜改正者即與改正！且再讀一遍亦自諷誦了一遍，自亦大有益也。」〔註39〕其弟子汪本鈳亦言：「鈳計從先師六載，見師無一年不讀《易》，無一月不讀《易》，無一日無一時刻不讀《易》，至於忘食忘寢，必見三聖人之心而後已。」〔註40〕凡此皆可見李贄讀《易》用力之勤。而李贄《九正易因·序》中，更述其與馬經綸（誠所，1562～1605）一起研讀、修訂《易因》的過程，曰：「晝夜參詳，才兩年，而《易因》之舊者存不能一、二，改者且七、八矣。」《易因》更名《九正易因》，亦是採納馬經綸的意見：「樂必九奏而後備，丹必九轉而後成，《易》必九正而後定，宜仍舊名《易因》，而加『九正』二字即得矣。」〔註41〕由此即可充分顯見李贄在《九正易因》

〔註36〕《李溫陵集》（臺北：文史哲出版社，1971年），卷十一，頁602。
〔註37〕《續焚書》卷一，頁11。
〔註38〕《續焚書》卷一，頁37。
〔註39〕《續焚書》卷一，頁45。
〔註40〕〈卓吾先師告文〉，見《李卓吾先生遺書》（收入《四庫禁燬書叢刊補編》第72冊，北京：北京出版社，2005年），〈附錄〉，頁6。
〔註41〕《李贄文集》第七卷，頁89。

一書所下的工夫，而其書在其學術中所代表的重要地位，亦可見矣。又如袁中道（1570～1623）〈李溫陵傳〉亦載：「初公病，病中復定所作《易因》，其名曰《九正易因》，常曰：我得《九正易因》成，死快矣。《易因》成，病轉甚。」〔註42〕《九正易因》作為李贄死前最後一部竭盡其力完成的著作，甚且自謂死而無憾，則其思想內涵，固足以代表李贄學術最完熟的型態。

然則，其書反映出何等思想呢？馬經綸盛讚曰：「李卓吾先生者……樂聖人之道，詮聖人之經，若世所梓行《易因》及《道古錄》諸書，具上足以闡羲文孔孟之心傳，下足以紹周邵陳王之嫡統者也。」〔註43〕可見在馬經綸這一推崇者心目中，李贄非但不是「反傳統」、「反道學」，且其《易因》等著作的內容精神，不單是源於上古伏羲、文王、孔子、孟子之心傳、亦與周敦頤（1017～1073）、邵雍（1011～1077）、陳獻章（1428～1500）、王陽明（1472～1528）等宋明大儒之學術相符契。袁中道〈李溫陵傳〉亦謂：「公晚年讀《易》，著書曰《九正易因》。意者公于《易》大有得，舍六入謙，而今遂老矣逝矣。」〔註44〕不單肯定李贄於易學之「有得」，且認為李贄終而「舍六入謙」，其生命實踐與易學精神正乃相互印證者。汪可受（1559～1620）〈卓吾老子墓碑〉則載其見李贄以儒帽裹僧頭，迎揖如禮，驚問曰：「何恭也？」而李贄答曰：「吾向讀孔子書，心實未降。今觀於《易》，而始知不及也。敢不如其禮。」〔註45〕由此來看《焚書》、《藏書》之「因緣語」、「忿激語」，確實當如張鼐〈讀卓吾老子書述〉一文中所述，乃「卓吾疾末世為人之儒，假義理，設牆壁，種種章句解說，俱逐耳目之流，不認性命之源，遂以脫落世法之蹤，破人間塗面登場之習……總之，要人絕盡支蔓，直見本心，為臣死忠，為子死孝，朋友死交，武夫死戰而已。」〔註46〕李贄種種「因緣語」、「忿激語」，究其實皆只是為了「要人絕盡支蔓，直見本心」的「破執」之論、「遮詮」之說，旨在反對世儒之盲從孔子，但其真正倡導的價值精神，依舊是「為臣死忠，為子死孝，朋友死交，武夫死戰」的儒家道德！

〔註42〕《李贄文集》第一卷〈附〉，頁132。
〔註43〕馬經綸：〈與當道書〉，《李溫陵外紀》（臺北：偉文圖書公司，1977年），卷四，頁265。
〔註44〕《李贄文集》第一卷〈附〉，頁134。
〔註45〕《畿輔通志》卷一六六，古跡一三，陵墓二。收入〈李贄研究資料匯編〉，頁84。
〔註46〕《續焚書》，頁2。

　　由上可見，若欲了解李贄對孔子、對儒學的正面看法，僅從《焚書》、《藏書》之「因緣語」、「忿激語」作詮釋，或許易生誤解，而其讀《易》心得——《九正易因》，才能正面闡明其心目中所謂「羲文孔孟之心傳」與其「真道學」的內涵。如李焯然已指出：「李贄只反假儒、假道學。……他是要辯明『真』儒與『偽』儒之別。」〔註47〕吾人亦可說，《焚書》、《藏書》中所批判的儒學皆是「假道學」，而《九正易因》闡明的「羲文孔孟之心傳」，才是李贄心目中的「真道學」。而對於《九正易因》之思想內容，不僅是與李贄相善的朋友弟子肯定推崇，就算是視李贄為洪水猛獸、批判李贄不遺餘力的四庫館臣，論及此書，仍必須給予肯定的評價，曰：「贄所著述，大抵皆非聖無法，惟此書尚不敢詆訾孔子，較他書為謹守繩墨云。」〔註48〕可惜的是，數百年來無人深思李贄於《易因》之「謹守繩墨」，與《焚書》、《藏書》之「以孔子之是非為不足據」〔註49〕看似矛盾的兩極，究竟代表著何種意義，以致無論是明清兩代正統道學家的嚴辭批判，或五四以來學者的大力頌揚，皆將李贄定位為一「反道學」的異端思想家。

　　總而言之，《九正易因》一書在李贄學術的發展中，佔有最終而重要的地位，且是李贄著作中正面闡述其儒學思想，並得以論證李贄之為「真道學」的一本重要著作，然而，長期以來，關於李贄易學之研究卻幾乎付之闕如，以致李贄「真道學」的思想性格，在其《焚書》等「因緣語」、「忿激語」的掩蓋下，亦始終闇然不彰，今日若欲重新闡明李贄之儒學，則亦不能不關注《九正易因》一書。

二、《九正易因》研究之尚待開發與值得開發

　　前已引述種種史料中所載李贄對《易經》之鑽研及其對《九正易因》一書之看重，既有的研究者於此當然亦有所覺察，如陳清輝《李卓吾生平及其思想研究》敘其「窮究聖心，九正易因」與「自幼治易，歌詩習禮」〔註50〕，

〔註47〕見〈論李贄在明代思想史上的地位〉，氏著：《明史散論》，頁160。
〔註48〕《欽定四庫全書總目》，經部七，易類存目一，《九正易因》條。《景印文淵閣四庫全書》第一冊，頁1～176。
〔註49〕此萬曆三十年禮科給事中張問達上疏彈劾之罪狀：「李贄壯歲為官，晚年削髮，近又刻《藏書》、《焚書》、《卓吾大德》等書，流行海內、惑亂人心……以孔子之是非為不足據，狂誕悖戾，未易枚舉。」（《明神宗萬曆實錄》卷三六九，〈李贄研究資料匯編〉，頁326）。
〔註50〕分見該書頁153～154、頁183～184。

許建平之《李卓吾傳》亦述其「窺《易》尋因」〔註51〕，許蘇民《李贄評傳》則指出其「以《易》為宗的人學本體論論證」〔註52〕等等，然而，諸著作雖見及李贄窮研《易經》及看重《易因》並「九正」之的事實，但卻未將《九正易因》一書之思想內容作為探討的主題，亦未能深究李贄研《易》之意義。傅小凡《李贄哲學思想研究》因其主題之故，對《九正易因》之內容較有所徵引，但仍甚有限，且依其書之架構，乃在探討李贄哲學中之「道」、「理」、「氣」⋯⋯等概念，故《九正易因》與李贄其他著作之相關文句，皆是在各大概念中平舖並列的敘述，而仍無法歸之為《九正易因》之研究成果。

現有以李贄易學為主題的研究，筆者僅見張建業〈李贄與《九正易因》〉〔註53〕一篇，其中對於《九正易因》之於李贄學術的重要性，已徵引豐富之資料詳加論證（該文第一節），亦指出《九正易因》中李贄對孔子《易傳》之解說時有推崇（第二節），凡此皆已充分證明前述本題研究之於李贄儒學闡釋之重要性與價值。然而，張氏認為《四庫全書總目》言《九正易因》「較他書為謹守繩墨」，「只是說出了一方面的真實。同時，由於站在封建傳統思想的立場，紀昀卻看不到或者是有意掩去《九正易因》的另一方面的真實，那就是在該著作中所體現出的李贄的反傳統思想。」〔註54〕因此，該文所申論的，惟在「《九正易因》所體現的李贄的反傳統思想」（第三節）。然而，所謂「較他書為謹守繩墨」是多麼簡略而又籠統抽象的一句評語，該文第二節論李贄與孔子處，對其「有時尊孔、有時反孔」的現象，究竟代表了李贄學術的矛盾，或背後有何一貫的理路，並未作充分探討與說明；然則李贄說《易》究竟在哪些方面守了什麼「繩墨」、而所守的「繩墨」又代表著什麼意義、且其既守「繩墨」而又「反傳統」，看似矛盾的兩極要如何「一以貫之」⋯⋯種種問題未能充分闡釋之前，張氏僅以「《九正易因》所體現的李贄的反傳統思想」為說，是否也依舊是「看不到或者是有意掩去《九正易因》

〔註51〕頁342～348。

〔註52〕頁222～230。

〔註53〕《北京師院學報》1988.1，收入中國人民大學書報資料中心《複印報刊資料》，頁86～94（張氏2010年出版之《李贄論》亦收錄之，頁96～108）。如林慶彰主編：《經學研究論著目錄》（臺北：漢學研究中心，先後三冊，分別於1989、1995、2002年出版），黃尚信：《周易著述考》（臺北：國立編譯館，2002年），收錄有關《九正易因》之研究資料皆僅此一篇。其他依國家圖書館之博碩士與期刊論文等資料庫之搜尋亦未有所得。

〔註54〕〈李贄與《九正易因》〉，《李贄論》，頁103～104。

的另一面真實」呢？僅就筆者對李贄之研究來看，張氏所論「反傳統」的內容，筆者亦有所見，然而李贄諸多對傳統道學之反思與再創造，究竟是所謂「反傳統」，或正是合於其對《周易》經傳之體認、正是馬經綸之所謂的「羲文孔孟之心傳」？李贄自謂「真道學」之所以為「真」，究竟乃「尊孔」或「反孔」方所以為「真」？歷經文革浪潮的學者，對此涉及意識形態之論題，難免有所局限。且無論如何，〈李贄與《九正易因》〉，僅是一篇短短不到十五頁的論文，固然不能作為對《九正易因》的完整研究，然則，在前輩學者對於研究材料已蒐羅甚富之後，如何給予材料恰當的解讀與相應的詮釋，似乎仍是後學所當進一步致力者。

以「李贄」為主題之研究，其有關《九正易因》的探討仍待進一步開發的狀況已如前述，而在「易學研究」之領域中，就筆者所見，似亦未有學者將其目光投注於李贄之易學者；然而，這一忽略乃合於易學研究者長期以來對陽明後學本即較少關注的事實，卻不能論證李贄易學未有值得深究的意義。《四庫全書》所收之經部諸書，著錄之繁，以《易》為最（著錄一五八部，存目三一七部）〔註55〕，就其「易道廣大，無所不包」〔註56〕的本質而言，易學研究者可探討之題目與材料多不勝數，在易學史兩派六宗的發展上，陽明心學一派之易學，僅是宋明儒義理易一脈之支流，一向少受關注，陽明學派中之易學唯一較受研究者青睞的，當屬王畿（龍溪，1498～1583）之易學，除朱伯崑（1923～2007）之《易學哲學史》〔註57〕將其列入討論外，研究王畿之學者亦多能闡述其易學思想，且有學位論文以之為主題，如周古陽《王龍溪的心學與易學》〔註58〕、陳明彪《王龍溪心學易研究》〔註59〕等，皆是站在既有的王畿易學研究的基礎上所作之進一步申述。而王畿即備受李贄推崇的一位王門學者，曾盛讚曰：「世間講學諸書，明快透髓，自古至今未有如龍谿先生者。」〔註60〕在其《九正易因》中，亦多次引述王畿之易說。因此，深研李贄之易學，就易學研究之領域而言，既可與既有研究中已受關注的王畿易學作一對照呼應，亦可擴大對陽明學派之易學研究的範圍，尤其李贄書

〔註55〕據張舜徽：《四庫提要敘講疏》（臺北：學生書局，2002年），頁38。
〔註56〕《欽定四庫全書總目》，〈易類一‧敘〉，頁1～54。
〔註57〕北京：昆侖出版社，2005。
〔註58〕中興大學中文研究所碩士論文，1999年。
〔註59〕臺灣師大國文研究所碩士論文，2001年。
〔註60〕〈復焦弱侯〉，《焚書》卷二，頁42。

中對前人說《易》之引述幾六十家〔註61〕，亦可謂為李贄對前人之易學研究的一番簡擇，其去取之間之理據為何，除了反映李贄自身之學術外，當亦可提供吾人對諸家易學與經傳義理作另一角度之思考。賴貴三曾承其師黃沛榮教授之觀察〔註62〕，檢討臺灣易學研究的發展困境，而指出「課題少」之問題，謂「臺灣易學研究以傳統對象、專題為主，缺乏當代課題的相關研究」〔註63〕。「異端」李贄之易學，似乎正是個異乎「傳統對象」之新課題，而筆者在對李贄的研究中，時時可見其超乎時代、可與當代二十一世紀社會相接軌的突破性見解，而李贄既如此深研《易》理，則其思想來源，是否亦有取乎《易》？然則深入發掘李贄之易學，焉知不能啟發吾人將易學應用於當代課題之思考呢？

總而言之，就現有研究所發掘之材料來看，可以證明李贄之《九正易因》一書及其易學思想，在其學術中確實佔有極為重要之地位，故若欲彰明李贄之學術、尤其是其儒學思想之內涵，此一主題之研究，決然有其值得深入探討的價值；而就現有的研究成果來看，則亦顯見此一主題仍未受到應有的關注，少數觸及《九正易因》的論著，亦未能完整申明其內容與其精義所在，而李贄易學之於儒者論《易》之異同，及其在儒學史、易學史上之地位何如、又有何意義等等，相關之研究更付之闕如，凡此益凸顯本題之研究，應是有助於學術之發展，值得開發深耕之新主題。

然而，面對此一尚待開發之新主題，首先要解決的問題，便是《九正易因》一方面被力挺李贄的馬經綸譽為「上足以闡羲文孔孟之心傳，下足以紹周邵陳王之嫡統」，即使是極詆李贄的四庫館臣也評之為「較他書為謹守繩墨」，但另一方面卻又能讓後世學者發掘「《九正易因》所體現的李贄的反傳統思想」，這當中的矛盾究竟如何看待，方能獲得一合理一致的詮釋？唯有先對《九正易因》之思想性格有一相應的理解，方能進一步分析其精神內涵，此即下章所欲闡明者。

〔註61〕依張建業〈李贄與《九正易因》〉之統計（《李贄論》，頁101）。

〔註62〕黃沛榮：〈近十餘年來海峽兩岸易學研究的比較〉，《漢學研究》第14期，1989年。

〔註63〕賴貴三：《易學思想與時代易學論文集》（臺北：文津出版社，2007年），頁658。

第二章 《九正易因》思想性格之基本定位

第一節 〈讀易要語〉——李贄研《易》之基本態度

　　前已再三論及，相較於李贄在《焚書》、《藏書》中種種「以孔子之是非為不足據」的「異端」形象，歷來對《九正易因》的評價，卻與這樣的「異端」形象相去甚遠。不論是馬經綸之大力讚揚，或四庫館臣保守地評為「謹守繩墨」，皆反映了《九正易因》的思想在本質上與傳統道學其實有著相當一致的性格。如果說推崇者的讚揚只是為李贄脫罪的「掩飾之詞」〔註1〕；而四庫館臣「站在封建傳統思想的立場」，「看不到或者是有意掩去《九正易因》的另一面真實」，故二者所言皆非客觀評述，不足以論證《九正易因》思想中之儒學本質，則吾人當只能從李贄之自述中分析其書之思想性格。《九正易因》在闡明六十四卦要旨前有一篇〈讀易要語〉，且篇題後李贄又特別加一批註曰：「真要語，幸勿草草」，可見其鄭重的態度，由此一鄭重態度中，吾人當可將此篇〈讀易要語〉理解為李贄對其學術內涵之正面表詮。李贄既諄諄告誡「幸勿草草」，故以下先引述全文：

〔註1〕如袁中道肯定李贄學術「其破的中竅之處，大有補於世道人心」（〈李溫陵傳〉，頁133），張建業即詮釋為「這只是一種掩飾之詞」。（《李贄評傳》，頁255）。

讀易要語　真要語，幸勿草草。

文王《彖辭》、《爻辭》，其言約，其旨深，非夫子讀而傳之，後之人
終不可得而讀也。惟夫子於《易》終身焉，是故舉其象，指其意，
陳其辭，以至聖之心，合前聖之心，而後義盡文理，燦然詳明，厥
功大矣。雖謂夫子以註解文王之《易》可也。後之人又何以贅為？
夫唯不免有贅矣，以故夫子之《傳》，明而復晦。贅贅無已，晦晦相
仍，《易》道大喪。乃後之用《易》者，反師其所訓詁，即以為真聖
人之神化。自入於過，而欲人寡過也，不亦甚與！故世之讀《易》
者，只宜取夫子之《傳》詳之，必得其《易》象之自然乃已。不然，
寧不讀《易》，不可誤述醫方以傷人也。雖然，夫子在當時亦已知文
王之言至精至約，至約至精，非神聖莫能用矣。是故《爻》、《象傳》
之外，復為六十四卦《大象》，以教後世之君子。余嘗怪其與《爻》、
《象》不倫，每每置而不讀。後思而得之，乃知文王之深於憂患也，
故於六十四卦、三百八十四爻，專一發揮神聖心事，不至入險而後
悔。而夫子復舉《大象》有言之教，俾魯莽如余者得而讀之，亦可
以省愆而寡於怨尤。分明是為余中下人說法，實與《爻》、《象》不
倫也。嗚呼！聖無兩心，人有上下，雖夫子其奈我何？故常私論之
曰：《易》有六十四卦，是《易》之六十四大乾坤世界也；《易》有
三百八十四爻，是《易》三百八十四小乾坤世界也。一卦自為一卦，
一爻自為一爻，一世界自為一世界，不可得而同也。六十四卦之
《爻》、《象》，專一發明六十四位神聖大人事也。六十四卦之《大
象》，專一發明六十四位君子學人事也。總之，有六十四人；分之，
則神聖也，君子也。兩途各別，不可得而混也。然六十四位神聖，
未嘗不能為六十四位君子之事；而六十四位君子，求一神聖之影響，
不可得矣。故余又願後之君子，要以神聖為法。法神聖者，法孔子
者也，法文王者也，則其餘亦無足法矣！〔註2〕

〔註2〕《李贄文集》第七卷，頁91～92。案：大陸著作中不論書名或篇名皆採雙尖
　　　號，臺灣方面則書名為雙尖號，篇名則為單尖號。筆者引用其書原文時，皆
　　　依其標號方式，一般行文時，則〈乾〉、〈坤〉等卦作篇名號，《易傳》各篇本
　　　可各自獨立，則仍作書名號。然而，卦辭（此處李贄稱《彖辭》）、爻辭原即
　　　《周易》經文，每卦皆有卦爻辭，《九正易因》只在統括說之時加雙尖號，於
　　　各卦說解引述時則不加，故本書引述卦爻辭時，亦不另加篇名號。

所謂「法神聖者，法孔子者也，法文王者也，則其餘亦無足法矣」，即可見李贄對文王、孔子之無上推崇，也充分反映出李贄研《易》的一種純儒的立場。若再析論之，則以上〈要語〉揭示了李贄研《易》的幾個基本態度：

1. 文王作《易》與夫子解《易》，乃真至精至約，非神聖莫能用之至道。

2. 六十四卦之《爻》、《彖》，發明神聖大人事；六十四卦之《大象》，發明君子學人事，即《大象》乃為「中下人說法」，與《爻》、《彖》是完全不同層次的立論，「兩途各別，不可得而混」。

3. 李贄解《易》，重在「取法乎上」，只以文王、孔子之「神聖」為法。

李贄以《爻》、《彖》為文王作（此《彖》指彖辭，即卦辭）、《大象》乃夫子為「中下人說法」等等認知與詮釋是否合乎歷史事實姑不置論，重點是這一觀點代表了李贄解《易》的基本立場。以這樣推尊文王、孔子為至聖的態度，豈有別於歷代儒者？又豈有一毫合於五四以來以李贄為「反傳統」的異端形象？無怪乎龔鵬程批判早期以李贄為「打破封建禮教」的研究，實為一種「畫歪了臉譜」的誤解〔註3〕。

然而，重新理解李贄對文王、孔子的推崇後，從上述〈要語〉中，卻也可對李贄被視為「反道學」的原因作另一番理解：文中所謂「後之人又何以贅為？夫唯不免有贅矣，以故夫子之《傳》，明而復晦。贅贅無已，晦晦相仍，《易》道大喪。乃後之用《易》者，反師其所訓詁，即以為真聖人之神化。自入於過，而欲人寡過也，不亦甚與！」這番話等於把後世解《易》者一竿子罵翻，認為後儒對於《易》的詮釋不但無法彰明文王、孔子「神聖」之道，相反地是使其道晦而不明的贅語，只以訓詁為學，反而是令《易》道大喪、「自入於過」的罪人。這一對後儒學術極為貶抑的態度，則確與《焚書》、《藏書》中種種對道學的嚴辭批判的立場相一致了。

由此吾人更可進一步認清所謂李贄「反道學」之真正性格：他是以文王、孔子「神聖」的高標準，反對所有打著「尊孔」的旗號，而實際上不明至道，甚且「陽為道學，陰為富貴」〔註4〕，扭曲聖學精神的人。這樣的批判當然得罪了所有當朝掌權的從政君子，但究竟那些「陽為道學，陰為富貴」的人所尊的孔子是真孔子，或李贄所詮釋的孔子才是真孔子呢？而其他歷代大儒所體認的孔子，又究竟是與李贄看法較為相近，或與「陽為道學，陰為富貴」者

〔註3〕龔鵬程：《晚明思潮》，頁20。
〔註4〕〈三教歸儒說〉，《續焚書》卷二，頁72～73。

所尊的孔子較為相類呢？馬經綸的讚譽乃至四庫館臣「謹守繩墨」的評語，顯見他們對於李贄所詮釋的文王、孔子，並無異辭；此外不同於〈讀易要語〉中籠統地貶抑後儒對《易》之訓詁論釋，李贄《九正易因》在解卦時常引用並附錄不少前人之詮解，包括王弼、伊川、朱子、楊簡、王畿等等，當然也表示了對其詮解的認同。總之，認清李贄研《易》乃「折中於夫子」的基本態度，且其對於孔子《易傳》的詮釋，基本上並不違背歷代傳註與正統儒者的理解，吾人當可進一步反思《九正易因》中被學者視為「反傳統」的思想所代表的意義。

第二節 「法文王、法孔子」——李贄之推尊聖人與「反傳統」

張建業〈李贄與《九正易因》〉一文中，宣揚了「《九正易因》所體現的李贄的反傳統思想」，而所謂「反傳統思想」的主要內容，乃以《九正易因》中對〈乾卦〉之闡述作發揮[註5]，以下先引述李贄原文：

> 「大哉乾元，萬物資始。」既資以始，必資以終。元，非統天而何？夫天者，萬物之一物，苟非統以乾元，又安能行雲施雨，使品物流通行著而若是亨乎？故曰：大哉乾元。人唯不明乾道之終始，是以不知乾元之為大。苟能大明乎此，則知卦之六位，一時皆已成就，特乘時而後動矣。是故居初則乘潛龍，居二則乘見龍，居三乘惕龍，居四乘躍龍，居五乘飛龍，居上乘亢龍。蓋皆乾道自然之變化，聖人特時乘之以御天云耳。是故一物各具一乾元，是性命之各正也，不可得而同也。萬物統體一乾元，是太和之保合也，不可得而異也。故曰：乃利貞。然則人人各正一乾之元也，各具有是首出庶物之資也。乃以統天者歸之乾，時乘御天者歸之聖，而自甘與庶物同腐焉，不亦傷乎！萬國保合有是乾元之德也，何嘗一日不咸寧也。乃以乾為天，以萬為物，以聖人能寧萬國，以萬國必咸寧於聖人，不益傷乎！

本段闡釋《易・乾卦・彖傳》之「大哉乾元，萬物資始」。就牟宗三（1909

[註5] 《九正易因・乾》，見《李贄文集》第七卷，頁93～94，張建業之引述見〈李贄與《九正易因》〉，《李贄論》，頁104～105。

～1995）詮解宋明儒學發展上《中庸》、《易傳》一系的精神來看，乃在建立一套「道德的形上學」，而不論是孟子一系之「盡心、知性以知天」，或是《中庸》、《易傳》之由「天道」以明「人道」，其根據皆同在於儒者對「性善」之超越普遍性之確立〔註6〕。李贄所論「一物各具一乾元，是性命之各正也」，「萬物統體一乾元，是太和之保合也」，「人人各正一乾之元也，各具有是首出庶物之資也」，若就儒者性善之超越普遍性來理解，李贄此說之精神，亦立足在孟子性善、「人皆可以為堯舜」〔註7〕的前提下作申述。但此一「人人平等，人人皆聖」的思想，以張建業的角度來看，便「具有強烈的反封建壓迫反傳統思想的戰鬥意義」〔註8〕，乃「剝掉了聖者、侯王頭上的神聖光圈，把他們拉到平民的腳前，這是他平等觀念、民主思想的鮮明表現。」〔註9〕

張建業的詮釋無論就李贄學術理論發展的方向或現實的影響來看，其實都是事實，若不是「剝掉了聖者、侯王頭上的神聖光圈，把他們拉到平民的腳前」，危及統治階層權威的正當性，李贄又怎會被視為「敢倡亂道，惑世誣民」的異端被補下獄呢？但「反封建壓迫反傳統思想」是否等於「非儒反孔」？或是其據以「反封建壓迫」的思想根源，正是儒者所確立的「性善」之超越普遍性，並且宋明大儒更以完備詳密的體系逐步證成之，方使李贄得以提出「一物各具一乾元，是性命之各正也，不可得而同也。萬物統體一乾元，是太和之保合也，不可得而異也」的平等思想呢？五四以來學者每將儒學與專制劃上等號，對此難免無法充分辯明。

這一點西方漢學家反倒是旁觀者清，故狄百瑞能從宋明理學的發展中看到「中國的自由傳統」，也因此，在他眼中的李贄思想，仍是「新儒學長期發展的結果」，故李贄之被視為異端，絕非等於對儒學傳統的背叛與揚棄，而只是因為李贄「把他個人的極端個人主義推得太遠了」〔註10〕。

簡而言之，李贄理想中的文王、孔子，是能深刻體認「一物各具一乾元」、

〔註6〕詳牟宗三：《中國哲學的特質》（臺北：學生書局，1963年）第八、九講，此處「化繁為簡」而說之。

〔註7〕《孟子‧告子下》第2章。案：本書論李贄儒學，自必與《論語》、《孟子》及六經思想相印證，然《十三經》版本眾多，文字少異，標明版本頁數似甚無謂，先秦諸子如《老子》、《莊子》，及《史記》、《漢書》等常誦習之篇章亦然，故筆者於本書中僅標明篇章，書末參考文獻再列舉日常所採用之版本。

〔註8〕張建業：〈李贄與《九正易因》〉，《李贄論》，頁106。

〔註9〕張建業：〈李贄與《九正易因》〉，《李贄論》，頁108。

〔註10〕狄百瑞：《中國的自由傳統》，頁95。

「萬物統體一乾元」，尊重世間「人人各正一乾之元也，各具有是首出庶物之資」，而能使萬物各順其性之發展，各得其性命之正者；但在長期的君主專制中，「馬上得天下」的專制帝王既以「獨尊儒術」籠絡士人，歷代又有幾個從政君子能不昧於或屈於現實，而能體此至精至約之道者？班固所謂「惑者既失精微，而辟者又隨時抑揚，違離道本，苟以譁眾取寵」〔註11〕，乃論儒者末流之弊，即可見對於屈於現實的儒者違離儒學本質的批判，實亦自古有之，而這也是李贄自負「真道學」而所以必「反」現實中的「道學」之因。但從另一方面來說，即使在專制的現實中，歷代儒者依然將此一「人皆可以為堯舜」的精神不絕如縷地傳承下來，只是他們不似李贄的「極端個人主義」，公然與不能實踐此理想的專制現實徹底決裂而已。然則，若不是宋明儒將此「人皆可以為堯舜」的內聖之學發揚至極致，又怎能出現李贄這樣的「真道學」呢？

　　因此，與其說李贄是「剝掉了聖者、侯王頭上的神聖光圈，把他們拉到平民的腳前」，不如說是他所體認的儒學真精神，乃在於抬高了所有平民與「聖者、侯王」同等的尊嚴與價值。李贄思想的高度固然是真「法神聖者」，然而現實政治中的所謂聖者侯王，又豈是真能體現「萬國保合有是乾元之德」者！在統治階級自身不能確立其道德尊嚴而自信自律的情況下，其統治很多時候非但無助於人民各得其性命之正，甚且只是供其殘虐百姓以肆其私欲的藉口，故曰：「以萬國必咸寧於聖人（翻成白話可以說是：以萬國必服從於統治者的威權即可以為治），不亦傷乎！」這樣的統治者當然必須被剝掉所謂「神聖光圈」，「拉到平民的腳前」。但從另一方面來看，凡民若不能自覺其與聖者之同等價值乃在其統此「乾元之德」，則打掉了神聖的光圈，凡民非但不能懂得「取法乎上」，且其不知敬畏的結果，更要流於無所忌憚。如孔子亦曾言之：「君子有三畏：畏天命，畏大人，畏聖人之言。小人不知天命而不畏也，狎大人，侮聖人之言。」〔註12〕這便是為什麼就連推崇李贄的張鼐也無法否認，在現實中李贄學術確實會產生「俗子僭其奇誕以自淫放，而甘心於小人之無忌憚」的流弊，正統道學家當然更要視之為洪水猛獸了。

　　總之，就前輩學者論李贄學術所謂「反傳統」的內容而言，確實是李贄學術之進步精神，但前輩學者所未見及者，則是此「反傳統」的思想根源，乃李贄據儒者理想中的三代之治、聖王之道，而批判現實中專制政治腐敗無能、

〔註11〕班固：《漢書·藝文志·諸子略·序》。
〔註12〕《論語·季氏》第8章。

無力治國安民的事實，以至於撼動了既有的統治權威與倫理秩序。但立足於李贄對平民百姓之深心關懷，李贄《九正易因》所要闡述的重點，其實並不是「剝掉了聖者、侯王頭上的神聖光圈，把他們拉到平民的腳前」，而是所謂的「神聖心事」——亦即願所有的統治階層、從政君子，能體認此一道理：真正聖人必知「人人各正一乾之元也，各具有是首出庶物之資也」，尊重每一生命同等的價值與尊嚴，方能愛民如子、視民如傷，保障所有百姓之生存權，則其所行所為方能以實現王道理想為目標。至於《大象》中種種「君子以明罰敕法」、「君子以折獄致刑」、「君子以明慎用刑，而不留獄」〔註13〕等等，李贄所以視為「與《爻》、《彖》不倫」的「君子學人事」，正因那些統治權威的樹立，乃在「萬物統體一乾元」的理想境界尚未達到時的階段性作為，絕不能據以為統治者與被統治者乃判然二分、有高下之別。如其解〈蒙卦〉曰：「要使上下皆順，非民剛不能。以是知有教則必有刑，刑非無因而設也。故曰：利用刑人，以正法也；利用禦寇，上下順也。聖人惓惓欲人作聖，而施養正之功於無可奈何之地也。」〔註14〕即可證李贄強調利用政刑使「上下順」乃「無可奈何」之階段性行為，「惓惓欲人作聖」才是終極目標，在此「人人可以為聖」的信念下，當然是「聖人不曾高，眾人不曾低」〔註15〕，若「以統天者歸之乾，時乘御天者歸之聖」，使平民百姓亦不知自信自立，「而自甘與庶物同腐」，同樣是「不亦傷乎」，無法體現「萬物統體一乾元」的理想！

　　這樣的道德理想主義，固然是在專制體制下的絕大多數從政君子所不敢道也不願道者，亦是熟讀孔子「君君、臣臣、父父、子子」〔註16〕之說，便以為孔子擁護封建秩序的學者所無法見及的。實則孔子所承繼並闡揚的三代文化遺產，本不是「成王敗寇」下的「統治者剝削被統治者」〔註17〕，而是揭示了這樣的一種精神價值：真正的聖人，當能體認「天視自我民視，天聽

〔註13〕依序為《易經》〈噬嗑〉、〈豐〉、〈旅〉三卦之〈大象〉。

〔註14〕《九正易因·蒙》，頁104。

〔註15〕〈復京中友朋〉，《焚書》卷一，頁19。

〔註16〕《論語·顏淵》第11章。

〔註17〕如西方學者 Franz Oppenheimer，《國家論》（薩孟武譯，臺北：東大圖書公司，1977年）所論，可見「征服者赦宥被征服者的生命，以便在經濟上永久利用他們」（頁36）——換言之，即戰爭與掠奪，才是國家產生的本質。中國歷史之朝代更迭，一直以來仍處於《國家論》中所言之「封建國家」之階段，但儒者所指出之文化發展之價值方向，實已遠遠超越其所處之時代。

自我民聽」〔註18〕，從夏商覆滅的教訓中，了解民心所向才是自身權力的來源，因此統治者對於人民有著無上的責任，仁者須時時懷抱「思天下之民，匹夫匹婦有不被堯舜之澤者，若己推而內之溝中」〔註19〕的憂患。故孔子所強調的「君君、臣臣」，重點不在於其階級意識牢不可破，而在於強調社會不同階層者當各司其職、各盡其分。如李贄申述乾坤之道曰：

> 乾坤定質，則一健一順。苟責健以順，責順以健，健、順皆失其質矣。《乾》、《坤》兩卦，即為反常，非天尊地卑之正理也。乾坤定位，則一夫一婦。苟責夫以婦，責婦以夫，夫婦皆反其分矣。《乾》、《坤》兩卦，總為失位，非君尊臣卑之正道也。……是故聖人於乾坤獨詳言之。乃世之儒者，畫蛇添足，謂健而不順，則剛躁而不可成；順而不健，則萎靡而不可振。吁！果若所云，尚足以稱乾與坤乎哉！夫苟其剛躁而不可成也，而猶可以稱乾焉；萎靡而不足為也，而猶可以稱坤焉，則天不成天，地不成地，吾人將何所蓋載也？不知此固至健至順者之所自有，而何用補助於其間也！若健而復濟以順，必非真健者；順而乃加以健，必非至順者。嗚呼！是惡足以識乾坤之正性乎！〔註20〕

在此李贄明白倡言「君尊臣卑之正道」，若以李贄為「反封建」之革命先鋒，則此處很難得一合理詮釋。但即使文中李贄又將「世之儒者」罵了一頓，然而其中意旨亦唯有在儒學傳統的思維脈絡下，才能看得清楚。他以「乾坤定質，則一健一順」，闡釋無論天地、君臣、夫婦，皆各有其不同的本質，因而也有不同的職分，既缺一不可，亦無法相互取代。若不能體認各自的位分與限制，不能恪盡各自的權責，並發揮各自無法替代的優長，則皆所謂「不知正性」。因此「君尊臣卑」的正道，亦唯有在「君君、臣臣」的各盡職分下才有意義，若「君不君」，則其君位當然亦失去正當性、必然性，故孟子曰：「聞誅一夫紂矣，未聞弒君也！」〔註21〕由此說即可充分表現儒者的真精神，實在於以高標準要求統治者必須時時恪盡君道，但這樣的精神，在帝王專制的現實中，又怎能不被扭曲摧折呢？

〔註18〕《尚書·周書·泰誓中》，《孟子·萬章上》第5章亦引用而闡釋之。
〔註19〕《孟子·萬章上》第7章、〈萬章下〉第1章，論伊尹之「聖之任」的精神。
〔註20〕《九正易因·坤》，頁96～97。
〔註21〕《孟子·梁惠王下》第8章。

　　重新審視「反傳統」的李贄「法神聖」的精神，當有助於掃除長期以來將儒學與封建帝制劃上等號的誤解。雖然儒者的道德理想主義，在君主專制的現實中很難不被扭曲，但歷代許多儒者之恪守臣道，並不等於盲目地尊君，而仍在於體現其仁民愛物的真精神，以此一精神與李贄解《易》之「神聖心事」相印證，則非但不見其扞格衝突，且更可深刻體認儒之所以為儒。因此，李贄「法文王」、「法孔子」之推尊聖人，與其「反封建壓迫」的進步精神非但不矛盾，且更為「羲文孔孟心傳」之萬古常新，做了最好的註解。

　　以上辨析李贄《九正易因》的思想性格，實與儒者對聖王之治的理想追求一脈相承，但後世專制集權愈甚，此一理想之扭曲亦愈甚，故李贄不能不對所有喪失理想性卻同樣打著尊孔旗號的官僚體系，提出最嚴厲的批判。而綜觀歷史上的斑斑血淚，李贄對專制帝王之殘虐本質實亦深有所見，但面對專制集權無法撼動的現實，他的重點則在諄諄告誡從政君子如何能有「履虎尾不咥」的智慧，要求儒者君子面對君主權威，不應「索忠諫之美名」〔註22〕，因為即使拚一死而贏得萬古之名，亦無助於百姓生計，唯有深諳「事君之道」，贏得君王的信任，也才能在嚴峻的專制現實中，為廣大百姓爭取生存的權利。因此李贄論史會有許多大戾昔人的見解——如正統史觀中視為「無恥之尤」的馮道（882～954），李贄也肯定他能使百姓免於鋒鏑之苦，實有安養之功〔註23〕。若究其宗旨所在，則可謂其用心皆是在為百姓請命——道學君子矜惜的「忠諫美名」，只是一己之聲譽形象，但如果無法給予哀苦無告的百姓們具體幫助，則那些虛名又有什麼意義呢？〔註24〕在對道學君子愛深責切的同時，李贄學術中對專制現實便往往採取了一種妥協而毫無批判的態度，此乃讚揚其「反封建壓迫」的學者們所無法解釋，而只能說其自相矛盾者。然而，若李贄一方面「反封建壓迫」，一方面又與專制現實妥協，而此一矛盾亦即其所謂的「法神聖」與「真道學」，則吾人亦可進一步對照出儒學的價值及其限制：儒者「君君、臣臣」之各盡其職，雖能在理論上發展「聞誅一夫紂」的激進主張以告誡君王，但實際上站在儒者「行一不義，殺一不辜而得

〔註22〕 〈史閣敘述〉，《續藏書》卷十，《李贄文集》第四卷，頁179～180。李贄這類申明「事君之道」的相關論述及其意義探討，在第五章論李贄之「推尊君王」時再加討論。
〔註23〕 〈馮道〉，《藏書》卷六十八，《李贄文集》第三卷，頁1299。
〔註24〕 參見袁光儀：《李卓吾新論》，頁72～77。

天下，皆不為也」〔註25〕的信念下，卻不可能發動「彼可取而代也」〔註26〕的革命行動，文王「三分天下有其二，以服事殷」〔註27〕的和平主義，才是孔子乃至所有儒者、包括李贄心目中的理想王者，因為無論怎樣的暴君殘虐，都抵不上一場「以暴易暴」〔註28〕的革命戰爭所造成的血流成河！因此，打破既有體制、使千萬百姓在戰火下流離失所，是所有仁人君子所不忍為也不能為的事，努力維持既有體制的正常運作，才是真正心繫天下的仁者所應致力的方向。證諸人類歷史總在野心家們成王敗寇的流血爭逐中戰亂不絕，儒家的道德理想主義當然是「迂遠而闊於事情」〔註29〕，但難道這樣的反戰與和平主義，不才是人類至今仍須持續努力的發展方向嗎？

若能認清李贄以文王、孔子為標準的「法神聖」之和平主義、反戰精神之本質，則吾人可再進一步分析《九正易因》之思想要旨。

第三節 「文王之深於憂患」——李贄易學詮釋之核心精神

《易經》卦爻辭相傳乃文王幽於羑里所作，李贄解《易》亦完全站在此一「文王幽而演《易》」的角度，詮釋《易經》諸卦的精神要旨。〈讀易要語〉曰：

> 知文王之深於憂患也，故於六十四卦、三百八十四爻，專一發揮神聖心事，不至入險而後悔。而夫子復舉《大象》有言之教，俾魯莽如余者得而讀之，亦可以省愆而寡於怨尤。

「深於憂患」四字，即李贄詮釋《易經》的核心精神。所謂卦、爻辭乃「專一發揮神聖心事，不至入險而後悔」，而《大象》有言之教，亦在於使學者「省愆而寡於怨尤」，險、愆與怨、悔，皆是人生中不願遭遇與承受的負面狀況，而所謂的「深於憂患」，就是對此種種人生負面之不可預測與難以避免，有著深刻的認知與體悟，故以最戒慎恐懼的心情，謹慎面對人世中的種種艱難挑

〔註25〕《孟子·公孫丑上》第 2 章。
〔註26〕《史記·項羽本紀》，項羽言。
〔註27〕《論語·泰伯》第 20 章。
〔註28〕《史記·伯夷列傳》：「以暴易暴兮，不知其非也」，即夷、齊反對武王伐紂之理念所在。
〔註29〕《史記·孟子荀卿列傳》。

戰，希望時時有此憂患意識的警醒，避免自入險地、自陷愆尤，則無事後之後悔莫及。

當代新儒家學者徐復觀（1904～1982）曾闡釋：《易傳》之「憂患」意識，即中國精神文化之基型〔註30〕，牟宗三亦闡明此一憂患意識即道德意識〔註31〕，對照《易·繫辭下》所言：「易之興也，其於中古乎！作易者，其有憂患乎！」〔註32〕其下三陳九卦，則皆在闡明道德修養之事，便足證憂患意識與道德意識，即易道之本旨，而此一憂患意識之深刻，亦為古今儒者所共同體認〔註33〕。李贄《九正易因》中面對不同卦爻之吉凶悔吝，亦皆同以此憂患意識之戒慎恐懼，與道德意識之自省自律，作為面對一切順逆皆矢志不移的態度，可見古今儒者的一貫精神，不論時移世易，皆是「此心同，此理同」〔註34〕。在封建專制「伴君如伴虎」的殘酷現實中，儒者的道德理想主義本無法樂觀求其實現，甚且如何「履虎尾而不咥」，更如臨深履薄，須時時惕厲。「履虎尾不咥」本出《易經·履卦》，李贄以為此卦乃「文王之卦」，其意即在申明「臣之事君，時時有履虎之虞」，如何使虎「不咥人且亨」，則唯以文王深於憂患之精神與智慧，方能由被囚羑里而終於出困〔註35〕。又如〈大有〉一卦乃「乾下離上」，全卦唯六五為陰爻，故《象》曰「柔得尊位」，本象徵「居尊以柔，處大以中，无私於物，上下應之」〔註36〕，乃明君在上，諸陽皆應之的理想境界，但李贄詮釋重點則仍在強調臣下事君之道，其解曰：「大有之世，上下皆應於五，以事厥孚交如威如之君」，然而，以乾陽之臣事陰柔之君，可謂「無交，故無害」、「有交必有害」、「君益柔而臣益艱」，若欲「無咎」，則「唯在克艱」，正因「深知其艱」，故事事皆「慎之於始」、「慎之於終」，即使「處盛滿而知懼」，則「知懼又不害矣」，如「九四功近，六五其盛極矣。然以陽居陰，

〔註30〕徐復觀：《中國人性論史·先秦篇》（臺北：臺灣商務印書館，1987年），第二章。

〔註31〕牟宗三：《中國哲學的特質》第二講。

〔註32〕《周易·繫辭下》第6章。

〔註33〕如劉錦賢：〈易道之「懼以終始」論述〉（《興大人文學報》第34期（上），2004年）亦有詳密分析。

〔註34〕借陸象山語，黃宗羲：《宋元學案·象山學案》（臺北：廣文書局何紹基等校勘本，1971年），卷五八，頁907。

〔註35〕《九正易因·履》，頁116～117。另詳見第三章〈仁者以天地萬物為一體〉第三節第一小節。

〔註36〕《周易·大有》，王弼注六五爻辭。《十三經注疏》本原作「君尊以柔」，但下孔穎達疏則引作「居尊以柔」，當可據以改之。

獨能悉所有為君之有，而秋毫不敢自有」〔註37〕，可見其戒慎恐懼之心何如。就《易經》的陰陽奇偶對應的原則來看，陰爻居五、「柔得尊位」本身是不當位，李贄所難以明言的，便是歷史上許多庸君，實際上並不能擔負天下國家之重責大任，但對儒者而言，身居臣位，便守臣道，生而不逢堯舜之世，這是客觀命限，非人力所為，但如何恪盡自身職分，「致君堯舜上，再使風俗淳」〔註38〕，則是所有歷代儒者所賦予自身責無旁貸的道德義務。李贄是深知這樣一份道德精神之可貴，與這一道德責任之艱難，故強調唯有以文王、孔子為法，隨時有「深於憂患」之自我惕厲，而不能以一毫「陰為富貴」的利欲交纏，儒者的道德理想方能不變質，不走樣。

長期君主專制的毒害，使儒者之學亦被誤解為一套擁護專制的封建禮教、外律道德，而不知儒者的學問本質上是一套生命學問，必以道德之自覺、自主、自律為前提，「行有不得者，皆反求諸己」〔註39〕。儒者必須深知此「求在我者」與「求在外者」〔註40〕之別，否則患得患失之輩，必然將失去道德之自主與尊嚴。唯有「仁義忠信，樂善不倦」〔註41〕，才是努力之道；但即使真誠待人，亦不免有「愛人不親」，「治人不治」，「禮人不答」〔註42〕等不被接受的狀況，更何況在絕大多數的自然生命猶有待於「先知覺後知，先覺覺後覺」〔註43〕，「待文王而後興」〔註44〕，可嘆文王卻千古難遇的無奈現實、坎坷世道中，不止面對君主有「履虎尾」之虞，如何不受困於缺乏道德自覺而一味妒賢嫉能、損人利己之小人，此亦歷史上的君子每每遭逢之憂患。

李贄對此君子遇小人之險境亦有深刻體認，故每申言之，如解〈困卦〉曰：

> 坎剛為兌柔所掩，則是以君子而掩蔽於詼說之小人，以陽剛而屈抑
> 於邪佞之巧夫，困可知矣。然五居說體，徐亦有說，而亮其中直，

〔註37〕以上引文見《九正易因・大有》，頁 127～128。
〔註38〕借杜甫〈奉贈韋左丞丈二十二韻〉句，楊倫輯：《杜詩鏡銓》（臺北：華正書局，1989 年），頁 25。
〔註39〕《孟子・離婁上》第 4 章。
〔註40〕《孟子・盡心上》第 3 章，孟子曰：「『求則得之，舍則失之』，是求有益於得也，求在我者也。『求之有道，得之有命』，是求無益於得也，求在外者也。」
〔註41〕《孟子・告子上》第 16 章。
〔註42〕《孟子・離婁上》第 4 章。
〔註43〕《孟子・萬章上》第 7 章。
〔註44〕《孟子・盡心上》第 10 章，孟子曰：「待文王而後興者，凡民也。若夫豪傑之士，雖無文王猶興。」

則是下險而上說，雖困而不失其所亨也。何也？以其貞也。故曰：
困，亨，貞，大人吉，無咎。夫以九二之剛，來居坎險之中，此大
人也。貞固之性，原不因困而失，是故不以困而不得。其亨而吉且
無咎，又何疑哉！〔註45〕

〈困卦〉卦象坎下兌上，二、五皆陽爻，李贄藉以象徵君子處困不失其貞固
之性，所謂「貞固之性，原不因困而失，是故不以困而不得」，此即儒者「造
次必於是，顛沛必於是」〔註46〕的精神。更進一步說，人生吉凶悔吝之來，
本來就在天地的循環變化中自然產生，欲時時求吉避凶既不可能，亦乃不明
天地之至道。如解〈咸卦〉，李贄便申述曰：

天下之道，感應而已。……夫感應乃天下之常理，而悔害亦常在感
應之中。所謂君子者，能以有感而慮悔，未嘗因悔而廢感。……若
有感而動，則順應不害矣。……動不由己，豈感動之正性！是以聖
人貴感不貴隨，以感從己出，而隨由人興。人己之辨，學者可不察
乎！〔註47〕

不論天下之有道無道，以儒者之入世精神，皆不可能不與外在的人事物相處
相交，故曰「感應乃天下之常理」，然而悔害亦即在與人事物之感應中產生，
此君子所以須時時懷抱憂患者；但另一方面來說，君子亦不能因世路崎嶇便
逃世，「因悔而廢感」，而只能「以有感而慮悔」，在與外界人事物的感應中隨
時警惕，如何避免悔吝產生而長保其「貞固之性」，則唯有洞知「人己之辨」，
「感由己出」──用現代道德哲學的用語來詮釋，便是真知道德之自主自律、
自我立法，方為感動之正性，亦方為儒者為己之學之真精神。

　　以上解析李贄著眼於人世種種「憂患」而展現之自律道德的精神，然而
對儒者而言，「仁義忠信，樂善不倦」的道德實踐，非是憂苦，而是至樂；此
外，對芸芸眾生而言，如何「離苦得樂」，也是人生的追求所在，而由李贄於
〈豫卦〉之解析，亦可看出其所謂「法孔子」的精神，其詮解充分闡明了儒者
之至樂原不同於世俗之樂，故「陰為富貴」者自然無與焉：

今不思致豫之由，而但想逸豫之福，固宜其盡喪於豫，而福反為禍
也。今且勿論，怪今之學者，守著聖人「樂在其中」一語，便謂能

〔註45〕《九正易因·困》，頁212。
〔註46〕《論語·里仁》第5章。
〔註47〕《九正易因·咸》，頁169～170。

> 樂能忘憂,縱欲肆志,唯務極樂。聖人之樂,端如是哉?此與鳴豫
> 而卒死於豫者,何以別哉?聖人之樂,初不出於發憤之外,捨發憤
> 而言樂,曾是知樂?聖人忘憂,原與忘食同致,不肯忘食而但忘憂,
> 胡謂而不肯兩忘也?食亦不知,憂亦不知,老亦不知,為終身發憤
> 為樂是知。則其視人間逸豫之樂,真不能以終日矣!故學道者,必
> 介如石,非獨於豫然也。〔註48〕

由上可見李贄對孔子精神的深刻體會:「發憤忘食」才是「樂以忘憂」之前提,
而所謂「發憤」便是不斷尋求生命之自我提昇、自我超越,未嘗一日或息之
精神;而「忘食」更是完全拋開物質生命的負累與干擾,更絲毫不曾以物質
享受的追求做為生命的目標。這般終身發憤的生命,固能隨時充實飽滿,不
以世俗之得喪縈懷,自能時時忘憂、時時得樂;但沒有「發憤忘食」的精神,
只以人間逸豫之樂作為生活目標,則其樂又何足以長保,「固宜其盡喪於豫,
而福反為禍也。」這一對「聖人之樂,初不出於發憤之外」的體認與詮解,較
之歷代大儒重視「尋孔、顏樂處」〔註49〕的精神,非但無所區別,且有十分
深刻透澈之闡釋。

　　然而李贄為歷來學者所看重稱道的進步性見解,乃其能夠正視利欲存在
的事實,而申明所謂「雖大聖人不能無勢利之心,則知勢利之心,亦吾稟賦
之自然矣」〔註50〕的思想;而此處與傳統儒者相似、且強調「忘食」的精神,
則一向未被看重。對此看似矛盾的兩種主張,吾人亦唯有重新理解李贄學術
的儒學本質,才能得一合理詮釋:在其所諄諄告誡的〈讀易要語〉中,強調
「法神聖」與「法孔子」的精神,而「君子謀道不謀食」、「憂道不憂貧」〔註
51〕,正是孔子指點君子修養自我、通往「神聖」的不二法門,所謂「謀道」
即是以「道」作為唯一的「價值」,至於現實中的物質享受,無論如何不能作
為價值追求的目標;然而「雖大聖人不能無勢利之心」,則是正視物質生命的
需求「亦吾稟賦之自然」,此乃是一「事實」的陳述,正視此一生命的現實的

〔註48〕《九正易因‧豫》,頁134。
〔註49〕程明道曰:「昔受學于周茂叔,每令尋仲尼、顏子樂處,所樂何事。」(《宋元
　　　　學案》卷十二,〈濂溪學案(下)〉,頁257)。
〔註50〕《道古錄》卷上,第10章,《李贄文集》第七卷,頁358。眾多學者討論李
　　　　贄之人性論或經濟思想時,對相關內容必加引述討論,無法一一徵引。而李
　　　　贄正視利欲之真諦,拙著《李卓吾新論》中,〈價值多元之二:生命的現實
　　　　——理欲與義利〉(頁136～149)亦已有所申述。
〔註51〕《論語‧衛靈公》第31章。

目的,卻不是要君子順此稟賦而行——事實上在強調「勢利之心,亦吾稟賦之自然」時,同章李贄仍主張「世之君子,只宜抽身財利之外,不染不淄,乃得脫然無累」〔註52〕。故李贄正視「勢利之心」的言論,其要旨與以「法神聖」為自我修養之目標不同,而主要在為「中下人」說,除了引導眾人能知「大聖人亦人」,則亦不必高視聖人,亦可以興「有為者亦若是」〔註53〕之志外,很多時候他強調欲望的合理性,重點實在於告誡從政君子,唯有為百姓興利、滿足百姓生存的需求,才是儒者的道德使命,唯有知「我生民生,無二無別」〔註54〕,才能站在百姓的立場思考問題;此外,肯定追求欲望的合理性,亦才能認清為國舉才之道:「官人而不私以祿,則雖召之,必不來矣;苟無高爵,則雖勸之,必不至矣。」〔註55〕人才難得,高爵厚祿本來就是令人才願為世用的前提,又豈能以其「有欲」而病之?總之,李贄強調「忘食」者,是儒者責己自律之標準,至於肯定「私利」與對現實人欲多所包容的部分,則是「治人」的原則,二者完全是不同層面的問題,可惜李贄作為「孤獨的先行者」,其學術之宗旨長期以來並未能獲得恰當的理解〔註56〕。然而,所謂「能以貴下賤,而大得民心,則其人又正是利建侯而不獲寧處之人」〔註57〕,有為大我奉獻、「不獲寧處」的精神,才是所有百姓期待的侯王,則其人又焉

〔註52〕《道古錄》卷上,第10章。
〔註53〕《孟子·滕文公上》第1章:「顏淵曰:『舜何人也?予何人也?有為者亦若是。』」
〔註54〕《九正易因·觀》,頁144。
〔註55〕〈德業儒臣後論〉,《藏書》卷三十二,頁626。
〔註56〕其實,李贄之觀點,恰可藉臺灣現況作一對照:一方面,大眾期待所有公務員理當以徹底摒除私利、奉公守法的精神嚴格自律;但另一方面,政府卻應正視並肯定「追求私利」之「人欲」的合理性,給予公務員高額薪俸,才是為國舉才之道。如中研院發表「人才宣言」,建議政府「改善官員待遇」,否則無法吸引人才留任,臺灣將成高階人力「淨輸出國」;瞿宗泉等前政務官亦申述18趴的精神是給廉節公務員「老有所終」的「養廉金」,不應任意取消,但其所提訴願則被駁回(《聯合報》100/8/15頭版、A2版)。兩則新聞對照下,則顯見現下的臺灣社會對公務員的要求可說是「又要馬兒好,又要馬兒不吃草」,若因此而使優秀人才皆不願進入公部門,絕非人民之福;然而,若公務員缺乏「摒絕私利以追求公利」的道德自律精神,政治權位越高越可能自肥,再高的薪俸亦無法「養廉」,亦是顯明易見的事實。故李贄以「摒絕私利」責求執政君子之「自律」,且又以「肯定私利」作為主政者「治人」之原則,確實指出一合理政治的發展方向,然而,莫說在晚明是個「異端」,即使二十一世紀的臺灣,依然是個難以達到的高標準。
〔註57〕《九正易因·屯》,頁100。

能貪戀「人間逸豫之樂」呢？唯有在自我「謀道不謀食」的不斷昇進中，才能體悟此一至道：「觀之天地，則所養者萬物，天地不自養也。觀之聖人，則所養者賢人及萬民，聖人不自養也。」「夫養天下者，憂天下者也，安得不以為屬！」〔註58〕真正的聖人以養天下為責，以不能養天下為憂，但其所養者乃賢人與萬民，何嘗以「自養」為目標！

　　客觀來說，以這樣的高標準去要求古往今來的執政者，當然是「迂遠而闊於事情」，說是緣木求魚也不為過；然而，如黃宗羲〈原君〉亦提出唯有「不以一己之利為利，而使天下受其利」、「不以一己之害為害，而使天下釋其害」，才是君王存在的意義〔註59〕；又如西方學者論國家進展的終程——自由市民社會，其官僚政治，乃能「公正的、確實的、擁護公共利益」者〔註60〕，其所揭示的理想，難道不都是相同的精神嗎？如果李贄心目中的理想人格不存在也無法追求，我們又如何期待只靠制度的演變，政治人物就可以不是「爛蘋果」，而「人民公僕」這一詞彙就能夠名實相符呢？二十一世紀的政治人物，若能真知「我生民生，無二無別」，且真能理解「大得民心」之道無他，只要不再誤以物質財富之追求為價值，而能不斷提昇自身生命的高度，以更宏觀超然的立場為百姓興利除弊，又豈非萬民之福？然則不論時移世易，只要人類社會依然存在著各種「以暴易暴，不知其非」的現象，而對精神文明之提昇依然有其嚮往與追求，則儒者之學問，李贄之創發，又焉可以不講乎？

第四節　《九正易因》與李贄儒學研究之積極意義

　　有鑑於《九正易因》與李贄儒學之內涵尚未受到足夠關注，本章先詳加解析李贄〈讀易要語〉之內容，確立李贄研《易》「法文王、法孔子」之「神聖心事」；其中明易道，即以儒者「深於憂患」的道德精神為核心。對照其「反傳統」的矛盾形象，則可知李贄對孔子精神的體悟，乃超乎當時許多溺於現實而喪失理想性的士人之上，他對世儒高標準的批判，實以他對孔子「發憤忘食，樂以忘憂」之精神的深刻體悟為前提；對孔子、儒學傳統的再詮釋，正是他據以反對當時之僵化傳統、封建禮教的根源。重新考察李贄這部連四庫

〔註58〕《九正易因‧頤》，頁160、161。

〔註59〕黃宗羲：《明夷待訪錄‧原君》，《黃宗羲全集》第一冊（臺北：里仁書局，1987年），頁2。

〔註60〕Franz Oppenheimer 著，薩孟武譯：《國家論》，頁151。

館臣皆須肯定為「謹守繩墨」的著作，對李贄心目中之所謂「真道學」，亦可有更真切的理解；而「異端」李贄之儒學詮釋，亦可擴大既有的儒學研究的視野，在正統與異端之絕異與大同處，更可深刻反思儒之所以為儒的核心精神。

　　作為眾多學者所關注的晚明進步思想家，李贄的學術，確有許多值得後人深入發掘之處，但因他以「敢倡亂道，惑世誣民」的罪名下獄而死的「異端」形象太過鮮明，以致後世學者之研究，多以異乎傳統、「反道學」之角度觀察李贄，而較少正視他對傳統儒學的承繼與詮釋，直至晚近的學者，才逐漸脫離「非儒反孔」的成見，對李贄與儒學的關係有更客觀的理解。筆者站在前輩學者研究的基礎上，注意到《九正易因》這部在李贄生命中最後且十分重要的著作，其思想內涵正足以代表李贄對儒學傳統的正面闡釋，但在既有的研究中，尚少有深入探討者，筆者以為，對《九正易因》思想內涵的分析與發掘，不論就李贄學術乃至儒學研究，皆有其積極意義與價值。

　　對李贄研究而言，長期以來皆重視其批判道學之言論，但《焚書》、《藏書》中的「因緣語、忿激語」，拿袁中道的話來說，其旨乃在於「黜虛文，求實用；舍皮毛，見神骨；去浮理，揣人情」，而此類破執之論，遮詮之說，自不免「矯枉之過」，「偏有重輕」，單看李贄對後儒之反思批判的言論，實不易正面看出李贄對孔孟儒學的理解與創發，必「舍其批駁謔笑之語，細心讀之」，方能見「其破的中竅之處，大有補於世道人心」〔註61〕。且如汪可受載李贄所言：「吾向讀孔子書，心實未降。今觀於《易》，而始知不及也。敢不如其禮。」更可見李贄對孔子儒學與《周易》經傳的鑽研，乃不斷昇進超越、不惜以今日之我否定昨日之我者，故唯有其最終的著作：《九正易因》的思想，才能真正代表他個人學術及其儒學詮釋的完成。然則，若不講李贄學術則已，若欲在已有的大量李贄研究中，對李贄之學術及其儒學內涵再做更進一步的認識，則不能不關注李贄之易學詮釋。

　　而在儒學研究上，因中國在過去百多年來面對西方衝擊及接連不斷的內憂外患，作為傳統思想主流的儒家，便往往成為承擔中國腐敗落後一切問題的替罪羔羊，對「非儒反孔」的李贄之頌揚，與批判封建禮教、「打倒孔家店」的呼聲，似乎正是一體之兩面。雖然，經過半個多世紀的沉澱，已有許多學

────────────

〔註61〕以上引文見袁中道：〈李溫陵傳〉，頁133。

者申述儒學與西方民主非但不是扞格不入，且更能肯定唯有重新詮釋儒學傳統、接通文化慧命，才能更健全地吸收西方的民主。如余英時則更指出，十九世紀末最能接受、並樂於引進西方民主觀念的是一群根植於儒家傳統的知識精英，但自五四以來將儒家視為反動保守之後，一世紀來中國的民主卻未再有長足的進步〔註62〕。然而，即使當今已有諸多重視並闡揚儒學傳統之現代精神的學者，但也未必便能說服另一批依然視儒學為保守落伍的學者，兩種對儒學截然相反的意見，至今亦仍不免於各說各話的缺少交流。然則，對儒學研究而言，重新申明以「反傳統」著稱的異端李贄，是如何理解儒學傳統而闡揚其「真道學」，似乎也是為「尊孔」、「反孔」的兩端，開挖一條溝通的渠道。

然而對此一擴展李贄與儒學研究之新路徑，以上以〈讀易要語〉作為掌握《九正易因》與李贄儒學之思想性格的詮釋進路，只能說是一個研究的開端，《九正易因》以及李贄儒學中更多的思想內容及哲理智慧，則尚不及詳述，以下三章，首先以「仁者以天地萬物為一體」，申述《九正易因》所展現之李贄「真道學」精神；其次則以《九正易因》之〈蒙卦〉解為核心，對李贄學術中被歷來眾多研究者所關注的「童心說」，再重新作一闡釋；而長期被視為「反封建之革命先驅」〔註63〕的李贄，在《九正易因》中卻依然「謹守繩墨」地申明「君尊臣卑之正道」，以往盛讚其「反傳統」、「反道學」的學者，只能將其視為封建糟粕或自相矛盾，但在重新認知其「法文王」、「法孔子」之儒學精神後，或許亦當重新澄清李贄學術在看似矛盾的背後，真正的「一以貫之」之道。希望藉由以下各章不同角度的探討，李贄學術可真正拋卻以往「畫歪了臉譜」的扭曲與誤解，而其「真道學」對儒學傳統的反思與再創造，所隱含的超越時代的精神與智慧，亦能更為世人所認識。

〔註62〕余英時：〈民主觀念與現代中國精英文化的式微〉，收入氏著：《人文與理性的中國》（臺北：聯經出版事業公司，2008 年），頁 478～479。

〔註63〕如朱謙之：《李贄：十六世紀中國反封建思想的先驅者》（武漢：湖北人民出版社，1955 年）。又如侯外廬主編之《中國思想通史》，則以「李贄戰鬥的性格及其革命性的思想」名篇，盛讚其「反聖教、反道學的戰鬥思想」（北京：人民出版社，1960 年，第四冊，下卷，頁 1031、1076）。

第三章　仁者以天地萬物為一體
──《九正易因》所展現之
「真道學」精神

　　前文已申述《九正易因·讀易要語》的內涵，其中「深於憂患」四字，即李贄詮釋《易經》的核心精神。在李贄解《易》的過程中，即時時可見其展現孟子「樂以天下，憂以天下」〔註1〕的情操，其憂患實根於「思天下之民匹夫匹婦有不被堯舜之澤者，若己推而內諸溝中」的道德責任，純為一無私無我的大愛，而無絲毫個人憂樂毀譽、成敗禍福的執著，故孟子曰：「君子有終身之憂，無一朝之患也。」〔註2〕此一對文王孔子之聖人境界的體悟，當以程顥（1032～1085）所言「仁者以天地萬物為一體」〔註3〕一語，最足以概括詮釋之。李贄便常喜言「萬物一體」，曾申論曰：

> 知聖人之言，則自能知聖人之人；能知聖人之人，則自能知吾心之人，知天下歸仁之人，萬物一體之人矣。我與聖人、天地、萬物本無別也。〔註4〕

> 是故一物各具一乾元，是性命之各正也，不可得而同也。萬物統體

〔註1〕《孟子·梁惠王下》第4章。
〔註2〕《孟子·離婁下》第28章。
〔註3〕見黃宗羲：《宋元學案·明道學案上》，頁274。王陽明《大學問》亦曰：「大人者，以天地萬物為一體。」（吳光等編校：《王陽明全集·中》，上海古籍出版社，2011年，卷二十六，頁1066）
〔註4〕《道古錄》卷上，第8章，頁356。

　　一乾元，是太和之保合也，不可得而異也。〔註5〕
此類文句，在前輩學者的詮釋中，多僅強調李贄學術「聖凡平等」的思想主
張，然而在李贄而言，「聖凡平等」的意義，並不在於「剝掉了聖者、侯王頭
上的神聖光圈，把他們拉到平民的腳前」，而在表現一「真知聖人」的境界，
是真聖人，則必以聖凡為平等，知萬物為一體，故能無私無我，廓然大公。對
照現實中的統治者實皆圖其私利而荼毒天下，李贄的思想當然成為對既有權
威秩序的挑戰與動搖；然而，看孔、孟二聖一生栖栖遑遑，為天下百姓之福
祉，堅持仁政王道而奔走，卻從不願對現實中違反王道精神的執政者低頭，
又怎能說李贄的「聖凡平等」，不正是深刻體會了超乎所有政治權威之上的、
真正的儒者精神呢？

　　筆者以為，李贄《九正易因》之所以一方面能使四庫館臣（傳統儒者）
視為「謹守繩墨」，另一方面亦使當代學者發掘「《九正易因》所體現的李贄
的反傳統思想」，正是在充分體認並闡發此一「仁者以天地萬物為一體」的精
神上，一方面確實掌握了儒學之本旨，另一方面更賦予其超越時代的積極意
義。本章主旨，即在申述李贄《九正易因》中所闡釋之仁者襟懷與萬物一體
之境界，及其以「深於憂患」之戒懼惕勵，事事反求諸己的道德精神。希望經
由本文之析論，更能印證李贄之學術，確實是「上足以闡羲文孔孟之心傳，
下足以紹周邵陳王之嫡統」的真道學，下文即詳加闡釋之。

第一節　仁者襟懷之具體表現

　　「仁」乃孔孟儒學之中心思想，為全德之稱，孔門弟子屢問於師，而夫
子因材施教，答案未有二同。樊遲問仁，子曰：「愛人。」〔註6〕當屬最簡明
的解釋；而子貢問「博施於民，而能濟眾」，「可謂仁乎？」孔子則言：「何事
於仁，必也聖乎！堯舜其猶病諸！夫仁者，己欲立而立人，己欲達而達人，
能近取譬，可謂仁之方也已。」〔註7〕則可見仁者愛人之心在實踐上唯能由近
及遠，而沒有終程，是個「堯舜其猶病諸」的無盡事業。李贄詮解《易》道，
處處可見仁者大愛精神的體現，以下再分述之：

〔註5〕《九正易因‧乾》，頁94。
〔註6〕《論語‧顏淵》第22章。
〔註7〕《論語‧雍也》第28章。

一、樂以天下，憂以天下

　　「深於憂患」是李贄對《易》道核心精神的掌握，實亦即深刻體認此一「堯舜其猶病諸」的道德理想實無盡期。如曾子所言：「仁以為己任，不亦重乎！死而後已，不亦遠乎！」〔註8〕在六十四卦末卦〈未濟卦〉，李贄亦以此一道德精神作結，曰：

> 聖人之處世也，無一日而非既濟之時，則無一日而非未濟之心；無一時而非未濟之日，則無一日而非欲濟之念。憂方來，而喜或乘之；喜甫至，而憂復生焉。憂喜相仍，此聖人所以發憤而不知老之將至也。是故既濟、未濟合為一卦，而《易》道終矣。〔註9〕

所謂「無一日而非既濟之時，則無一日而非未濟之心；無一時而非未濟之日，則無一日而非欲濟之念」，看似繞口令似的文句，實即《易・乾・大象》：「天行健，君子以自強不息」朝乾夕惕的精神，而其自強不息之動力來源，其「未濟」而「欲濟」之目標，並無一毫個人的功名富貴之念，而純是「樂以天下，憂以天下」之大愛胸襟，此一精神，固為歷代大儒所共知共能，范仲淹〈岳陽樓記〉之「先天下之憂而憂，後天下之樂而樂」，當是其中最為膾炙人口的名句。

　　李贄解〈頤卦〉處，即充分闡明此一以天下為念的聖人精神：

> 頤，所以養人也。觀頤者，觀其所養而非以其自養也。若自求口實，又何觀焉？是故觀之天地，則所養者萬物，天地不自養也。觀之聖人，則所養者賢人以及萬民，聖人不自養也。……夫養天下者，憂天下者也，安得不以為屬！然欲養天下者，必先於養賢者也，又安得不謂之由頤！〔註10〕

「觀之聖人，則所養者賢人以及萬民，聖人不自養也」，便是李贄「法文王、孔子」的絕高標準：不但將「養天下」作為聖人責無旁貸的道德義務，且必杜絕一絲一毫「自求口實」之利欲私心的追求。

　　這一「養天下」而絲毫不以「自養」為念的精神，李贄在解〈既濟卦〉處，亦以十分嚴格的標準強調之，曰：

> 君子之所為終日戒者，恐生民有一不蒙其衣被之澤也。今所戒止於衣袽，則亦衣袽之貧乞云爾。夫以一衣袽而終日戒，終日疑，恐不

〔註8〕《論語・泰伯》第7章。
〔註9〕《九正易因・未濟》，頁255。
〔註10〕《九正易因・頤》，頁160～161。

保焉，可笑也！〔註11〕

真以天地萬物為一體，心心念念為天下的仁者，固將時時懷抱憂患：「恐生民有一不蒙其衣被之澤也」，然而此本即一「堯舜其猶病諸」的無盡事業，故曰：「養天下者，憂天下者也，安得不以為厲」；此外，真正廓然大公的仁者，「終日戒」者唯有天下之憂，而無個人物質欲望的追逐，倘若以個人口體之養、衣袽之奉為意，則為患得患失之輩而已，又豈能承擔天下生民之重責大任呢？

然而，即使自任天下之重，生民之業畢竟無法獨賴聖人一人承當，故必體認：「欲養天下者，必先於養賢者也」，李贄解〈大畜卦〉，便極言此養賢之功，曰：

> 大畜，大者畜也。何謂大畜？合《乾》之剛健與《艮》之篤實，大者皆無不畜之。則其輝光日新，可勝言哉！故特以形容大者之所畜如此。且上當艮止，其德剛上而尚賢，又能止健，既大且正，故又曰大畜利貞也。夫尚賢，則賢者皆願為其所畜。居上，則得天位，而其勢自足以畜之。以剛則能止健，必養成大賢，然後畜之，以待他日之用焉。以是大者之正，故并時諸賢咸與大亨，無有一人家食者。……眾正之途闢，群陽之路開，天衢亨通，一至於此。濟濟蒸蒸，咸願向用，又孰有過於大畜者邪！然觀之三陽也，先之以有厲，申之以脫輹，守之以艱貞，觀之四五也，制之以牿，守之以牙，才不使遽逞，健不使遽試，其不輕於畜又如是。誠哉，大畜之時，其當唐虞之際與！〔註12〕

〈大畜卦〉乾下艮上，李贄解卦，大抵順卦辭與《彖傳》之意延伸發揮，卦辭曰：「大畜，利貞。不家食，吉。」而《彖傳》曰：「剛健篤實，輝光日新其德。剛上而尚賢，能止健，大正也。不家食吉，養賢也。」李贄之解並未逸出經傳本旨，亦為「謹守繩墨」而已。然而，他一方面盛讚此一「眾正之途闢，群陽之路開」，諸賢「濟濟蒸蒸，咸願向用」的「大畜之時」，即「唐虞之際」的理想政治；另一方面則依六爻爻辭如初九「有厲，利已」、九二「輿說（脫）輹」、九三「良馬逐，利艱貞」、六四「童牛之牿，元吉」、六五「豶豕之牙，吉」等，強調諸賢當時時艱貞自守、用賢亦當牢記「才不使遽逞，健不使遽試」之謹

〔註11〕《九正易因‧既濟》，頁253。
〔註12〕《九正易因‧大畜》，頁158～159。

慎惕勵的精神。由此則益可充分印證李贄「樂以天下，憂以天下」的仁者襟懷，一方面追求「尊賢使能，俊傑在位」〔註13〕，諸賢皆樂為大我付出，而成功亦不必在我；另一方面則更強調賢者須時時懷抱憂患，不敢一日或懈，更不可急功躁進。——不急功躁進者，即其才能之用皆以大我之利弊得失為考量，而非為個人謀，——唯有賢者時時不忘自畜其德，以大我為念，才是創造理想社會之前提。

　　總之，「親親而仁民，仁民而愛物」〔註14〕，是儒者生命實踐的無盡歷程，李贄對儒學的思考，亦在於對仁者大愛精神之體現與落實上，有著極度真誠而熱切的追求，不論面對百姓、面對君主，乃至面對缺乏道德自覺的庸碌小人，其「萬物一體」之仁者襟懷，皆一以貫之，以下再加分述。

二、愛民如子

　　以法文王、孔子的高標準，來看理想聖王的作為，則當愛民如子，事事以百姓心為心，亦即能夠具體表現以聖凡為平等，萬物為一體的精神，如解〈觀卦〉，李贄曰：

> 此卦四陰在下，臣民之象，下觀者也。二陽在上，君子之象，觀天
> 下者也。……必有九五中正以觀天下，然後自然下觀而化矣。……
> 觀九五者，真同觀於天哉！但下之觀五者以天，而五之所觀者即我；
> 下之觀五者如神，而五之觀我者即民。我生民生，無二無別，是謂
> 天下之平，此所以不言而喻，而下觀自化與？而觀者不一，化者不
> 一，則各隨深淺，自不能一也。〔註15〕

此言「我生民生，無二無別」，亦是足以論證李贄倡言「聖凡平等」的顯例。所謂「下之觀五者如神，而五之觀我者即民。我生民生，無二無別，是謂天下之平，此所以不言而喻，而下觀自化與？而觀者不一，化者不一，則各隨深淺，自不能一也。」可以看出李贄理想中的化民成俗，絕不是上位者執定一套禮法制度，以尊卑上下的階級權威，要求下位者服從。相反地，聖王能深心體認「我生民生，無二無別」，知每一百姓的生命皆有同等的價值必須尊重，無法威逼勉強，唯有聖王以身作則，引發下民的仰慕感動，視之如神，則自

〔註13〕《孟子・公孫丑上》第5章。
〔註14〕《孟子・盡心上》第45章。
〔註15〕《九正易因・觀》，頁143～144。

能不言而化；但個別生命才性歸趨之千差萬別，故「觀者不一，化者不一」，無法責其必能，聖王亦唯有以萬物一體之胸襟，包容下民之各各殊異，而不以單一價值框架來判其高下優劣。此一理想，面對現實中的尊卑懸絕之僵化禮教，自然顯得「反傳統」，然而，王弼注〈觀卦〉六五爻辭亦曰：

> 居於尊位，為觀之主，宣弘大化，光于四表，觀之極者也。上之化下，猶風之靡草，故觀民之俗，以察己道。百姓有罪，在予一人，君子風著，己乃无咎。上為化主，將欲自觀，乃觀民也。

「上為化主，將欲自觀，乃觀民也」，難道不同樣表現了對下民的正視與尊重嗎？此「百姓有罪，在予一人」之反躬自省，本出《尚書‧泰誓》，而以君子之德如風行草偃，故必反求諸己，以身作則的體認，亦為孔子所提出〔註16〕，李贄解〈觀卦〉的精神，又焉有異於是？故統治者對其身負天下百姓之重的道德責任之自覺，便是「堯、舜、禹、湯、文、武、周公」一脈相承之「真道學」，千載真儒，誰曰不然？

李贄對凡民之包容大愛，與其以高標準嚴責上位君子的態度，在解〈節卦〉處亦可充分看出，曰：

> 坎水下流，兌說受之。說則甘，甘則不苦。蓋能下節其流，不使至於缺漏而不收，則有以潤澤斯民，而信乎其為甘節之亨矣。……甘節之吉，實在九五。故九五唯以兌之甘節為吉也。上居《坎》極，水方盛滿，而又節焉，可為貞乎？可不謂之苦乎？可得免於窮與凶乎？然則苟非中正以通之九五，以甘為節，任其尚往，則甘說之澤翻為苦海。欲其免凶，不可得矣。故曰：節亨，苦節不可貞。夫本以欲亨通斯世故，而為之節，今反以苦苦欲節故，遂窮焉而不通，是豈知節之道乎！……初與四，但享其亨，安其節，不亦宜乎！若三當節而不節，上不當節而苦節，不是傷財，便是害民，豈聖人節以制度之本意哉！聖人曰：節雖正理，苦則雖正亦凶。蓋既以苦為貞，安能悔也！故曰：悔亡。尤之也，非與之也。嗚呼！彼方以撙節為聖德事，儉苦為唯汝賢，又肯以為苦而自悔邪？天下之能悔吾之苦節者，蓋萬萬無有一也。謂之悔亡，亦宜。〔註17〕

〔註16〕《論語‧顏淵》第19章：「（子曰）君子之德，風；小人之德，草；草上之風，必偃。」

〔註17〕《九正易因‧節》，頁244～245。

「潤澤斯民」，才是「節以制度」的意義與目標所在。因充分認知並珍惜有限之資源，而欲普施於百姓，使皆能有以潤澤之，故「節以制度」是必要的；若不能開源而節流，則必反致窮乏；然而，過分強調節用而致「苦節」，則又失「潤澤斯民」之本意，李贄「三當節而不節，上不當節而苦節，不是傷財，便是害民」的批判，皆是站在百姓的立場對執政者的求全責備。所謂「聖人曰：節雖正理，苦則雖正亦凶。蓋既以苦為貞，安能悔也！故曰：悔亡。尤之也，非與之也。」與其〈黨籍碑〉一文中批判「清官」的立場實為一致，其言曰：

> 公但知小人之能誤國，不知君子之尤能誤國也。小人誤國猶可解救，若君子而誤國，則末之何矣。何也？彼蓋自以為君子而本心無愧也。故其膽益壯而志益決，孰能止之？如朱夫子亦猶是矣。故余每云貪官之害小，而清官之害大；貪官之害但及於百姓，清官之害并及於兒孫。〔註18〕

此處批判清官「自以為君子而本心無愧也。故其膽益壯而志益決，孰能止之？」與〈節卦〉慨嘆「嗚呼！彼方以撙節為聖德事，儉苦為唯汝賢，又肯以為苦而自悔邪？」皆旨在反思後世道學的僵化思惟，徒然以「撙節」、「儉苦」為德，而未能以「潤澤斯民」為要務。然此以「清官」為大害的激烈言論，又豈有絲毫「反道學」？其苦口婆心，不正是要執政君子重新認清「仁民愛物」的「真道學」之精神所在嗎？

　　李贄以「我生民生，無二無別」的聖人胸襟為標準，責求執政者與道學君子必以「潤澤斯民」做為施政的首要目標與前提，衡諸現實中視百姓如草芥、腐敗已極的帝王專制，李贄的大膽言論確實堪為「反封建思想的先驅者」；然而，學者往往忽略的是，李贄「仁者以天地萬物為一體」的大愛胸襟所涵容的，除了天下百姓之外，也同時包括在另一端的專制帝王。對儒者而言，不論君主之賢愚不肖，同樣是其一體之仁所關注的對象，其思考的角度，永遠不是打倒推翻，而是如何輔佐匡助。李贄的《九正易因》在對「君臣之道」的思考上，也充分表現出與傳統儒者全然一致的忠君思想，四庫館臣所謂「謹守繩墨」是也。此一推尊君父的特質，在與其「聖凡平等」的思想相較下看似顯得矛盾，但若以「萬物一體」的仁者襟懷來詮解，則更可深刻體認儒者的真精神，此在下文再加闡釋之。

〔註18〕《焚書》卷五，頁204。

三、愛君如父

　　李贄一向被五四以來學者視為「反封建」、「反傳統」的革命先鋒，但龔鵬程已關注到，李贄乃至公安派及左派王學如羅近溪、楊復所等人，對明代的時君朝政，實皆採取了一種全然肯定的態度〔註19〕，在《九正易因》中，李贄亦多次表達以君尊臣卑為確然不可移的思想，不論君主之賢或不肖，為臣皆唯有更加戒懼惕勵以事之，其悃悃孤忠，與「反封建」的革命形象，相去不啻千萬里。

　　如其解〈蹇卦〉曰：

> 夫見險而止，夫誰不知，而獨稱為知者何？以九五大蹇，尚在蹇中，如初六方出門，即知大蹇之宜待，獨能不往而來，故以智譽其來，謂其知急君而非獨為其身謀也。況二與五，自謂臣主同蹇，匪直以躬之故邪，誰得而尤之哉？不可得而尤，則亦不得不以智歸之矣。……且上已出險，猶能反顧其主，猶人所難，故特以吉繫之。嗚呼！天尊地卑，君貴臣賤，以賤從貴，雖險不移。是以爻言吉，利見大人，而卦辭獨曰利見大人，貞吉也。〔註20〕

　　〈蹇卦〉彖曰：「蹇，難也，險在前也。見險而能止，知矣哉！」六二爻辭：「王臣蹇蹇，匪躬之故。」而王弼注曰：「處難之時，履當其位，居不失中，以應於五。不以五在難中，私身遠害，執心不回，志匡王室者也，故曰王臣蹇蹇，匪躬之故。」李贄解〈蹇卦〉亦順此「志匡王室」之臣道而發揮：所謂「知急君而非獨為其身謀也」、「上已出險，猶能反顧其主」、「天尊地卑，君貴臣賤，以賤從貴，雖險不移」，一意強調為臣則當為君犧牲奉獻，雖險不移，忠貞血忱，一至於斯，以後世反對君主專制的角度來看，評為「愚忠」亦不為過，而李贄卻再三「以智譽其來」、「不得不以智歸之」，豈不是智愚徹底顛倒？看似「反封建」的李贄，在此卻大倡所謂「君貴臣賤」，與前所言「我生民生，無二無別」的平等精神，更似構成了一種難以調合的矛盾。

　　然而，李贄要求臣下對君王應無私無我的忠誠付出，〈蹇卦〉之解絕非孤證，〈蠱卦〉則更以子喻臣，以君為父，從另一個角度詮釋臣子面對君父當有的行事智慧：一定要保有君父的權威，譽之承之，而默默幹理，得君父之歡，方能免除蠱壞之禍，其說頗為曲折，以下先引述其論，再加闡釋：

〔註19〕龔鵬程：〈克己復禮的路向：晚明思潮的再考察〉，《晚明思潮》，頁20。
〔註20〕《九正易因‧蹇》，頁193、194。

六四純柔，不能幹蠱，反以裕蠱，則益以蠱壞矣。故六五反之曰，與其裕父之蠱而不敢幹，孰若譽父之德而吾代為之終也？是故六五柔中，反以高尚之德，奉承其父可則之志，稱譽其父，因而默默幹理，不見其形，所謂元亨而利涉者非邪？夫六五以用譽幹其父，九二以不可貞幹其母，則父母之蠱治矣。二獨稱幹母者，二陽五陰，子母象也。聖人曰：九二以陽居陰，本不貞也。然唯其不貞也，是以得幹母之中道也。若貞，即反失幹母之中道矣。此義至深，誰則知之！蓋君父之際，所貴情意相通，上下歡說。譽，則通則說；貞，則不通不說。吁！其又誰知之？〔註21〕

〈蠱卦〉象徵天下久安以致積弊蠱壞，蘇軾曰：「上下大通而天下治也。治生安，安生樂，樂生媮，而衰亂之萌起矣。蠱之災，非一日之故也，必世而後見。」〔註22〕後生子輩面對前代父母所造成的積弊，當思有所作為（幹蠱），若繼續因循苟且（裕蠱），則將敗壞不可復理〔註23〕。然而，為人子者面對父母的錯誤，「裕蠱」固然不可，過於剛強貞正、欲其雷屬風行，則反彰父母之過，失父母之歡，故李贄曰：「唯其不貞也，是以得幹母之中道也」；「譽，則通則說；貞，則不通不說」，為人子者保全父母之令譽威名方可稱孝，若過於貞正則反傷親子之情。雖然依〈蠱卦〉爻辭，「幹父」、「幹母」之道，所言似為家庭倫理，但李贄結語則點出「蓋君父之際，所貴情意相通，上下歡說」，則顯見在李贄心目中，君臣父子之道確實是一以貫之的。通篇論點中，非但看不出李贄有一絲一毫的「反封建」之革命精神，且其強調「稱譽其父」，「譽父之德」的重要性，究其實便是以維護家父長的權威尊嚴為首要目標；而就臣下而言，其「默默幹理，不見其形」，與其說是不敢居功，不如說是要避免取怒於上而自取其禍罷了。

然而，一方面強調「我生民生，無二無別」，一方面強調「君貴臣賤，以賤從貴，雖險不移」的李贄矛盾嗎？若以君主與臣民為對立的雙方，則李贄的思想當然存在不可解的矛盾，但傳統儒家與近代西方的觀念有本質上的不同：在「堯、舜、禹、湯、文、武、周公」一脈相承的道統中，天子與百姓從

〔註21〕《九正易因・蠱》，頁139。
〔註22〕蘇軾：《東坡易傳》，《景印文淵閣四庫全書》，頁9～36。
〔註23〕來知德：《周易集註》：「裕，寬裕也。強以立事為幹，怠而委事為裕，正幹之反也。」（《景印文淵閣四庫全書》，頁32～148）。

來就不是對立的雙方，相反地，天子是為天下百姓興利除害的大家長，「若保赤子」〔註24〕，則是天子面對臣民百姓所秉持的態度。現實中的父母是凡人，帝王也是凡人，當然都會犯錯，但真正愛父母、也懂得如何愛父母的子女，不會忍心冒犯父母的權威使父母傷心；真正期待天下和平、百姓安樂的臣子，便知道維持君主的權威對於穩定社會秩序的重要性——這便是李贄「法文王、孔子」的「神聖心事」。因為出於為父母、為君王、為天下百姓的無私大愛，故他重視的不是個人的生命安危，不是個人的名譽功勳，而貴在「情意相通，上下歡悅」，唯有君臣能夠一心，互信互助，才能為百姓創造一個和平安樂的國度。

　　雖然，對照現實人心之自私自利，尤其是統治者殘虐百姓以肆其私欲的行為，儒者的理想確實像是天真的夢話，但對李贄與歷代大儒而言，所謂的「仁者以天地萬物為一體」，不是一個在抽象思辨中所建構的理想藍圖，而是在生命實踐的不斷超越昇進中所具體感悟的精神境界；那是落實於自我生命真切的體證，而不是藉以批判要求他人的標準。因此，父母是凡人、君主是凡人，人都會犯錯，而且犯了錯不但不願面對、承認己過，甚且若他人直指其過，還會惱羞成怒……，這都是人情之常，但真切體證生命、以文王、孔子為法的「真道學」，則當有洞察此一人之常情的智慧，亦知苛責唯有徒增對立，兩敗俱傷，而又何足以成事？真知「君子所性，雖大行不加焉，雖窮居不損焉，分定故也」〔註25〕，則知「盡己之性」是純粹的道德義務，又何忍彰君父之過而成己之名？孔子面對陳司敗問「昭公知禮乎？」寧可答曰：「知禮。」而聽聞陳司敗質疑他偏黨不公，曰：「君取於吳為同姓，謂之吳孟子。君而知禮，孰不知禮？」亦不多所置辯，而僅曰：「丘也幸，苟有過，人必知之。」〔註26〕便是不忍彰君之惡，而寧可自居其過的仁者襟懷，這樣一種高度的人格修養與胸襟氣度，又豈是斤斤計較於自身利害得失的「偽道學」所能知能行者？

　　正因「仁者以天地萬物為一體」，故「我生民生，無二無別」；同樣地，身負天下之重的君主，對於位居臣位的儒者來說，當然也不是對立的「他者」，而同樣是憂戚相關，禍福與共。若天下百姓皆如自家子弟兒孫一般，必須愛護教養，則身負天下之重的君王，又豈不即如自家父祖般，應當尊敬承順？

〔註24〕《尚書‧周書‧康誥》。
〔註25〕《孟子‧盡心上》第 21 章。
〔註26〕《論語‧述而》第 30 章。

李贄所論，舉歷代儒者言行為例，晚明大儒劉宗周（1578～1645）可為一證，其言：「胸中有萬斛淚，半灑之二親，半灑之君上」〔註27〕，即其愛君如父的真誠告白，但其心目中「君上」所代表的，難道不正是家國天下安危之所繫、百姓民命之所關？真以「天地萬物為一體」的仁者，「致君堯舜上，再使風俗淳」，便是落實其「樂以天下，憂以天下」之志向的具體途徑，因此，自認「真道學」的李贄必講尊君，與其「我生民生，無二無別」之平等思想，非但未有衝突矛盾，反而互為因果。

四、待小人以寬

以上分述李贄對君上與下民之大愛包容，此外，李贄學術最別具心眼的觀點之一，也是他最容易引發誤解與爭議之處，便是他對歷史上所謂「小人」的肯定評論，每曰：「天下唯小人最多才」〔註28〕，「吾見在小人者更為伶俐而可用」〔註29〕，以致四庫館臣評其「所著《藏書》為小人無忌憚之尤」〔註30〕，可見其說與正統道學家之扞格。然而，袁中道對李贄論君子小人之真諦有很好的詮解，以下引述其說，曰：

> 世之小人既僥倖喪人之國，而世之君子理障太多，名心太重，護惜太甚，為格套局面所拘，不知古人清淨無為，行所無事之旨，與藏身忍垢、委曲周旋之用，使君子不能以用小人，而小人得以制君子。……而世儒觀古人之跡，又概繩以一切之法，不能虛心平氣，求短於長，見瑕於瑜，好不知惡，惡不知美。……於是上下數千年之間，別出手眼，凡古所稱為大君子者，有時攻其所短；而所稱為小人不足齒者，有時不沒其所長。其意大抵在於黜虛文，求實用；舍皮毛，見神骨；去浮理，揣人情。〔註31〕

「僥倖喪人之國」的小人，固然是歷史的罪人，但若拘守名教的道學君子沒有更高明的智慧，擺脫「君子不能以用小人，而小人得以制君子」的宿命，則君子又何貴為君子？李贄攻君子之短，而不沒小人之長，其旨絕非在於顛倒賢奸，而是責求君子認清一個事實：君子棄絕小人，必激起小人之反噬，非

〔註27〕　《劉子全書‧子劉子行狀》（臺北：華文書局，1971年），卷三十九，頁3462。
〔註28〕　〈賈似道〉，《藏書》卷五十七，頁1101。
〔註29〕　〈八物〉，《焚書》卷四，頁149。
〔註30〕　《欽定四庫全書總目》，史部六，別史類存目，《續藏書》條，頁2～134。
〔註31〕　〈李溫陵傳〉，頁133。

但無以安天下，反而適足以亂天下，故真正愛天下的仁者，即使是面對追求自身名利富貴的小人，也要能夠包容接納，唯有發掘其長處，才能使其為我所用，否則激發對立而造成禍亂，君子又豈能沒有責任呢？

李贄詮釋〈解卦〉，便就君子對待小人當有的胸襟智慧而發揮：

六五柔中，見解而動，遂自喜曰：君子維有解，吉。言已解即吉，更不多事。則即此一念，非但可以孚信朋友，亦可以孚信小人，故曰有孚於小人。言君子有解，則小人信之，自然退服也。已解已退，更欲何為，否則中心未孚，雖解猶不解，天下之難復起矣。且已解而我猶不解，又可以稱曰解之時大矣哉？全無貴於解矣。宋事不可鑒邪？蓋小人之心，其初亦願與君子為歡以保其富貴，不願與君子為仇以失其富貴。唯君子之怨小人也不解，故小人常患恐失之，而反噬之，毒始深而不可解。然則小人之禍卒於不可解者，皆以君子之不解者先之。此千古治亂之大機，故聖人於此復致意焉。以六五柔中居尊也，能解結者也，不復做險陷之業也。〔註32〕

「六五柔中居尊，能解結者也」，其強調「柔中」的態度，究其實便是一種大愛包容的精神，與前述面對下民則強調「苦節不可貞」，面對君父則強調「奉承其父可則之志，稱譽其父」，皆同是一大愛包容的胸襟與智慧，也都基於對現實人情的體察與了悟。「君子有解，則小人信之，自然退服也」，唯有接納包容，將心比心，站在對方的立場設想，才可能贏得信任，消弭爭端；否則徒然造成衝突對立，且遭小人反噬之毒。雖然「小人之禍卒於不可解者，皆以君子之不解者先之」，似將一切歸罪於君子，但真正的君子，則亦能具備此一反省的智慧，如李贄便曾特別引述程顥對北宋新舊黨爭的評論：

顥嘗曰：「熙寧初，介甫行新法，并用君子小人。君子正直不合，介甫以為俗學不通世務；小人苟容諂佞，介甫以為有材能知變通。君子既去，所用皆小人，爭為刻薄，故害天下益深。使當其時，眾君子不與之爭，勢久自緩，委曲平章，尚有聽從之理。小人無隙可乘，其為害不至如此之甚也。」又曰：「新政之改，亦是吾黨爭之太過，成就今日之事。塗炭天下，亦須兩分其罪可也。」〔註33〕

〔註32〕《九正易因‧解》，頁196。
〔註33〕《藏書》卷三十二，頁614。李贄所引，《宋元學案》亦有類似記載（卷十四，〈明道學案下〉，頁285，287），文字少異。

程顥這些話，李贄特加批語，評為「千古至言」。「眾君子不與之爭，勢久自緩」，便是袁中道所言、李贄強調的「委曲周旋」的智慧；而程顥「爭之太過」、「塗炭天下，亦須兩分其罪」的自省，亦即李贄「以君子之不解者先之」的反思，正具體表現了以最高標準自我要求的儒者精神。然而，在程顥而言，舊黨與王安石固皆為「君子」，故其反省乃著重於舊黨君子面對爭端過於直切的態度，而使王安石誤用小人，其言實非肯定小人亦有「可用」之道；但李贄則進一步體察「小人之心，其初亦願與君子為歡以保其富貴，不願與君子為仇以失其富貴」，故強調只要君子認清「冤家宜『解』不宜『結』」，則必有用小人之道。對於下民之無知、君父之威權，李贄皆以大愛包容之，對於追求富貴的「小人」，若不能用同一態度對待，又豈能謂其真以天地萬物為一體呢？

關於李贄這一對君子小人之反省，劉宗周亦有一段言論可堪對照，曰：

> 世道昌明之日，其君子必以身任天下之勞，而遺小人以逸；世道艱危之日，其君子必以身犯天下之害，而遺小人以利。當君子小人相安之日，則恬者必為君子，競者必為小人。當君子小人爭勝之日，則勝者必為小人，負者必為君子。然則治亂之數，又誰制之乎？曰：制於人。以君子而與小人爭，是亦小人而已矣！是亂之道也。〔註34〕

「君子小人爭勝之日，則勝者必為小人，負者必為君子」，這一論斷，與袁中道所言「君子不能以用小人，而小人得以制君子」，皆具體概括了歷史上的斑斑血淚。實則好逸惡勞、趨利避害，便是現實之人情，唯有充分道德自覺的生命，才可能超越個人物質生命的欲望羈絆，追求精神生命的不朽價值，而能「不以一己之利為利，而為天下謀其利」，「不以一己之害為害，而為天下釋其害」，故君子「以身任天下之勞」、「以身犯天下之害」，即其道德生命自覺的表現，又豈能與小人計較利害得失？劉宗周謂：「以君子而與小人爭，是亦小人而已矣！是亂之道也。」同樣將治亂的責任由君子一身承當，兩相對照，更可知嚴格批判「道學」的李贄，其精神與劉宗周的「道德嚴格主義」實相彷彿，其律己之嚴固然無以復加，但真以「天地萬物為一體」的仁者，則當以更寬宏的態度對待小人。

以上申述「樂以天下，憂以天下」的仁者襟懷，其「仁者愛人」所涵容的對象，無論是百姓、君王，或是小人，皆無所不包。而李贄對「萬物一體」之大愛精神的體悟，尚可細分為幾大特質，下文將再加以闡釋。

〔註34〕《劉子全書·學言上》，卷十，頁577。

第二節　萬物一體之精神境界

　　以天地萬物為一體的仁者，所展現的精神氣度，首先是前已再三提到的「聖凡平等」的精神，由此，亦必以「寬恕包容」的胸懷，接納種種「天生不平等」所造成的才性差異，不論其智愚賢不肖，皆有其天生本具之生命尊嚴；更因愛惜每一生命，故其道德理想主義，乃孟子所強調之「行一不義、殺一不辜而得天下，皆不為也」，若不珍惜民命，輕啟戰端，則無論其成王敗寇，皆不足取，能體此至道，才是真正「法文王」的「神聖心事」；在「萬物一體」的超越精神中，下民之不知不能非足以為罪，君子之能知能行更不足以為功，莊子所言「至人無己，神人無功，聖人無名」〔註35〕，化除所有自矜自伐的執著，純為無私無我的大愛付出，才是真以萬物為一體的生命實踐。這種種精神境界的闡揚，在《九正易因》中處處可見具體例證，以下再加分述：

一、聖凡平等

　　李贄之「聖凡平等」，並非其孤明獨發，其根據實在於儒者對「性善」之超越普遍性之確立，正因肯定「人皆可以為堯舜」，故人人皆具同等價值。如李贄解〈蒙卦〉，便反複強調「童蒙如此，聖人如此」，而更具體定義曰：「蒙，乃人之正性；養蒙，即所以養正，而為做聖之實功」〔註36〕，即可見其以「蒙」為人人本具、與聖相同之正性，而以「做聖」為養蒙之目標，亦即人生追求自我實現之最高價值。宋明儒者除由孟子即「心善」說「性善」，闡明「盡心知性以知天」外，更依《中庸》、《易傳》一路，由客觀天道之建立，建構一套天命下貫為性之道德形上學，此即李贄「聖凡平等」之理論基礎，如其〈乾卦〉解所闡釋：

> 「大哉乾元，萬物資始。」既資以始，必資以終。元，非統天而何？夫天者，萬物之一物，苟非統以乾元，又安能行雲施雨，使品物流通行著而若是亨乎？故曰：大哉乾元。人唯不明乾道之終始，是以不知乾元之為大。苟能大明乎此，則知卦之六位，一時皆已成就，特乘時而後動矣……蓋皆乾道自然之變化，聖人特時乘之以御天云耳。是故一物各具一乾元，是性命之各正也，不可得而同也。萬物統體一乾元，是太和之保合也，不可得而異也。故曰：乃利貞。然

〔註35〕《莊子・逍遙遊》。
〔註36〕《九正易因・蒙》，頁103。

　　則人人各正一乾之元也，各具有是首出庶物之資也。乃以統天者歸
　　之乾，時乘御天者歸之聖，而自甘與庶物同腐焉，不亦傷乎！萬國
　　保合有是乾元之德也，何嘗一日不咸寧也。乃以乾為天，以萬為物，
　　以聖人能寧萬國，以萬國必咸寧於聖人，不益傷乎！〔註37〕

　　以上對「大哉乾元，萬物資始」的說解，本順〈乾卦·彖傳〉之原文訓
釋，然李贄所強調的重點，則在於「一物各具一乾元，是性命之各正也，不可
得而同也。萬物統體一乾元，是太和之保合也，不可得而異也。」即萬物皆同
具乾元之德，故價值均等（不可得而異）；然而其個體表現之萬殊，亦「不可
得而同」，絕不當以單一標準強之使同、判其高下優劣。若一般凡民「以統天
者歸之乾，時乘御天者歸之聖，而自甘與庶物同腐」，則「不亦傷乎」！——
亦即若將體證乾元之德（即蒙之正性）視為聖人獨有之專利，不知自我亦能
「各正一乾之元」，則為自暴自棄；相反地，若上位者自居聖人，以自以為是
的一套標準，否定萬物與其同等之價值，則其「以萬國必咸寧於聖人」，同樣
是「不亦傷乎」！非但不足以安天下，反而適足以亂天下。

　　李贄此一對「人人各正一乾之元也，各具有是首出庶物之資」之肯定，
即立足在儒者「性善」之基礎上，然而由此而來之「聖凡平等」的思想，卻彷
彿是在挑戰封建專制中尊卑懸絕的階級制度。實則依然奉行「君尊臣卑」的
李贄，完全沒有打破既有體制的野心，相反地，他強調：

　　乾坤定質，則一健一順。苟責健以順，責順以健，健、順皆失其質
　　矣。乾、坤兩卦，即為反常，非天尊地卑之正理也。乾坤定位，則
　　一夫一婦。苟責夫以婦，責婦以夫，夫婦皆反其分矣。乾、坤兩卦，
　　總為失位，非君尊臣卑之正道也。〔註38〕

不論天地、夫婦、君臣，其「一健一順」，皆是「不可得而同」的先天差異，
故李贄的「聖凡平等」，乃至儒者之「人皆可以為堯舜」，皆不在泯除種種「天
生不平等」的千差萬別，而在強調不同位分者皆當各司其職、各盡其分，當
其盡己之性，則能盡人之性、盡物之性，不論所司何職，其價值皆同。

　　因此，與其說李贄強調「聖凡平等」是在打破封建專制，不如說，是在
要求上位者應當有「法文王、法孔子」之精神，真能以萬物為一體，才能當其
天之尊、乾之健。而欲尊重「人人各正一乾之元也，各具有是首出庶物之資」，

〔註37〕《九正易因·乾》，頁93～94。
〔註38〕《九正易因·坤》，頁96。

則須體察下民種種智愚賢不肖之殊異，無法以單一標準苛責之，對於不知不能者，多寬恕包容，少求全責備，有此廣大的胸襟，才是真以天地萬物為一體。

二、寬恕包容

前文在論及仁者愛民如子之襟懷處，屢屢強調李贄大愛包容之精神，如其解〈觀卦〉，即曰：「觀者不一，化者不一，各隨淺深，自不能一」，李贄認為聖人面對不齊之物情，本當任其自然，如其《道古錄》曰：

> 重問學者，所以尊德性也。能尊德性，則聖人之能事畢矣。於是焉
> 或欲經世，或欲出世，或欲隱，或欲見，或剛或柔，或可或不可，
> 固皆吾人不齊之物情，聖人且任之矣。〔註39〕

所謂「能尊德性」，即能彰明自身「蒙之正性」，此是人人具備之價值均等，其他經世、出世，或剛或柔，乃天生才性之別，唯有尊重其發展之自由而已。

然而，即使儒者的樂觀人性論，相信人人皆可成聖，當然亦無法天真地以為上位者「中正以觀天下」，便「自然下觀而化」，社會一片祥和安樂，而無罪惡產生。因此，除了講教化外，刑罰之施設，亦屬必要之事。然李贄之言大愛包容，亦不止於以開放多元的價值觀，肯定不同之物情，其「萬物一體」的精神，不論在言教化或論刑罰，皆同樣表現其寬恕包容的胸襟。其解〈蒙卦〉，九二「包蒙」即象徵師長教童蒙之道，當「承順包納之」，上九「擊蒙」，則象徵「有教必有刑」，而其詮解曰：

> 嗚呼！《乾》、《坤》之後，既得震為長男以作之君，復得坎為中男
> 以作為師，又得艮為少男始作刑官，以弼成其師之教之所不逮，而
> 後知艮止之大功矣！〔註40〕不然其順於蒙者，二能包之；其不順者，
> 雖二亦且奈之何！要使上下皆順，非艮剛不能。以是知有教則必有
> 刑，刑非無因而設也。故曰：利用刑人，以正法也；利用禦寇，上
> 下順也。聖人惓惓欲人作聖，而施養正之功於無可奈何之地也，固
> 如此。〔註41〕

〔註39〕《道古錄》卷上，第11章，頁361。
〔註40〕此乃李贄發揮〈乾〉、〈坤〉、〈屯〉、〈蒙〉四卦順序之精神。〈屯〉震下坎上，
〈蒙〉坎下艮上，《說卦傳》有「震長男」、「坎中男」、「艮少男」之說（第10章），而〈屯〉之卦辭曰：「利建侯」，故李贄以震為君，而坎為師、艮為刑官，則依〈蒙卦〉九二、上九之象徵而發揮如此。
〔註41〕《九正易因·蒙》，頁104。

「有教則必有刑，刑非無因而設也」，除了正面引導的力量外，對於違背正道的行為，當然也必須有所制裁。然而，刑罰之施，乃在「弼成其師之教之所不逮」，只是消極地禁人為非，是一時的手段，而非終極的目標。所謂「聖人惓惓欲人作聖」──希望啟發所有童蒙良善的本質──才是教育的目的，而在過程中或使用刑罰，則只有「無可奈何」、不得已而用之的消極義而已。然而，除非真能懷抱對所有蒙者之大愛，否則又如何能有所謂的「無可奈何」──如「打在兒身，痛在娘心」般的感受呢？

刑罰之設，固是維持社會秩序所不可缺少的輔助工具，但專任刑罰的威嚇，則為儒者所不取。社會上固然存在著破壞秩序、殘害善良的惡徒，但更多的百姓誤觸法網，亦有其不知不能的無奈，有其可悲可憫之情實，執法者又豈能一味以其自以為是的正義嚴加責罰，而忘卻「惻隱之心，人皆有之」，才是最最根本的道德情操？故李贄詮釋〈噬嗑卦〉卦辭之「利用獄」，即以九四、六五二爻辭（噬乾肺，得金矢，利艱貞，吉；噬乾肉，得黃金，貞厲，無咎）與其爻象爻位之關係作一對照，而以六五「柔中」之恕道作為斷獄之根本精神，曰：

> 九四中一奇畫，有噬乾肺而得金矢之象。六五噬乾肉而得黃金，故曰得當。言位雖不當，以之斷獄正得當者。所謂利用獄是也。何也？柔中也。如九四剛不中正，雖有金矢之才亦必以利艱貞戒之。縱以艱貞獲吉，夫子亦以為未光。則知獄貴情恕，用在柔中，過剛者之不足以斷獄，審矣！……《賁》之象曰：君子以明庶政，無敢折獄。嗚呼！黜剛明於不用，聖人好生之心何如哉！學者宜細思之。〔註42〕

六五陰爻居陽位，本不當位，但「以之斷獄則正得當」，其因在於「獄貴情恕，用在柔中」，相反地，過剛者則不足以斷獄，故九四雖有金矢之才亦必戒之。而所以黜剛明而不用者無他，唯在「聖人好生之心」而已。能包容不知不能者誤觸法網，夫子忠恕之道，即使在用刑治獄時，依然是一以貫之。如歐陽修〈瀧岡阡表〉中，記其父深夜秉燭為死刑犯求生路的精神，便可見所謂的「獄貴情恕」，實亦千載真儒皆心同理同、共知共能者。

仁者寬恕包容的胸懷，即使面對違反社會秩序的犯罪者，皆不失其「好生之心」，更何況是千千萬萬無辜百姓的生命呢？孟子以伯夷、伊尹、柳下惠、

〔註42〕《九正易因・噬嗑》，頁 147。

孔子，論聖人之不同典型，而其共同處便在於「仁」，「行一不義、殺一不辜而得天下，皆不為也！」雖然現實的人類歷史中，多的是犧牲無辜百姓以奪取天下的野心家，但唯有別具心眼的「異端」李贄，才能認清強調「君君臣臣」的儒者，旨在反對所有破壞既有秩序、從事權力爭奪的「成王敗寇」，而以最高標準要求統治者認清「管理眾人之事」之責任所在：必捨卻個人功名富貴之利欲追求，而致力於天下和平的創造，方所謂仁者以天地萬物為一體，方可稱為名實相符的上位聖人。

三、和平反戰

自然界的生存競爭，適者生存，不適者淘汰，是不變的法則。在人類發展的歷史上，各族群為爭奪生存資源的戰爭，在有文字記載的歷史時代固然是史不絕書，在史前的傳說時代又何嘗不然？然而，在廣大的中華大地上，無數的血淚教訓孕育出了一種文明思索：若有一個人，才德超越眾人，而能為廣大人群的利益付出，且能協調各部族，使爭端能夠和平解決，不必動輒兵戎相見，則大家願推舉他為共主，希望在他的帶領下，接下來世世代代，百姓都能和平安樂，不必再受戰爭之苦。……在人本質上也只是自然界的一種動物的事實中，這一嚮往本來就像是個天真的神話，但堯、舜、禹、湯、文、武、周公的事蹟，卻彷彿給了人們一種希望：這般才德過人，而能無私無我、捨己為人的聖人，是可能存在的！孔子便是這樣點起了指引文化發展方向的明燈：不論現實中的戰爭殺伐依然論證著人類的生物本能，但唯有像堯、舜等聖王所展現的理想人格、理想社會，才是自詡為萬物之靈的人類之價值追求、永恆嚮往。《莊子・天下篇》所展現的「無乎不在」的道：涵容天下的聖人、修己安人的君子、各司其職的百官、蕃息蓄藏的人民，乃至老弱孤寡皆有以養，正是這樣一種理想社會的具體描繪。

雖然，現實中理想的統治者可遇不可求，湯、武發動革命，即使是為了推翻暴虐的君主，解民於倒懸之苦，畢竟也無法免除戰爭的殘酷。但文王「三分天下有其二以服事殷」〔註43〕的作為，正具體表現了一種堅持和平理性而不輕啟戰端的精神。李贄解卦有時加註批語曰「文王之卦」，其中如〈隨卦〉與〈晉卦〉的說解，便可看出李贄心目中的文王，是如何展現一種和平主義的執政者風範。〈隨卦〉曰：

〔註43〕《論語・泰伯》第 20 章。

以乾剛來居二陰之下，則是剛來下柔也。以剛下柔，柔不隨乎！隨
即貞，不隨即不貞，孰不願從貞者。又卦《震》動而《兌》說，則
是動而說也。說即隨，不說即不隨，有定隨邪？可強隨邪？故曰：
隨時之義，大矣哉！……夫王者以嘉禮親邦國，動而人說，雖西山
之神，可使用享，況其臣與？何必拘係而維摯之也。文王之感慨深
矣。〔註44〕

現實的統治者，有幾人不迷信軍事武器、嚴刑峻法的力量？然而，嚴刑峻法
的壓制，久之必激起人民的反彈，相反地，「以剛下柔，柔不隨乎！」上位者
能夠順應民意，則自能感動人民、獲得擁戴，「說即隨，不說即不隨，有定隨
邪？可強隨邪？」此說正是認清民意如流水，故執政者若能掌握民意的方向，
百姓自然跟隨擁戴，任何嚴刑峻法之威逼勉強，終將只能證明其徒勞無功。
「以嘉禮親邦國，動而人說」，對於各諸侯國待之以「禮」——即相互的尊重
與和平往來，才是維持政權穩定的不二法門，「拘係而維摯」（即紂王拘文王
於羑里）的威嚇，即使收效於一時，又如何壓得住思變的民心呢？

其次，再看〈晉卦〉之說解：

今觀六五以文明柔中之主，廣大地之度，順遍照之容，當時諸侯凡
有失得，皆一切勿恤而不與校矣。此群下所以畢見其忱而往吉，無
不利與！……但得天下無冤，則一張廷尉而足，而何愁於鼪鼠之竊
位也。〔註45〕

〈晉卦〉坤下離上，此解以上卦離之六五象徵「文明柔中之主」，而強調上位
天子，應有涵容天下的氣度，不但不須以嚴刑峻法使臣民畏威怖慄，且當時
時體恤下情，不論其失得，皆能多所包容，則臣民自然願意真誠效忠，無須
勾心鬥角，爭競角勝。所謂「但得天下無冤，則一張廷尉而足，而何愁於鼪鼠
之竊位也。」一個獲得民心歸附的天子，有誰能撼動其執政的權威？但若嚴
刑峻法、武力威逼的壓迫，除了換來更多反抗者興起「彼可取而代也」的革
命造反外，又豈能號召人民為穩定其政權而努力呢？

雖然，理想中的和平國度在後世看來，真的太夢幻；強調「仁者無敵」
的孟子，在現實中敵不過強大的軍事力量，也只能被視為「迂遠而闊於事情」。
然而，站在統治者的立場看成敗，與廣大人民的願望真的相一致嗎？難道人

〔註44〕《九正易因・隨》，頁136～137。
〔註45〕《九正易因・晉》，頁182～183。

民真的樂意對著迷信軍事力量的獨夫喊萬歲、認為為這種政權犧牲生命就是無上光榮？又或者，如果真有一種統治者，他能夠對百姓的苦難感同身受，以「救民於水火之中」作為他理想政治的目標，這樣的執政者，即使因時勢所逼，不得已要求百姓上戰場，百姓也才可能與其一心，共同為大我而奮戰，不是嗎？雖然，這樣的執政者在現實中也許不見得打贏迷信軍事力量的獨夫，但那又怎樣呢？難道就證明了人民該為獨夫喊萬歲？證明了獨夫存在的價值？

現實歷史中，要找個符合理想的執政者確實太難了，因此「異端」李贄只能強調以「文王」、「孔子」為法。此外，又有太多溺於現實的「偽道學」，表面上高倡儒術，學儒者大談所謂「仁者以天地萬物為一體」，實際上卻未能致力於實行仁政，反而服膺嚴刑峻法，讓人民苦不堪言；甚且激起民變，使千萬百姓在戰火下流離失所，真以天地萬物為一體的李贄，痛心之餘，豈不對「偽道學」批判撻伐，嫉之如仇？然其愛深責切的真情流露，卻反被視為「非聖無法」的洪水猛獸，又豈可不謂為千古奇冤！

四、聖人無功

「樂以天下，憂以天下」，是仁者的襟懷，然而其所以能「以身任天下之勞」、「以身犯天下之害」，是出於其萬物一體之精神，落實於生命之體悟與實踐，故能無私無我，廓然大公。因此，能夠「中天下而立，定四海之民」，為天下興大利、成大功，固然是「君子所樂」，但「所性不存焉」〔註46〕，真正以萬物為一體之聖人，亦必具體展現所謂「至人無己，神人無功，聖人無名」，化除所有對個人功名的貪戀與執著，需知天地之大，一己之勞於天地何益何損？若自矜自誇、自以為是，則其所有付出亦為自私自利而已，又何足以為貴？

如李贄解〈井卦〉，便藉「井之德」來詮釋這般無私付出而不居其功的偉大精神，曰：

> 養道之自然而不可窮者，井也。是井有及物之功，要在人汲之耳。
> 不汲，井無喪也；汲之，井無得也。來而汲，此井常在；往而不汲，
> 此井亦常在。常在者井，往來者人，得喪者汲，於井何與乎！是故
> 井可汲，而不能求人以汲，此井之德也。〔註47〕

〔註46〕《孟子·盡心上》第 21 章。
〔註47〕《九正易因·井》，頁 214。

所謂「養道之自然而不可窮」，聖人之仁民愛物，亦當如井之自然湧泉，而源源不絕。然而，井有及物之功，卻不自以為功，且汲者在人，井既不求人汲之以顯其功，亦不求來汲之人必感其德。其潤物之心固常在，但不論人汲之與否，井皆無得無喪，以當代道德哲學的用語來說，即在聖人而言，所謂及物之功皆純粹的「道德義務」而已，若有任何功利之心夾雜其中，皆非出於意志自律之真道德，因此，是真聖人，則當然無功可居，無名可稱，「得喪者汲，於井何與」！聖人自身，無得亦無失。

　　儒道二家言聖王之最高境界，皆曰「無為而治」，而所謂「無為而無不為」〔註48〕，實指「為政以德，譬如北辰，居其所而眾星拱之」〔註49〕，以廓然大公之至德，感召群賢「濟濟蒸蒸，咸願向用」，而諸賢樂為大我付出，則成功又何必在於聖王個人？堯、舜之禪讓，便是這樣一種「聖人無功」的理想境界之具體實現，李贄詮釋曰：

> 夫君者，出令者也，風聲之所自樹也。而使臣代之，安得無咎！然此臣一也，乃大禹聲教訖於四海之臣也。有臣如禹，而又可以恭己南面，無為而治，為舜咎邪？故曰：王假有廟，王乃在中也。夫曰王乃在中，則是若北辰之居其所矣。而號令四出，民皆順之，則以涉大川而作舟楫者，有四故也。民猶水也，風行水上，順水行舟，而何不利之有？……此卦象堯之得舜，舜之得禹。他不足以當之。故曰利貞。〔註50〕

以上乃李贄之〈渙卦〉解。〈渙〉坎下巽上，巽下陰爻居於六四，《象傳》曰：「柔得位乎外而上同」，而王弼注六四爻辭曰：「踰乎險難，得位體巽，與五合志。內掌機密，外宣化命者也，故能散群之險，以光其道」，故六四即象徵能與九五君臣合志，「內掌機密，外宣化命」的股肱之臣，即如「堯之得舜，舜之得禹」，最足以詮釋此卦所示、完美的君臣關係。然而，若非堯、舜之君，舜、禹之臣，皆能無私無我，廓然大公，君又如何能充分授權，臣又如何能充分發揮，而能君臣一心，共同為百姓興大利、成大功呢？

　　如前〈蠱卦〉曾論及君父之至上權威，臣子只能「默默幹理，不見其形」，因為若一旦功高震主，君臣雙方皆不免於「咎」：君有大權旁落、有名無實之

〔註48〕《老子》第48章。
〔註49〕《論語・為政》第1章。
〔註50〕《九正易因・渙》，頁242～243。

憂；臣更有冒君之疑、失君之歡之險。「萬物一體」的理想境界，是仁者生命不斷超越昇進後終能展現之精神氣度，但面對與崇高理想矛盾衝突的現實萬殊，生命要如何維持其道德主體無一毫利欲交纏之純粹？又要如何避免未能體認仁者精神之君父、萬民，與同儕小人，不以彼自身之利害而與己衝突？仁者除了把握「求在我者」之道德昇進外，對於「求在外者」種種客觀現實之無奈與無力，實亦有深刻之體悟，此其所以「深於憂患」也。然而除「居易以俟命」，「知其不可而為之」，以求盡己之性外，仍當效法夫子「不怨天，不尤人」，不論外在橫逆之來，皆唯有反求諸己之自省自律，自我超越，若非以此道德主體之澄澈為唯一工夫，排除任何外在因素之干擾，則「萬物一體」的體悟亦永不可得。

第三節　仁者修養之反求諸己

孔子曰：「古之學者為己，今之學者為人。」〔註51〕這樣一套「為己」之學，從正面來說，是深知「為仁由己」〔註52〕，而從反面來說，則如孟子曰：「行有不得者，皆反求諸己」〔註53〕，不論是積極地居仁由義，或消極地省過改過，皆知自我才是主宰生命方向之唯一主體，而他人何與焉？

然而，儒者與佛老之不同，在於他肯定客觀人倫秩序之於個人生命亦有其絕對必要性，反對一心追求個人生命之超拔而遺世獨立〔註54〕，但關涉他人的部分，皆屬「求在外者」，非賴一己主觀的努力便可心想事成，面對種種理想與現實之衝突矛盾，儒者當如何處之？李贄解〈咸卦〉曰：

> 天下之道，感應而已。……夫感應乃天下之常理，而悔害亦常在感應之中。所謂君子者，能以有感而慮悔，未嘗因悔而廢感。……感而不應，非人情耳。……嗚呼！感為真理，何待於言！感為真心，安能不動！……若有感而動，則順應不害矣。……動不由己，豈感動之正性！是以聖人貴感不貴隨，以感從己出，而隨由人興。人己之辨，學者可不察乎！……又孰知萬物之所以化生，天下之所以和

〔註51〕《論語‧憲問》第 24 章。
〔註52〕《論語‧顏淵》第 1 章。
〔註53〕《孟子‧離婁上》第 4 章。
〔註54〕參見莊耀郎先生：〈新儒家對傳統儒家所謂「異端」態度的考察〉，《中國學術年刊》第 21 期，1990 年。

平，皆此感應者為之乎！天地聖人且不能外，而人乃欲飾情以欺人，
吾固深於《咸》有感也。吁！是問學之第一義也。無自欺也，誠其
意也，意誠而心自無不正，身自無不修也。而何國家天下之不齊不
治且平也！〔註55〕

「天下之道，感應而已」，「感應」具體言之，即人際互動，此乃人生在世無
所逃於天地之間者（感而不應，非人情耳），此在儒者而言亦「天下之常理」，
但「悔害亦常在感應之中」，則是儒者同時必須認清的現實。故君子一方面
「以有感而慮悔」，即在無奈現實、坎坷世道中，須時時懷抱憂患，自我惕
勵，以避免悔吝；但另一方面亦「未嘗因悔而廢感」，則是強調無論有多少
艱難挫折，君子絕不逃避人生中任何的橫逆挑戰。而面對「感應」最重要的
態度，仍是認清「人己之辨」，「感由己出，而隨由人興」，掌握自身道德主
體性之自主自律，「無自欺也，誠其意也」，即使面對種種「求在外者」的艱
難挑戰，亦不會隨風擺蕩、迷失自我，無「飾情以欺人」，則皆能「有感而
動」、「順應不害」。

　　總之，人生於世，種種「求在外者」太多，故君子須時時懷抱憂患、謹慎
面對，但其修養方向，當以追求自我道德生命之不斷昇進為目標，而非以外
在困境為自我卸責；相反地，正因現實環境有太多荊棘險阻，君子惟有更加
卑巽艱貞，內剛而外柔，才能避免與物相刃相靡，「寬柔以教，不報無道」〔註
56〕，才是真以天地萬物為一體的仁者聖人。以下再加闡述之：

一、憂患意識之戒懼惕勵

　　《易‧繫辭》曰：「易之興也，其於中古乎！作易者，其有憂患乎！」「易
之興也，其當殷之末世，周之盛德邪？當文王與紂之事邪？是故其辭危，危
者使平，易者使傾。其德甚大，百物不廢。懼以終始，其要無咎。此之謂易之
道也。」〔註57〕而李贄以「文王深於憂患」為其易學詮釋之核心，對於〈繫
辭〉所稱「殷之末世，周之盛德」，「文王與紂之事」，亦有獨具心眼的體會，
其中可以其〈履卦〉解為一代表：

　　文王之意曰：臣之事君，時時有履虎之虞。夫足之所履，皆目之所

〔註55〕《九正易因‧咸》，頁169～171。
〔註56〕《中庸》第10章：「寬柔以教，不報無道，南方之強也，君子居之。」
〔註57〕《周易‧繫辭下》第11章。

視，故曰視履。其旋元吉，則不復履其後矣。今六三眇而不能視，致咥何疑！不見初九乎……居下在初，是其素也，故曰素履。九二則見履道廣矣，雖幽人亦貞吉，何必上應於五以履其尾……是亦能視之於豫，不犯難行，古高士也。四為大臣，位近九五，勢不得不履虎尾者；但能知其為虎，愬愬恐懼，故終吉而志得行，不遭其咥耳。然亦危矣，非初與二之所肯安也。上九處履之終，視履考祥，旋返其履，元吉固宜。……文王當殷之末造，一嘗親遭其咥矣，宜其親切而有餘思焉。不然，胡為乎上天下澤，而即以履虎尾名其縣也，又胡為乎於爻則言咥人凶，於《象》則言不咥人之亨也？不咥之亨，以此卦兌柔在內故。致咥之凶，以此爻六三不當位故。鳴呼！當斯時也，欲為初之素履不可也，欲為二之幽人不可也，欲為上之其旋不可也。痛定思痛，雖文王亦自悔其為武人之嗟矣！然則眇視跛履，文王羑里以前事也；愬愬終吉，文王羑里以後事也；其旋元吉，又文王為西伯，賜斧鉞得專征伐以後事也。皆文王之卦也。〔註58〕

〈履卦〉兌下乾上，乾剛在上，兌柔在內。卦辭曰：「履虎尾，不咥人，亨。」《彖傳》則加詮釋曰：「履，柔履剛也。說而應乎乾，是以履虎尾，不咥人，亨。」李贄之詮解乃順卦爻辭之內容與爻位作一引申發揮，而以文王事蹟作一印證。文王因自身「積善累德，諸侯皆嚮之」，反遭崇侯虎進讒言，而被紂王拘於羑里〔註59〕，痛定思痛，亦凝成更深刻而圓融之智慧：「臣之事君，時時有履虎之虞」，即如後世所言「伴君如伴虎」，其處境艱危，豈能不時時懷抱憂患意識？其中「於爻則言咥人凶，於象則言不咥人之亨」，所以亨者，在於此卦以兌柔在內，至於咥人凶，則在於六三以陰爻居陽位之不當位，六三爻辭曰：「眇能視，跛能履，履虎尾，咥人，凶。武人為於大君。」在李贄之詮解，即象徵未能認清艱危處境以致身陷險難的情境；然而，只要體認「柔履剛」之道，九四身居大臣之位而陪伴君側，亦能以其愬愬恐懼的憂患意識，謹言慎行，避免取禍，故能「終吉而志得行」。

　　若以《史記》所載文王事蹟而言，被囚羑里除紂王之命令外，崇侯虎之讒言亦屬關鍵，此一妒賢嫉能的小人陷害正道君子的戲碼，千古以下亦不斷

〔註58〕《九正易因‧履》，頁117。
〔註59〕《史記‧周本紀》。

重複上演。〈遯卦〉艮下乾上，二陰浸長，李贄亦以此卦寄感慨，曰：

> 君子終日遯世，無一日不遯，原不待小人浸長而後遯也，況正當浸
> 長之時乎！……然則果有九五之君，雖二陰日廁其側，何妨！但九五
> 之君，千載未易遇，則千載之陽剛，亦將困於陰柔之小人與？〔註60〕

所謂「君子終日遯世」，乃其為己之學，本不與世浮沉，若遇聖王在上，自能
慧眼識之，但可嘆「九五之君，千載未易遇」，世間帝王只喜諂媚屈從之小人，
又有幾人能接納逆耳之忠言？然而君子面對「困於小人」的憂患，仍然須認
清「求在我者」的自處之道，李贄藉〈困卦〉發揮之，曰：

> 坎剛為兌柔所掩，則是以君子而掩蔽於諛說之小人，以陽剛而屈抑
> 於邪佞之巧夫，困可知矣。然五居說體，徐亦有說，而亮其中直，
> 則是下險而上說，雖困而不失其所亨也。何也？以其貞也。故曰：
> 困，亨，貞，大人吉，無咎。夫以九二之剛，來居坎險之中，此大
> 人也。貞固之性，原不因困而失，是故亦不以困而不得。其亨而吉
> 且無咎，又何疑哉！……方時化曰：困，亦人所常有也。豈知大人
> 處此，默默聽受，若無所困，雖困而未嘗不亨乎。苟戚戚然曰：何
> 以使我至此極也！又或囂囂然曰：我豈畏是哉！皆非大人吉無咎之
> 道也。〔註61〕

〈困卦〉坎下兌上，故曰「坎剛為兌柔所掩」，即象徵君子為小人所屈，然而
九五以陽爻居說體，以其中直貞正，故「雖困而不失其所亨」，實亦孔子所謂
「君子固窮」之意。因「貞固之性，原不因困而失，是故亦不以困而不得」，
此常在我者，固不因外在橫逆而增損。其後李贄又引用其友方時化（萬曆甲
午舉人）之言，更具體闡明君子以平常心面對困境的態度：「困，亦人所常有
也。」人生不如意事本是十常八九，外在橫逆原非人力所能控制，若能「默默
聽受，若無所困，雖困而未嘗不亨乎」，即以平常心視之，居易以俟命，則不
論任何困境，皆無法打倒我們；反之，若不能以平常心面對，不論是怨天尤
人地憂戚，或強力任性地抗拒，皆難免鑽牛角尖，自陷死胡同，無法擁有超
越宏觀的智慧，不能處困，則亦難以解困，如何能「吉無咎」？

　　因此，君子時時懷抱憂患，是以戒慎恐懼之心，敬謹面對隨時而來的挑
戰，面對君上之威權壓迫與小人之爭競嫉恨，或非君子單方面之努力所能避

〔註60〕《九正易因‧遯》，頁176～177。
〔註61〕《九正易因‧困》，頁212。

免，但不論外在橫逆如何，君子皆不易其貞固之性，不怨天，不尤人，而唯有「終日乾乾，夕惕若厲」〔註62〕，盡其在我而已。

二、道德生命之超越昇進

如前輩學者所闡釋，憂患意識即一道德意識，對於「求在外者」之無法強求，君子戒懼惕勵所能致力的方向，唯在於「求在我者」之道德主體的掌握。相較於世人盲目追求外在之價值，而不知外在功名富貴之榮耀、聲色欲望之滿足，實皆短暫而難以長保，君子則知生命之充實完滿不假外求，只要能認清正確的方向，致力於道德主體之不斷超越昇進，則時時平安喜樂，無憂亦無懼。故君子戒懼惕勵的道德意識，在實踐中非是刻苦惕慄之惶惶不安，而是在真知「貞固之性」無得亦無失的體悟中，時時坦蕩平和，輝光日新其德，則時時有精進之樂。

李贄之〈豫卦〉解，便亟言聖人致豫之道：

> 「大傳」極言六二介石之操，獨能先事知幾，而不沒於豫。……嗚呼！天下之能介如石者，幾何人哉？自非介然如石之堅，決不可以同游於九四大有得之豫矣。……余觀象辭、《象》傳，極言致豫之盛美，而豫之六爻與《象》，反極言享豫之禍凶，豈豫可致，終不可得而享邪？非然也。蓋今之亡國敗家相尋而不絕者，咸以豫也，非盱豫、鳴豫，即死於豫。苟能如六二介然若不終日，又何以不能保終豫邪！即此便是能享於豫，便是順動，便是致豫之由，亦豈有他！今不思致豫之由，而但享逸豫之福，故宜其盡喪於豫，而福反為禍也。今且勿論，怪今之學者，守著聖人「樂在其中」一語，便謂能樂能忘憂，縱欲肆志，唯務極樂。聖人之樂，端如是哉？此與鳴豫而卒死於豫者，何以別哉？聖人之樂，初不出於發憤之外，捨發憤而言樂，曾是知樂？聖人忘憂，原與忘食同致，不肯忘食而但忘憂，胡謂而不肯兩忘也？食亦不知，憂亦不知，老亦不知，唯終身發憤為樂是知。則其視人世逸豫之樂，真不能以終日矣。故學道者，必介如石，非獨於豫然也。是謂知幾之神，徹上徹下之道。〔註63〕

李贄此解分辨世俗所追求的逸豫之樂，與聖人之至樂有本質的不同。「象辭、

〔註62〕《周易·乾卦》，九三爻辭。
〔註63〕《九正易因·豫》，頁133～134。

彖傳，極言致豫之盛美，而豫之六爻與象，反極言享豫之禍凶」，之所以有此看似矛盾的福禍兩極，便在於聖人之樂與世俗之樂之根本歧異，若無法認清其本質，終使求福反致凶。「聖人之樂，初不出於發憤之外，捨發憤而言樂，曾是知樂？聖人忘憂，原與忘食同致，不肯忘食而但忘憂，胡謂而不肯兩忘也？」「發憤」便是以道德生命之不斷超越昇進為至樂，而所謂「忘憂原與忘食同致」，則是認清物質生命欲望的追求，便是所有憂患的來源，若以追逐物質欲望為目標，貪戀逸豫之福，則終將「盡喪於豫，而福反為禍」，「蓋今之亡國敗家相尋而不絕者，咸以豫也」，此即孟子所論之「生於憂患，死於安樂」〔註64〕，證諸歷史，誰曰不然？故唯有認清「非介然如石之堅，決不可以同游於九四大有得之豫」——亦即清楚掌握自我「貞固之性」，而不盲目外逐，迷其本性，方能擺脫「福反為禍」的歷史宿命。

　　李贄以〈豫卦〉詮釋夫子之「發憤忘食，樂以忘憂」〔註65〕，亦可見其「法孔子」之絕高標準何如，然而，若非真能體此至道，徹底擺脫物質生命之欲望糾纏，而追求精神生命之無限超越，又如何可能體證無私無我、以萬物為一體的仁者襟懷呢？

三、身處憂患之卑巽艱貞

　　雖然，君子貞固之性，表現的是一種矢志不移的堅強意志，如《中庸》所盛讚：「君子和而不流，強哉矯！中立而不倚，強哉矯！國有道，不變塞焉，強哉矯！國無道，至死不變，強哉矯！」〔註66〕相較於「陰柔」為小人之象徵，「陽剛」之貞固，才是君子之德。然而，前文引述李贄解《易》之說，亦每每可見其闡明「柔中」之要，不論是〈蠱卦〉論面對君父、〈解卦〉論面對小人、〈噬嗑卦〉論用獄治刑，乃至〈晉卦〉論天子面對諸侯眾臣，其六五「柔中」之智慧，皆是必須深刻體悟、切實奉行之至德要道。在〈晉〉與〈噬嗑〉中的上位聖人，固須寬柔以教；在〈蠱卦〉欲「幹蠱」而思避免失君父之歡、〈解卦〉欲「解結」而思避免小人反噬之毒，其「柔中」更是身處憂患時所必備的智慧。實則君子除了自身直道而行是「求在我者」外，其他能否順利「幹蠱」、「解結」，有太多「求在外者」、不可預期的複雜因素，

〔註64〕《孟子・告子下》第15章。
〔註65〕《論語・述而》第18章。
〔註66〕《中庸》第10章。

故憂患之來，實非君子所可得免，而所可致力者，則是面對憂患當有的態度與智慧，君子唯有內則艱貞，外則卑巽，充分體察此一行事智慧，方能靜待時機，順利出險。

《易經》六十四卦中，最足以象徵並詮釋君子身處憂患之道的，當屬〈明夷卦〉。其卦象離下坤上，象徵日入之黑夜，亦象徵昏君在上之黑暗時代。《彖》曰：「明入地中，明夷。內文明而外柔順，以蒙大難，文王以之。利艱貞，晦其明也。內難而能正其志，箕子以之。」身處紂王暴虐之世，文王與箕子之「內文明而外柔順」、「利艱貞，晦其明」之聖德，正為後人樹立了一種善處憂患的智慧典型。李贄解〈明夷卦〉，以為自初爻至四爻，乃文王之明夷，六五則箕子之明夷（本爻辭所言「六五，箕子之明夷，利貞」），文王身處憂患而能「愬愬終吉」，前〈履卦〉已加闡明，此處李贄則合箕子之至德而更深入闡釋，曰：

> 明夷事，莫著乎文王。自初至四，非文王其誰以之！……六四以下，皆為文王之明夷。《彖》所謂利艱貞，晦其明者，具見之矣。夫當其不明而反晦也，則雖以聖人，不免入地下而見傷；及其艱貞而用晦也，則雖至強暴，可以獲心意而出地上。孰謂「利艱貞」一語，非文王出門庭之微旨與！六五與君偕晦，則箕子之明夷真是已。佯狂以避，至晦矣。然人但見其晦，而孰知箕子之明，一何如其不息也！所謂愈晦而愈明，非獨一時不息，殆千萬古而不息。非不息也，不可息也。熊南沙曰：大難，天下之難；內難，一家之難。……予謂大難，外難也，為外難可以計校求出，亦可以晦明不入。若內難，則出不得，入不得，真難矣。故箕子以明夷，晦不息，明亦不息。夫子特深贊之，不必中以艱貞之戒也。夫天地有晦明之時，聖人與時偕行，亦不免向晦宴息。若曰吾內文明而外柔順，不宜遽蒙大難，豈知內有文明，則外必有輝光，烏容掩邪！唯至於明入地中，盡晦其明，無名可見，如箕子然，乃為深體《易》象，合乎明夷之時。故文王斷以為箕子之明夷，而自視缺然，若不知艱貞者。至矣，美矣！非文王大聖人，其孰能感創至此哉！〔註67〕

箕子與紂王有同姓之親，李贄析論曰：「大難，外難也，為外難可以計校求出，亦可以晦明不入。若內難，則出不得，入不得，真難矣。」既深知箕子

〔註67〕《九正易因・明夷》，頁186。

之難乎其難，更可見其智慧難能而可貴。箕子之於紂王有規諫之責，而無法使其納諫，既不可觸君之怒自陷死地如比干，又不願去國避禍如微子，故唯有自晦其明，佯狂以避，看似至晦，但李贄則依六五《小象》：「箕子之貞，明不可息也」，而詮釋其精神曰：「晦不息，明亦不息」，「愈晦而愈明，非獨一時不息，殆千萬古而不息。非不息也，不可息也」，此正是其解〈困卦〉所謂的「貞固之性，原不因困而失，是故亦不以困而不得」，而箕子「內難而能正其志」的精神，尤其萬古常新，千古以下，仍是一盞明燈，使後人體悟居夷處困之時，亦知自我貞固之性當愈晦而愈明。天地既有晦明之時，聖人亦唯有與時偕行，向晦宴息，若不能盡晦其明，「則雖以聖人，不免入地下而見傷」；然而，「及其艱貞而用晦也，則雖至強暴，可以獲心意而出地上」。亦即在黑暗的時代，個人若顯其輝光反易遭戕害，唯有順應時勢、靜待時機，要其「晦不息，明亦不息」，則黑夜終會過去，黎明終會來臨，終有「獲心意而出地上」之時。

　　李贄於〈坎卦〉解，亦再以「西伯之羑里」申述所謂「處險之第一義」曰：

> 今唯無故而自入於險也，則己身在險中，可遽出乎！是以君子不喜其能出險，而復喜其能巽入於險。何以故？蓋當此無可奈何之時，必有可以奈何之勢，然後徐定以圖出，若西伯之羑里是已。是故既入於險，則安於險，勿用匆遽求出為也。方且以險為枕，而入於險坎之中，斯為處險之第一義耳。〔註68〕

所謂「君子不喜其能出險，而復喜其能巽入於險」，正因遭遇憂患險阻，往往是「無可奈何」，非主觀努力所能求免；但「巽入於險」，則是「可以奈何」——個人主觀生命可以選擇的態度與智慧。有此卑巽柔軟的身段，「既入於險，則安於險」，才可能「徐定以圖出」。然而，非有大智慧之聖人，亦難體此至道。

　　實則無人願意遭逢憂患險難，因此驟然面對，往往怨天尤人，或為臨難苟免而無所不至，或因一時衝動而自陷死地，鮮有不迷其本性者。唯有「憂以天下」的仁者，能對種種外至憂患之避無可避，有深刻之體會與了悟，故亦能洞澈身處憂患之智慧：唯有致力於自身之修養，內則艱貞，外則卑巽，既有剛毅堅忍貞固之道德主體，亦有寬和柔軟謙卑的處世智慧，則即使遭逢險難，亦終能「吉無咎」。

〔註68〕《九正易因·坎》，頁 164～165。

第四節　李贄「真道學」超越時代之精神價值

　　以上申述李贄《九正易因》「法文王、法孔子」之「神聖心事」，實以「萬物一體」之仁者精神為其核心。正因在「萬物一體」之無限心量之光明朗照下，反襯現實生命、個體力量之渺小，故仁者時時懷抱憂患，既知「萬物一體」之理想是個「堯舜其猶病諸」的無盡事業，更知現實中能體悟「萬物一體」而不自限於自身口體之養的生命實在少數，故其道德理想將恆遭世俗之摧折。然而，仁者道德主體之自覺，追求生命日新又新之無限超越，本身即是至樂，既不依賴外在功名富貴之加持，亦不必因挫折困境而亡失，故其「憂方來，而喜或乘之；喜甫至，而憂復生焉」，全因生命不斷超越昇進之至樂，使其心量日益擴充，而日益懷抱天下之憂所致；至於個人遭逢之憂患，則唯有洞悉此一「無可奈何」的現實，居易以俟命而已，故不論面對昏君庸主，自私小人，衝突對立皆不足以為「法孔子」之道，「正己而不求於人，則無怨」〔註69〕，才是夫子之教。唯有「柔中」才能在穩定和諧中尋求彼此共識，才可能「幹蠱」，可能「解結」，才能實踐君子仁民愛物的理想。

　　儒者的理想聖王，難道不也是廣大人民的理想嗎？對於只期盼能夠平平安安、「日出而作，日入而息」的平凡百姓而言，怕只怕「苛政猛於虎」罷了，否則又誰管那政權姓劉姓朱？因此，歷來大儒必在承認既有體制下，願為「帝王師」，希望君主能以「聖人」自期，唯有「君君、臣臣、父父、子子」，人人皆充分體認自身的道德責任，才可能共創和諧的社會；然而，在歷史現實中，從血戰爭奪裡建立的封建專制，本質上距離儒者的理想太遙遠，除了堯舜以禪讓的方式和平轉移政權，除了文王「三分天下有其二以服事殷」，絕不輕啟戰端之外，歷來的野心家，有誰不以千萬無辜百姓的生命換取天下大位呢？故儒者人道主義的理想，在後世統治者眼中，當然只落得「迂遠而闊於事情」的評語，真正的大儒總是作不了幾天大官，在一生中絕大多數的日子裡，只能獨立於中央政權之外，「守先待後」。但正是李贄這位反傳統的「異端」，一方面強調「君尊臣卑」地穩定既有秩序，另一方面又高倡「聖凡平等」地打破封建階級，其所自負之「真道學」，方能更清楚地詮釋孟子所謂「春秋無義戰」〔註70〕——夫子之微言大義，正是一種堅持和平理性，反對權力鬥爭的人道主義精神。這一人道主義精神，在根本上違反政治權力鬥爭的本質，但即使

〔註69〕《中庸》第 14 章。
〔註70〕《孟子‧盡心下》第 2 章。

在千百年後，仍可印證「惻隱之心，人皆有之」，同情關愛所有生命之平等精神，才是萬物之靈的人類得以超乎生物本能之上的價值追求。

　　雖然儒者尊君之特質，在後世革命家眼中不免視為「封建餘毒」之保守落伍，但若不能明白「仁者愛人」之真諦，即使打倒了帝制，藉挑起仇恨對立以爭權奪利的野心家所建立的國度，其殘虐百姓罪惡之大，仍可遠勝於傳統帝制萬倍。在二十一世紀的今日回顧歷史，焉知其過去百年來之種種錯謬，不正因誤將「萬物一體」的儒學精神，與「封建餘毒」一起丟進了茅坑，才造成了民族亘古未有之大災難呢？如余英時已指出，十九世紀末最能接受、並樂於引進西方民主觀念的是一群根植於儒家傳統的知識精英，但自五四以來將儒家視為反動保守後，一世紀來中國的民主卻未再有長足的進步。在二十一世紀之今日，藉著「異端」李贄的獨特心眼，重新反思究竟何謂「真道學」，亦當有助於吾人更深刻體認儒學真正亘古彌新之意義與價值所在。

　　若依李贄對儒學之體悟與再詮釋，可知其「聖凡平等」、「萬物一體」之思想，與二十一世紀自由平等之價值觀實可相接軌，不論論教育、論法律，皆可給予吾人諸多啟發；而其和平反戰、尊重各族群之文化發展的精神，更是西方文化霸權心態至今未能達到之思想高度；此外，其仁者修養之反求諸己，在當今強調自由而缺少自律，動輒指責他人、衝突對立的社會中，亦更顯得其超越的智慧，值得提倡與效法；而其「樂以天下，憂以天下」，廓然大公的精神，更是所有掌握公器的知識分子，尤其是號稱「人民公僕」的政治人物，所當反思體悟並落實於生命實踐的價值。以上所論李贄與儒學之學術精神，在今日看來，非但不見其保守落伍，且更與廣大人民之福祉相一致，反倒是任何時代的政客，都同樣會將其視之為「迂遠而闊於事情」，以至二十一世紀的社會，依然無以真正落實「老有所終，壯有所用，幼有所長，矜寡孤獨廢疾者，皆有所養」〔註71〕的儒者理想，在號稱「人人平等」的社會中，弱勢者的權益依然被漠視。

　　面對迷信權力、溺於現實物欲追求、只以個人名利富貴為價值的世俗人心，尤其是那眾多一掌權力即立刻腐化的政治人物，李贄焉往而不為異端？堅持行「不忍人之政」，「行一不義，殺一不辜，皆不為也」的孟子，又要到哪一個時代才不會被譏為「迂遠而闊於事情」？舉世滔滔，究有幾人能真心嚮慕孔子「發憤忘食，樂以忘憂」的「真道學」？然則李贄所痛斥的「偽道學」，

〔註71〕《禮記・禮運》。

又難道僅存在於早被推翻的帝制時代嗎？「陽為道學，陰為富貴」的行徑已然可鄙，但若蔑視道德，赤裸裸地追逐富貴，竟亦號稱為「人民公僕」，豈不更為荒謬可笑？

真道學蒙冤久矣！以權力爭逐、名利追求為目標的人們，固然無法認清李贄「法文王，法孔子」的真道學，對知識分子及掌權者是如何高標準的要求：唯有超越個人的名利富貴的考量，以宏觀大我、「以天地萬物為一體」的思考，正視每個生命的平等價值，社會才能邁向真正的和諧，否則再怎樣看似民主自由的社會，也只是換個形式的多數暴力，讓強者繼續剝削弱者，製造日益擴大的貧富差距與更多不同族群的矛盾對立而已。雖然這樣超越個人物質生命本能追求的精神境界，必然需要不斷反思超越的修養工夫，故只能嚴以律己，不當苛責他人，但若吾人不能期待、不能要求知識分子循此精神自律，並且監督執政者以百姓福祉為先務，豈不表示不論再怎麼民主，人民也永遠無法脫離忍受「爛蘋果」的宿命嗎？

宣揚「聖凡平等」、「萬物一體」的李贄，當然永遠會是個與當權者相抗衡的異端；然而也正是這樣的「異端」，表現出堅持道德理想、不為現實權力低頭的高尚情操，才能彰顯孔孟二聖一生獨立於政治權力之外的真精神：能夠堅持「天視自我民視，天聽自我民聽」的力量，才是讓歷代君王不得不低頭「尊儒」的真道學。蔑視這一力量的政權，必然會陷國家於危亡，但以萬物為一體的儒者，一心只願防患於未然，不到萬不得已，必然皆以穩定既有體制為前提，從事和平改革；只有狼子野心的政客，才會唯恐天下不亂，樂見「時勢造英雄」。人類若只能依循弱肉強食的叢林法則，當然永遠「勝者必為小人，負者必為君子」，但已歷經兩次世界大戰、血腥屠殺的人類，難道還要繼續以「成王敗寇」作為價值判準嗎？面對這樣的現實世界，真以天地萬物為一體的仁者，又如何能不懷抱終身之憂呢？

第四章 蒙以養正——藉《九正易因》之〈蒙卦〉解重探〈童心說〉之真諦

　　李贄的〈童心說〉，原本只是收於《焚書》中的一篇文字〔註1〕，然而，因其中具開創性的文學主張，使得〈童心說〉成為文學史家探討其文學理論的重要文本；諸哲學史若要對李贄學術「化繁為簡」概括說之，亦往往即以其「童心說」為核心〔註2〕；各種有關李贄的專書論著中，亦多有對「童心說」的專章探討〔註3〕，而其中「《六經》、《語》、《孟》，乃道學之口實，假人之淵藪也，斷斷乎其不可語於童心之言明矣」的大膽議論，更是學者們引證其「反道學」的重要論據之一。然而，即如李贄〈答焦漪園〉中自謂：「《李氏焚書》，大抵多因緣語、忿激語，不比尋常套語」〔註4〕，其「忿激」之處，則似袁中道所言，乃「矯枉之過，不無偏有重輕」，唯有「舍其批駁謔笑之語，細心讀之」，方能恰當理解李贄學術之真意乃「大有補於世道人心」〔註5〕。因此〈童心說〉對六經語孟的批判，是否亦只是一時的「忿激語」？而其「有補於世道人心」的真諦又何在？亦當再加辨析。

〔註1〕《焚書》卷三，頁91～93。
〔註2〕如張學智：《明代哲學史》（北京大學出版社，2000年）第二十章即以「李贄的童心說」為標題；蔡方鹿：《宋明理學心性論》（成都：巴蜀書社，2009年）第四章第八節則題為「李贄的童心說及其對理學的批判」。
〔註3〕如左東嶺：《李贄與晚明文學思想》第三章第三節：「童心說與李贄的人生價值觀」；許建平：《李贄思想演變史》第五章：「反思儒學與童心說反理性思想的形成」。
〔註4〕《焚書》卷一，頁7。
〔註5〕袁中道：〈李溫陵傳〉，頁133。

　　近二十多年來，對所謂李贄「反道學」的本質，學者們已有所澄清，如李焯然所言：「李贄只反假儒、假道學。……他是要辯明『真』儒與『偽』儒之別。」龔鵬程〈克己復禮的路向：晚明思潮的再考察〉一文，則更進一步批判早期以李贄為「反禮教」之類的研究實為「畫歪了臉譜」，而指出儒者之「克己復禮」，方為李贄學術思想之核心。雖然李贄已漸由「反道學」的異端，逐步正名為高倡「真道學」的陽明嫡傳，但對照不同學者對「童心」內涵的詮釋，卻仍意見紛紜，莫衷一是。有學者順龔鵬程之研究，進而指出「李贄關懷重點依然在於超越的道德心」〔註6〕，論證李贄「童心說」對於王學之繼承與發展〔註7〕；但更多的專著仍著重以道家、佛教系統的觀點詮釋之〔註8〕，此外更強調其說與儒者良知之學有根本不同，如張學智認為：「童心不包括天賦道德意識」，不單如此，「童心的喪失，正是道德意識、道德規範佔據以至戕害本心的結果。」〔註9〕許建平則分析：「李贄肯定童心也就肯定真心、『最初一念』和自然私心」，「佛教認為無明是惡，儒學認為情欲是惡，在童心說中則被視為『真』的內涵。而《六經》、《語》、《孟》所宣揚的仁、義、禮、智的善的內涵，在童心說裡則被視為假，視為真的對立面。」〔註10〕許蘇民則更斷言：「所謂『童心』……即與封建的『義理之性』相對立的『氣質之性』……說穿了，『童心』即人欲，而且是毫無掩飾的人欲。」〔註11〕諸說自然亦皆引述李贄文本以為論據，然則童心之「真」與「超越的道德心」，究竟是一是二？如何在此看似矛盾的兩端間尋求合理一貫的說解？似乎仍須作進一步釐清。

　　有鑑於李贄思想之複雜性，筆者曾以〈道德或反道德？──李贄及其「童心說」的再詮釋〉〔註12〕一文，闡明李贄正視並肯定自然人欲的存在，乃將其劃為「非道德」之領域，排除於道德判斷之外；至於童心之「真」作為其學

〔註6〕蕭義玲：〈李贄「童心說」的再詮釋及其在美學史上的意義〉，《東華人文學報》第2期，2000年，頁184。

〔註7〕溫愛玲：〈從雙溪經典觀看李卓吾之「童心說」──析論「童心說」對於王學之繼承與發展〉，《東方人文學誌》第2卷第4期，2003年。

〔註8〕如許建平：《李贄思想演變史》藉《維摩詰經》理解「童心說」思想之形成；左東嶺：《李贄與晚明文學思想》除佛學外，更借老莊思想詮釋並定位童心說內涵。

〔註9〕張學智：《明代哲學史》，頁303。

〔註10〕許建平：《李贄思想演變史》，頁287、288。

〔註11〕許蘇民：《李贄的真與奇》（南京：南京出版社，1998年），頁112～113。

〔註12〕《臺北大學中文學報》第2期，2007年，頁155～185。

術之最高價值判準，其「真」亦即「真道德」，與孟子即心善言性善之超越普遍性的本質實無二致。但〈童心說〉分明對《六經》、《語》、《孟》有激烈批判，僅以其為「矯枉之過，不無偏有重輕」之「因緣語、忿激語」，亦難以盡釋諸疑，無怪諸多學者皆無法正面肯定「童心」與孔孟儒學之關係；故以「童心說」為核心，當如何對李贄之「真道學」作更真切的了解，應再尋求多方論證。

現有的李贄研究，大多關注其《焚書》、《藏書》等著作，卻忽略了李贄詮釋《周易》的《九正易因》一書，前文已闡釋其「法神聖者，法孔子者也，法文王者也，則其餘亦無足法矣」的精神，可見所謂李贄之「反道學」，實據文王孔子之高標準，而對後世儒者有愛深責切之批判。然而，如張建業亦可從書中發掘「《九正易因》所體現的李贄的反傳統思想」，則亦可見其書之內涵，與眾所認知的〈童心說〉之精神，當然仍是一貫而非矛盾者。然則其「法神聖」而又「反傳統」之精蘊何在，亦值得後學深入析論。

《周易》本身包涵豐富的哲理，《九正易因》詮釋《易經》六十四卦，其思想涵括面向自亦十分多元，其中與〈童心說〉最可相互對照者，當屬李贄對〈蒙卦〉的闡釋，但現有論〈童心說〉之著述，尚未見與其〈蒙卦〉解相互參證者，故本文即就此作一辨析，以下先闡述《九正易因》申述〈蒙卦〉之內涵，再與〈童心說〉之思想作一對照，期對李贄〈童心說〉及其「真道學」之本質，有更深入的了解。

第一節　《周易・蒙卦》與李贄《九正易因》之〈蒙卦〉解

由於《周易》文辭簡略古奧，給予後人創造性詮釋的極大空間，將諸多註家之〈蒙卦〉詮解對比而讀，幾乎看不到完全相同者，大同小異尚屬正常，亦有完全歧異難以融通者。雖然學者讀《周易》各有啟迪，其引申發揮不同處，亦未必代表此是彼非，但諸多論點紛歧實無法一一羅列並舉，故以下僅先簡介前人詮釋〈蒙卦〉的大概方向與主流意見，其後仍以李贄本身之詮解為重，而以可與李贄相互參證之說法略作補充，至於諸多分歧處則不多所辨析。

一、前人之〈蒙卦〉闡釋略說

〈蒙卦〉為六十四卦中第四卦，〈序卦〉曰：「有天地，然後萬物生焉。盈

天地之間者，唯萬物，故受之以屯；屯者盈也，屯者物之始生也。物生必蒙，故受之以蒙；蒙者蒙也，物之稚（穉，稚）也。」故〈蒙卦〉乃象徵稚幼蒙昧之時。前輩學者對此卦多有闡釋，資料庫可查詢之單篇論文已逾二十篇，大抵以教育的觀點來看此卦的價值，如陳雅賢〈由易經蒙卦論中國古代教育思想〉〔註13〕；或更具體地指出其所論「教育」的重點階段即在於「啟蒙」，如劉瀚平〈周易教育思想探微——從蒙卦看啟蒙教育〉〔註14〕；即使泛論《易經》整體思想，如曾春海〈「易」教的人文精神及時代意義〉〔註15〕，欲拈出六十四卦中探討教育原理者，亦必舉「蒙卦」為說〔註16〕，凡此皆可見〈蒙卦〉中所指示之教育原理與方法，在論《易經》乃至整個古代儒家教育思想時的重要性及其代表性何如。

然而，《周易》本為占筮之書，卦、爻辭本為上古遺留之占辭，經過後世之整理而流傳，各卦之卦辭與六爻辭是否成於一人之手，或者必成其一貫之理路，學者多有異說；即使後世學者讀〈蒙卦〉而啟發其對教育原理之看法，但此是否為〈蒙卦〉之本義，亦可有討論之空間，尤其因初六爻辭有謂「利用刑人」，上九爻辭則謂「擊蒙」，此是否即先人主張「體罰」之於「啟蒙教育」之必然性？黃志傑〈「易經·蒙卦」本義試探〉〔註17〕即對此有一反思，而論證〈蒙卦〉之本義並非探討教育思想，卦辭與六爻辭之間亦各自獨立成文，故不能以「擊蒙」等文句論證古人贊成體罰。考六爻之文句，如九二爻辭：「包蒙，吉。納婦，吉。子克家。」六三爻辭：「勿用取女，見金夫，不有躬，無攸利。」明言婚娶之事，欲皆與「教育」牽合，雖諸位學者亦有說解，而各有不同，皆不免於過度引申之嫌；前代亦有多家註解僅就字句疏釋，而不必皆以「教育」通說之，如黃氏已指出王弼、程頤、朱子解卦辭皆僅釋字面文意，認為富含教育原理者乃自孔穎達之說解始〔註18〕。故黃志傑之研究，亦

〔註13〕《孔孟月刊》第 413 期，1997 年，頁 4～8。

〔註14〕《嘉義師院學報》第 8 期，1994 年，頁 273～286。

〔註15〕《哲學與文化》第 272 期，1997 年，頁 20～32。

〔註16〕該文第四節論「《易》書的教育原理與方法」，即以〈蒙卦〉為主（頁 28～29），另提及〈觀卦〉，則重在「社會教化」方面。此外如張文政：〈從易經蒙卦看大易哲學的教育思想〉（《中華易學》第 213 期，1997 年），提及〈坎卦〉、〈巽卦〉，而指〈蒙卦〉為「對整個教育的理念、方法、與態度上作了最完備的探討。」（頁 21）。

〔註17〕《孔孟月刊》第 486 期，2003 年，頁 17～30。

〔註18〕黃志傑：〈「易經·蒙卦」本義試探〉，頁 19～20。

有助於吾人擺脫既有框架，疑者存疑，而不必勉強取一說而欲通卦辭與六爻，對〈蒙卦〉各爻辭的「教育精神」作過度詮釋。

　　然而，僅以〈蒙卦〉取「蒙稺（稚）」之義，及《彖傳》、《大象》明言「蒙以養正，聖功也」、「君子以果行育德」來看，即可見《周易》經傳之作者，對於象徵「物之稺」的〈蒙卦〉，「啟蒙」（推而廣之即「教育」）確實是其所賦予的重要意涵之一；且卦辭所言「匪我求童蒙，童蒙求我」，亦確實指引了從事教育的幾個根本原理，與儒者思想乃至後世教育理論皆可相互印證，不論是從教師的立場論師道尊嚴，引證所謂「禮聞來學，不聞往教」〔註19〕，或從受教者的角度來看「童蒙」才是學習之主體；乃至從教學方法上強調「不憤不啟，不悱不發」〔註20〕，學生自主學習較之填鴨式教育更有成效……等等，「匪我求童蒙，童蒙求我」之卦辭，不僅可與上述教育原理之精神相呼應，且更因其創造性詮釋的空間，可給予後人種種反思與啟發。由此再看爻辭中所言之「發蒙」（初六）、「包蒙」（九二）、「困蒙」（六四）、「童蒙」（六五）、「擊蒙」（上九），與其論證其本義與「教育」無關，似乎不如仍就教育的角度，以「啟蒙」應有的態度與方法尋求恰當詮釋，或許更加簡易直截一些。

　　總之，作為上古占筮之紀錄，〈蒙卦〉卦辭與各爻辭文句之本義或未必是為「教育」而發，然而，將《周易》整理成書者、尤其是《彖傳》、《象傳》之作者，卻無疑地十分重視〈蒙卦〉「物之稺」的象徵，且亦深刻體認「啟蒙」這一教化事業的重要性，而將其對此中問題之思考，以簡要之文句，豐富的象徵意涵流傳後世，故後世學者皆可藉〈蒙卦〉而對教育理論與實踐原則作一申發。雖然，後世學者學思所得，或未必皆同，亦未必盡符合卦、爻辭文句之本義，但所當辯難者或不在此。就其個人之學術而言，若其詮解有其一貫理路且自成體系，而無語焉不詳、前後矛盾之弊，則皆成其為一家之言；所當反思者，是其「一家之言」是否僅是「仁者見之謂之仁，知者見之謂之知」〔註21〕之各抒一見；或亦揭示某些顛撲不破的真理，足供後人再三反思玩味，甚至依其所言奉行，亦可「百世以俟聖人而不惑」〔註22〕？僅以「體罰」為例，如黃志傑顯然反對前人以〈蒙卦〉爻辭論證其深具「體罰觀念」〔註23〕，

〔註19〕語出《禮記‧曲禮上》。
〔註20〕《論語‧述而》第8章。
〔註21〕《周易‧繫辭上》第4章。
〔註22〕《中庸》第29章。
〔註23〕黃志傑：〈「易經‧蒙卦」本義試探〉，頁25、26、27。

而其他申述〈蒙卦〉教育精神者，則或不諱言「體罰在中國傳統教育觀念上是被允許的」〔註24〕，然而，「發蒙」、「擊蒙」，是否舍「體罰」外不能為功？或「發蒙」、「擊蒙」之道多方，「體罰」僅是長期存在的諸多方式之一？若自此一角度反思，則可知即使以教育觀點詮釋，「初六，發蒙，利用刑人，用脫桎梏，以往吝」，以及「上九，擊蒙，不利為寇，利禦寇」，仍有各種詮釋的可能性，亦未必即論證《易》教「贊成體罰」。

以上對前輩學者以〈蒙卦〉為主題之論文略作討論，簡而言之，除黃志傑外，大抵皆以教育觀點闡釋其意涵；然而，若再解析卦辭及各爻辭之內涵，則異說甚多。若以歷代各家註解來看，則未必皆明言〈蒙卦〉之教育思想；即使以教育精神闡釋卦辭及《彖傳》、《大象》，亦未必即以教育觀點通釋六爻。在諸家各自不同的詮解中，吾人自無法執一廢百，在其中選定任何一家作為「標準答案」，僅能回到本文的主題：李贄《九正易因》對〈蒙卦〉之詮解，而對照其與歷代諸家有何異同。李贄對〈蒙卦〉之簡評為「取象尤難，問學至盡」〔註25〕，可見李贄基本上亦從「教育」的角度解析其內涵，所謂「問學」，則見其主要是由學習者（蒙者）的立場看問題。〈蒙卦〉之「蒙稚」象徵，與「童心」「人之初，心之初」之階段正相彷彿〔註26〕，而力主童心不可失的李贄，對於所謂「啟蒙」與「問學」的意義，正有別具心眼的見解，值得詳加考察。

二、李贄〈蒙卦〉解之內容探析

李贄《九正易因》對〈蒙卦〉之說解，乃先順卦辭、《彖傳》加以申發，其後再就各爻辭作一貫串解釋，因此，就李贄觀點而言，〈蒙卦〉之卦、爻辭乃一整體，而皆是聖人對「問學」之意義、方法、態度乃至終極目標之指引。由於李贄往往融《周易》經傳之文句於其解說之中，故以下先引述〈蒙卦〉經傳之內容：

　　蒙：亨。匪我求童蒙，童蒙求我。初筮告，再三瀆，瀆則不告。利貞。

　　《彖》曰：蒙，山下有險，險而止，蒙。蒙，亨，以亨行，時中也。

　　匪我求童蒙，童蒙求我，志應也。初筮告，以剛中也。再三瀆，瀆

〔註24〕陳雅賢：〈由易經蒙卦論中國古代教育思想〉，頁 6。
〔註25〕《九正易因》，頁 103。
〔註26〕〈童心說〉：「童子者，人之初也；童心者，心之初也。」（《焚書》卷三，頁 92）。

則不告，瀆蒙也。蒙以養正，聖功也。

初六：發蒙，利用刑人，用說桎梏，以往吝。《象》曰：利用刑人，以正法也。

九二：包蒙，吉。納婦，吉。子克家。《象》曰：子克家，剛柔接也。

六三：勿用取女，見金夫，不有躬，無攸利。《象》曰：勿用取女，行不順也。

六四：困蒙，吝。《象》曰：困蒙之吝，獨遠實也。

六五：童蒙，吉。《象》曰：童蒙之吉，順以巽也。

上九：擊蒙。不利為寇，利禦寇。《象》曰：利用禦寇，上下順也。

《象》曰：山下出泉，蒙；君子以果行育德。〔註27〕

　　〈蒙卦〉卦象坎下艮上，坎為水，為險，艮為山，為止；九二以陽爻居下卦之中，故曰「剛中」，為師位，即「匪我求童蒙，童蒙求我」之「我」，六五之童蒙，與九二乃一陰一陽，為正應，故曰「志應」；《彖傳》即就卦象本身解析，大抵為《易經》解卦之通義。此外，〈蒙卦〉唯九二、上九為陽爻，其他為陰爻，故九二、上九象徵師尊，而其他陰爻象徵處於不同境況下之蒙者，以教育觀點解卦者，其論釋或詳略互見，而大抵不違背此原則。

　　李贄的說解基本上先依《彖傳》作發揮，曰：

　　　山下有險，險而止，以此卦下險上止象也。夫方其止也，混混沌沌，莫知所之。童蒙如此，聖人如此，雖欲不止，其可得乎！然既以險而止，則必以亨通而行，及其亨通而行也，聖人如此，童蒙如此，雖欲不行，又可得乎！故曰：蒙，亨。以亨行，時中也。言時止即止，時行即行，即此便是時中聖人，與蒙無異矣。然則蒙，乃人之正性；養蒙，即所以養正，而為做聖之實功，是以利貞也。匪我求童蒙，童蒙求我者，言我與五之志相應，故五自相求，非求我告也，童蒙在中本自無餘，我特承順而包納之，足矣！彼何求而我又何告！初筮告者，初六方出門，即筮得二之剛中，而來求發其蒙，然至於再，至於三，終不與告者，非不告也，恐瀆蒙也。故曰：瀆則不告。〔註28〕

〔註27〕《九正易因》，頁103。此依李贄順序將《大象》移至最後。
〔註28〕《九正易因》，頁103～104。

以上幾乎是彖傳之隨文註釋，但無論其論「止」、論「亨」、論「時中」，皆強調「童蒙」本性之自足至足，與聖人無二無別，則顯然與一般論「啟蒙」者強調後天教育之重要性有極大差別，亦呈現了李贄獨立於各家註釋之外的個人特色。因此，李贄論「啟蒙」的意義與他家之重點不同，他指出「蒙，乃人之正性；養蒙，即所以養正」，對照李贄〈童心說〉之主張，則可見其力保「心之初」的「童心」，實出於「童心」即「人之正性」之信念，即以孟子論性善之超越普遍性為前提。其教育之目標亦是純粹儒學的：「養蒙，即所以養正」，即求此「做聖之實功」，而教童蒙學做聖人，絕非教其舍己外求，相反地，當知「童蒙如此，聖人如此」，「童蒙在中本自無餘」，以現代的語言來說，教育的意義便是啟發「童蒙」自身的主體性，唯有自尊自重，自信自立，方可學為聖人，倘若「童蒙」一味被動地依賴師長，期待外來的「標準答案」，豈不喪失自身的主體性，豈不違背啟蒙之本質目標！此所以「瀆則不告」也。故「童蒙求我」正在其主體性之發揚，為師者所須做的，唯九二之「包蒙」：「承順而包納之」，順著童蒙的本性去啟發他的自覺，包容其不同氣質才性而能因材施教，除此之外，「彼何求而我又何告」！

下文繼而闡釋曰：

> 今觀其繫初之辭曰：爾勿筮我求告，欲我開發爾之蒙昧為也，是自加桎梏也，正宜利用刑人，用正法以解脫其不如法之桎梏耳。不然，吾恐其以往而吝，反加愛惜，不可脫矣。不見六四乎，本老實人也，反以為不美而獨遠之。本蒙也，反以為不美，而謂天困之。夫彼方以蒙為困矣，其吝又可脫邪？所謂以往吝者，正指四之謂矣。〔註29〕

順上文以「蒙，乃人之正性」之義，李贄對「發蒙」的闡釋亦不同於各家，反謂「欲我開發爾之蒙昧」實是「自加桎梏」，因此他對爻辭「利用刑人，用說桎梏」之「刑」解為「正法」（即「蒙乃人之正性」之「正」），「說」解為「脫」，而解作「用正法以解脫其不如法之桎梏」：啟發其自身蒙之正性，而擺脫外在價值觀之束縛；如六四之「困蒙」，說其「本老實人也，反以為不美而獨遠之。本蒙也，反以為不美，而謂天困之。夫彼方以蒙為困矣，其吝又可脫邪？」凡此皆可看出李贄之以蒙為美、以蒙為正的態度。故「困蒙」之「困」不在困於蒙昧，而在其不能自覺蒙之正性，六四小象所謂「獨遠實也」之「實」，在李

〔註29〕《九正易因》，頁104。

贄之詮釋，即「蒙」本質之正性〔註30〕，故「發蒙」的過程，不在於「去除蒙昧」，不在於使童蒙遠離蒙昧狀態，而在於啟發蒙者之自覺其正、自信其美，換言之，即認清自身生命之本質與價值。相反地，若求外在的價值取代自身蒙之正性，獨遠其實，則為自加桎梏，以往而吝，不可脫矣。

　　以上以初六及六四合併解說，以下則再就九二、六五之居中正應對比六三、上九處上爻之不合中道，而將六爻之吉凶在其以「蒙」為正的義理系統下成其一貫之說解，曰：

> 六五柔順居中，若以為婦，則為童蒙之婦；若有子，亦為童蒙克家之子。故九二以包蒙之吉，成六五童蒙之吉，而後六五能以己之童蒙，順以巽入於九二之包蒙。然則二與五之無不吉也，固宜。若六三，則知識大開，行已不順於蒙矣。大抵世之蒙者，聰明日廣，往往見金而不見其身。是故以聞一知十者為大賢，而日貨殖焉，反以空空者為鄙夫，屢空者為貧乞。瀆之則喜，告之則喜，加之以桎梏則又喜。所謂為寇也，非禦寇也。〔註31〕

李贄以九二、六五之居中正應，而將九二爻辭「包蒙，吉。納婦，吉。子克家」，與六五小象「童蒙之吉，順以巽也」，作一聯繫貫串，而得出「無不吉」的贊辭，表現了對爻辭所述之全盤接納與肯定。其要義已在前釋卦辭時申論過，故未多加贅述，要言之，即以二、五兩爻正具體顯示了卦辭之「匪我求童蒙，童蒙求我」之精神，九二「承順而包納」，六五則「順以巽」，此是教學雙方最理想的互動，六五柔順居中，能保其蒙之正性，則不論納婦生子，皆無往而不吉。六三居下卦之上，又以陰爻而居陽位，在《易經》中一向象徵「行不順」，乃須反省戒懼的狀況，對比李贄之以蒙為正，六三則是盲目迷失、遠離蒙之本質的象徵。就一般常情而言，「知識大開」、「聰明日廣」，「聞一知十」、從商貨殖，似乎即是教育（尤其是現代教育）崇尚的目標，但李贄卻反而嚴加批判，若以現今「傳遞知識」的教育觀念來看，則難以理解李贄之意旨，然而，若對照〈童心說〉批判道理聞見乃令童心喪失的論點，則可見其學術之一貫。在李贄來看，蒙之正性才是至善至美，後天灌輸給我們的知識系統與

〔註30〕諸家註「實」多依王弼之注曰：「陽稱實也。」即六四上下兩爻皆陰，獨遠於九二與上九，王弼解為「困於蒙昧，不能比賢，以發其志」，故稱其「獨遠實」。李贄說解看似不同於各家，但以「實」為正性，仍是「陽」（師）所象徵的本質意義，故其精神與諸家說解亦不矛盾。

〔註31〕《九正易因》，頁104。

追求金錢財貨的價值觀，則是強加桎梏，使我們迷失本性（見金不見其身）。然而，一旦以那些外在價值觀為美善，則生命自然流於不斷地外逐，看不起質樸（空空者）、看不起貧窮（屢空者），而自身便須不斷追求知識財貨以傲人，無異於不斷地「自加桎梏」，李贄直接借上九爻辭之「為寇」為喻，世俗教育以「知識」、「聰明」、「貨殖」為價值，就李贄看來皆是戕傷「蒙」之正性之「寇」，所當禦之，不當為之，由此，爻辭所言「不利為寇，利禦寇」，亦在李贄獨具心眼的詮釋下，有了全新的意義。

以上李贄論教育與啟蒙，與世俗常情之理解似乎有極大不同，但卻是儒者「尊德性而道問學」〔註32〕之本義，李贄在〈蒙卦〉解說後附錄了王畿（龍溪，1498～1583）之《易》說，正可互相參證：

> 王畿曰：山下出泉，本靜而清，水之源也，不決於東西，不汩於泥沙，順以尋之，自然可達於海。君子法蒙之象，果行以育其德。水行而不息，故曰果；山止而不擾，故曰育。夫純一未發之謂蒙，蒙者，聖之基也。自蒙之義不明，世之學者以蒙為昏昧，妄意開鑿，助成機智，汩以泥沙之欲，決以東西之趨，反使純一之體漓，清靜之源窒，非徒無益而害之也。夫聖功之要，全在於蒙。〔註33〕

「純一未發之謂蒙，蒙者，聖之基也」，正是儒者性善、人皆可以為聖之通義，「水行而不息，故曰果；山止而不擾，故曰育」，亦是李贄申述「童蒙在中本自無餘，我特承順而包納之，足矣！彼何求而我又何告」的精神：順著童蒙清靜之泉源善導之，而不以外在的干擾重增其困惑，才是教育的方向與目標。然而，現實世人的教育則不然：「世之學者以蒙為昏昧，妄意開鑿，助成機智，汩以泥沙之欲，決以東西之趨，反使純一之體漓，清靜之源窒，非徒無益而害之也」，後天物質生命的利欲交纏，反而蒙蔽了先天至善的本體，機智愈多，而天理愈蔽，實無益而反害！對照王畿此說，則李贄〈童心說〉批判道理聞見的真義，亦可得到更清楚的理解，其以激烈的言辭掃除外在聞見道理的障蔽，強調「絕假純真，最初一念之本心」，實基於此「聖功之要，全在於蒙」的信仰與堅持，因為唯有確立道德主體性，認清本體至善才是至高無上的價值，才能有「做聖之實功」，否則盲目依循外在價值、追逐知識美名與財貨，除了造就一堆口是心非的「偽君子」，更擅於勾心鬥角、爭名逐利之外，世界

〔註32〕《中庸》第27章。
〔註33〕《九正易因》，頁104～105。

非但不會因此更美好，反而更添亂源而已。

　　重新以「蒙，人之正性」理解李贄學術以〈童心說〉為核心之精義所在，則可知李贄「法神聖」之精神，實是一純粹的道德理想主義。然而，對照現實人情之複雜面向，若樂觀以為人人自反而縮，皆能保其「童心，真心」之純粹，沒有陰暗邪惡的一面，則亦不啻為癡人說夢。故對於上九爻辭之所謂「擊蒙」，李贄仍以刑罰在教化中的意義作一思考與詮釋，曰：

> 嗚呼！《乾》、《坤》之後，既得震為長男以作之君，復得坎為中男以作為師，又得艮為少男始作刑官，以弼成其師之教之所不逮，而後知艮止之大功矣！不然其順於蒙者，二能包之；其不順者，雖二亦且奈之何！要使上下皆順，非艮剛不能。以是知有教則必有刑，刑非無因而設也。故曰：利用刑人，以正法也；利用禦寇，上下順也。聖人惓惓欲人作聖，而施養正之功於無可奈何之地也，固如此。〔註34〕

蒙下卦為坎，上卦為艮，李贄以坎（九二）為師，而艮（上九）則象徵「刑官」，九二之包蒙，是正面引導的教化力量，以承順包納所有「順以巽」而能受教的學生，但正因人存在「自由意志」，「其不順者，雖二亦且奈之何！」一味承順包納，畢竟無法令所有頑石皆能點頭，故「有教則必有刑」，對於不依正道的學生，適度的刑罰禁其為非，並要求其順服，仍是必要的。在此李贄再引用初六及上九小象「利用刑人，以正法也」，「利用禦寇，上下順也」，其「刑」仍取「刑罰」義，而「禦寇」之道，當然亦不脫刑罰之用，然而刑罰當以「正法」為原則，以「蒙，人之正性」的精神，當然是一種基於「人性化」的管理；所謂「禦寇」亦是協助學生避免錯誤價值觀扭曲其本性，因此是與學生站在同一陣線的「禦寇」，而不是與學生敵對的「為寇」。總而言之，刑罰之施乃「無可奈何」、不得已而用之，只是消極的禁人為非，並非教育的目的，「聖人惓惓欲人作聖」，懷抱此大愛精神，希望啟發所有人的良善本質，使其自覺其生而為人至高無上的價值，這才是教育最終的目標，也是李贄心目中文王、孔子之「神聖心事」。

　　以上將李贄解說〈蒙卦〉之全文分段闡釋，相較於各家之註解與前輩學者之相關論文，確實可看出李贄不同於各家之獨特見解，但此乃《易經》極簡的文辭中所本具的創造性詮釋之空間，對照各家論述，雖重點或有不同，

〔註34〕《九正易因》，頁104。

但其精神方向往往並不矛盾。如前已引述李贄附錄王畿之《易》說,與其學說之精蘊正可相互參證,而上九艮剛「有教必有刑」之施教原則,如朱熹(1130～1200)《周易本義》與王夫之(1619～1692)《周易內傳》的詮釋皆可參看,曰:

> 以剛居上,治蒙過剛,故為擊蒙之象,然取必太過,攻治太深,則必反為之害。惟捍其外誘,以全其真純,則雖過於嚴密,乃為得宜,故戒占者如此。凡事皆然,不止為誨人也。〔註35〕

> 童蒙德本巽順,雖知有未逮,而心無邪僻。但憂外至之惡,相誘相侵,須為防護。若苛責太甚,苦以難堪,則反損其幼志養蒙之道,止其非,幾勿使狎於不順而已矣。〔註36〕

童蒙本質之「真純」、「巽順」、「心無邪僻」,是儒者之共同信念;「捍其外誘」——或曰「憂外至之惡,相誘相侵,須為防護」,則為施用刑罰之由;但「取必太過,攻治太深,則必反為之害」,「苛責太甚,苦以難堪,則反損其幼志養蒙之道」,故動用刑罰時務必戒慎為之,亦是所有「惓惓欲人作聖」的儒者必有的體悟。由此回頭再看前文提及之體罰問題,當可知其固為「刑罰」之一種,前代儒者並未禁用,亦未正面肯定,故是否施用與如何施用,唯看其是否能達到「捍其外誘,以全其真純」的目標,或者將「反損其幼志養蒙之道」?須先解答此一問題,才能進一步言其贊同或反對體罰,否則不論用或不用,皆不能保證其能達成教育之目標。

對照朱子與王夫之的說解,更可見「蒙,人之正性」之說,並非高倡「童心」的李贄,或包括王畿等左派王學特有的詮釋,而是所有儒者之共同前提;而「蒙以養正」,「惓惓欲人作聖」,則是儒者論教育之共同目標〔註37〕。李贄之學術,不論〈童心說〉或《九正易因》,其核心精神實乃一以貫之,其〈蒙卦〉所闡釋之「問學」要旨,亦處處可與〈童心說〉作一印證,以下將再詳加析論。

〔註35〕朱熹:《周易本義》(臺南:龍巨書局,1984年),頁66。

〔註36〕王夫之:《周易內傳》(濟南:山東友誼書社,1992年),頁146。

〔註37〕如韓國學者趙顯主論朱子之教育思想,亦概括曰:「朱熹教育的意義在於使人明白人性之美善,而為學的本質即在彰顯自身本有的內在秉彝,為己而不為人。」(《朱熹人文教育思想研究》,臺北:文津出版社,1998年,頁102)即可見不論古今中外,真知儒者,其道固無不同。

第二節　〈童心說〉與李贄解《易》之義理融貫

　　李贄〈童心說〉要旨可略分析如下：首先在於彰明「童心」之為最初、最真、最可貴，萬不可失的無上價值，曰：

> 童心者，真心也。……夫童心者，絕假純真，最初一念之本心也。若失卻童心，便失卻真心；失卻真心，便失卻真人。人而非真，全不復有初矣。童子者，人之初也；童心者，心之初也。夫心之初曷可失也！〔註38〕

　　其次，則在論述童心之喪失，完全是因成長過程中種種聞見道理從外而入，從此以外在的價值作主宰，而喪失童心之真純，曰：

> 蓋方其始也，有聞見從耳目而入，而以為主於其內而童心失。其長也，有道理從聞見而入，而以為主於其內而童心失。其久也，道理聞見日以益多，則所知所覺日以益廣，於是焉又知美名之可好也，而務欲以揚之而童心失；知不美之名之可醜也，而務欲以掩而童心失。……夫既以聞見道理為心矣，則所言者皆聞見道理之言……豈非以假人言假言，而事假事，文假文乎？蓋其人既假，則無所不假矣。〔註39〕

　　由對童心、真心之無上推崇，李贄提出一極為開放的文學見解，曰：

> 天下之至文，未有不出於童心焉者也。苟童心常存，則道理不行，聞見不立，無時不文，無人不文，無一樣創制體格文字而非文者。詩何必古選，文何必先秦。降而為六朝，變而為近體；又變而為傳奇，變而為院本，為雜劇，為《西廂曲》，為《水滸傳》，為今之舉子業，皆古今至文，不可得而時勢先後論也。〔註40〕

　　此一以童心之「真」為標準，而將傳奇小說皆推為「古今至文」的開放性見解，無疑打破正統文學之觀念，故李贄進一步破除人們對《六經》、《語》、《孟》的盲目推崇，而曰：

> 夫《六經》、《語》、《孟》，非其史官過為褒崇之詞，則其臣子極為讚美之語。又不然，則其迂闊門徒，懵懂弟子，記憶師說，有頭無尾，得後遺前，隨其所見，筆之於書。後學不察，便謂出自聖人之口也，

〔註38〕《焚書》卷三，頁92。
〔註39〕《焚書》卷三，頁92。
〔註40〕《焚書》卷三，頁92。

> 決定目之為經矣，孰知其大半非聖人之言乎？縱出自聖人，要亦有
> 為而發，不過因病發藥，隨時處方，以救此一等懵懂弟子，迁闊門
> 徒云耳。藥醫假病，方難定執，是豈可遽以為萬世之至論乎？然則
> 《六經》、《語》、《孟》，乃道學之口實，假人之淵藪也，斷斷乎其不
> 可以語於童心之言明矣。〔註41〕

　　以上看似激烈批判聖人經教的背後，李贄批判的其實是後人盲目依循經教
文字，而喪失主體精神、思辨能力的愚行。聖人「有為而發」、「因病發藥，隨
時處方」的指導豈不亦出自童心之「真」？但若後人執其一時之言而為「萬世
之至論」，則《六經》、《語》、《孟》已徹底淪為一種外在的聞見道理，無法引發
生命最真切的感動，反不如傳奇、小說之啟迪人心。一味依循經教文字，食古
不化，則無法真切面對生命，無法保有「童心」，又如何掌握生命的主體性？

　　〈童心說〉全文意旨大抵如是，可見其除了推崇童心之「真」，並批判外
在道理聞見之「假」，而著重破除「道理聞見」（聖人經教）之障蔽外，並沒有
充分論證其童心之「真」何以當為無上價值？一般人的成長過程，便以擺脫
童稚蒙昧、多識道理聞見為目標，李贄之說難道不是違反常識與常情？如何
理解其以聞見為蔽之真義？然則若聞見道理不足為貴，吾人又當何學？〈童
心說〉亦有言：

> 古之聖人，曷嘗不讀書哉！然縱不讀書，童心固自在也，縱多讀書，
> 亦以護此童心而使之勿失焉耳，非若學者反以多讀書識義理而反障
> 之也。〔註42〕

　　可見讀書識義理，亦未必便障蔽童心，且所謂「聖人」，正是讀書識義理
亦能護此童心者！由此來看，李贄豈不獨尊聖人？但聖人之讀書識義理，與
一般人之以聞見道理障童心，究竟異同何在？以上種種問題〈童心說〉皆未
有正面解答，因此，單就〈童心說〉一文來看，李贄實破而未立，僅有「遮
詮」而未有「表詮」〔註43〕。然而，前述《九正易因》之〈蒙卦〉解，則恰
可正面闡明「童心」之內涵與價值，並申述聞見道理何以為蔽，此外，更進一

〔註41〕《焚書》卷三，頁93。
〔註42〕《焚書》卷三，頁92。
〔註43〕龔鵬程即批評曰：「反覆強調勿以道理聞見障蔽童心，卻未從盡心、發揚本心
　　　　明覺功能方面去申論。」（《晚明思潮》，頁9）然而單看〈童心說〉（或《焚
　　　　書》、《藏書》之因緣語、忿激語）固有此病，但《九正易因》與《道古錄》
　　　　諸書，卻不乏正面闡述者，尚待後學發掘之。

步對「啟蒙」、「問學」真正的意義、態度、方法與目標，有深刻的思考，以下
再綜合析論之：

一、童心之正

　　〈童心說〉僅說童心是「真心」，是「絕假純真，最初一念之本心」，但
「真」一定能等於價值嗎？若如論者所謂「童心即人欲」，「人欲」固是「真」，
但「人欲」真能作為價值判準嗎？故「童心」、「真心」做為李贄學術之最高價
值，其內涵絕當再加辨析。李贄之童心固是「真」，因為「真」，使他亦必正視
「人欲」的存在，亦必不能忍受任何虛偽矯飾的態度；簡言之，「人欲」做為
存在的事實，是童心之「真」所不能迴避而必正視的「對象」，卻不是童心的
本質內涵；此「絕假純真，最初一念之本心」之所以萬不可失，乃因其同時亦
即是善、即是美，即儒者所論先天至善的道德主體。此在〈童心說〉未嘗明
言，但《九正易因》「蒙，人之正性」，「聖人如此，童蒙如此」之說，則可印
證李贄心目中的「童心」，即與聖人相同之「正性」。

　　此外，可再看《九正易因》釋〈坤卦〉六二爻辭「直方大，不習無不利」
之申述曰：

> 人之生也直，直疑不方矣。今言直而又言方者，以人但知直而不知
> 直之無不方耳。……直者為正，方者為義；正者以行，方者以止。
> 直者是敬，敬非著意，唯其內之直而已；方者是義，義非襲取，唯
> 其行之利而已。此豈有待於學習而後利哉！固不習而無不利者也，
> 夫何疑！〔註44〕

即如四庫館臣評《九正易因》為「謹守繩墨」，「人之生也直」，「直者是敬」、
「方者是義」，「敬非著意」，「義非襲取」，「此豈有待於學習而後利哉！」李
贄此段論釋，與傳統儒者全無二致，若如論者所言〈童心說〉與儒者義理之
性相對立，則李贄此一〈坤卦〉解，無異為一種自我矛盾與自我背叛；但「敬
非著意」、「義非襲取」、不待學習而後利者的主張，對照童心之「絕假純真，
最初一念」的精神，亦全然縟合，由此對照，即可見李贄之「真」，實即一種
由主體精神出發，全無刻意徇名或虛矯外飾（著意襲取）之「真道德」，故李
贄之所以能賦予童心至高無上的價值定位，正以其對道德主體先天本在（不
待學習）的信仰與堅持。

〔註44〕《九正易因・坤》，頁97。

此一精神，在〈四勿說〉論「禮」與「非禮」處亦充分彰顯：

> 蓋由中而出者謂之禮，從外而入者謂之非禮；從天降者謂之禮，從人得者謂之非禮；由不學、不慮、不思、不勉、不識、不知而至者謂之禮，由耳目聞見，心思測度，前言往行，仿佛比擬而至者謂之非禮。〔註45〕

「由中出」、「從天降」、「由不學、不慮、不思、不勉、不識、不知而至」，簡而言之，即出自「童心」之「絕假純真，最初一念」，才是真正的「禮」；相反地，「從外入」、「從人得」、「由耳目聞見，心思測度，前言往行，仿佛比擬而至者」，換言之，即是使童心喪失的聞見道理，則全是「非禮」。這一對「禮」與「非禮」的定義，可說違反世俗常識的認知，唯有對照前述所謂「敬非著意」、「義非襲取」，才能了解李贄乃以「童心」之最高標準要求吾人之道德實踐：絕不當摻雜任何外飾之假與利欲美名之追逐，而唯有出於先天至善主體之應然當然，才是「禮」，才是真道德！〔註46〕為了確立「童心」之真為唯一真道德，故李贄亟言從外入之聞見道理為「假」，但試問現實教育難道不正在教導學子「聞見道理」嗎？縱使「聞見道理」對照先天本在的童心之「真」而為「假」，「假」又豈等於無價值、又豈能等於「惡」呢？故李贄大悖常情之主張背後的意義所在，亦當再加以辨析。

二、聞見之蔽

前人看到〈童心說〉對《六經》、《語》、《孟》的批判，便以為李贄反對聖人經教、反對儒者道學，但若對照其《九正易因》之以文王、孔子之「神聖」為法，則其中矛盾將不可索解。上文已析論其〈蒙卦〉闡釋，一反世俗以「聰明」、「貨殖」為價值，而批判其為「自加桎梏」；回頭對照〈童心說〉之批判道理聞見，則亦可再加反思李贄以道理聞見為蔽之真義所在。若能認清李贄與儒者的道德理想主義，其教育之終極目標乃在於「倦倦欲人作聖」，則可知

〔註45〕《焚書》卷三，頁95。

〔註46〕實則前輩學者對李贄〈童心說〉乃在建立「真道德」之旨亦有所見，如許蘇民曰：「肯定人的情感、欲望、追求之合理性，才能在此基礎上建立一種真正合乎人性的道德，才能打破那種本質上是不道德的虛偽的道德氛圍。」（《李贄的真與奇》，頁113）若將儒學等同於封建禮教之虛偽道德，則李贄童心固與儒學互相對立，但李贄所論，實乃儒者之真精神，此其所以能自謂為真道學之故。

李贄之「問學」完全是以「道德教育」的本質作思考，其反對道理聞見，其實是對「知識教育」與「道德教育」本質之歧異作一辨析。如以《六經》、《語》、《孟》為從外入的道理聞見，則只是一套外在的知識系統，非但不能培養自身的道德主體，更遑論其「作聖之實功」；但「古之聖人，曷嘗不讀書哉！」以自覺自身「蒙之正性」為先，則「多讀書識義理」，當然亦是「護此童心而使勿失」的重要工夫，李贄自身小說戲曲無所不讀的好學精神，難道不亦在「多讀書識義理」嗎？重要的是，他所謂「義理」的核心，即人人本具的「童心」之「正性」；而教人復其本心，亦即教育之首要目標，此即〈蒙卦〉所申明之「問學」的精神。

　　此「問學」之旨，李贄在其《道古錄》中的一段闡釋亦可作為印證：

> 人之德性，本自至尊無對，所謂獨也，所謂中也，所謂大本也，所謂至德也。然非有修道之功，則不知慎獨為何等，而何由至中，何由立本，何由凝道乎！故德性本至尊無對也，然必由問學之功以道之，然後天地之間至尊、至貴、可愛、可求者常在我耳。……此道問學與尊德性所以不容有二也。……重問學者，所以尊德性也。能尊德性，則聖人之能事畢矣。於是焉或欲經世，或欲出世，或欲隱，或欲見，或剛或柔，或可或不可，固皆吾人不齊之物情，聖人且任之矣。〔註47〕

以上釋《中庸》「尊德性而道問學」的精神，「重問學者，所以尊德性也」，即千古儒者一貫的理念，李贄非但未嘗反對之，甚且極力申明之。唯有教導童蒙認清「人之德性，本自至尊無對」，「天地之間至尊、至貴、可愛、可求者常在我耳」，確立其道德主體之自信自立，才是教育之根本目標，其他「或欲經世，或欲出世，或欲隱，或欲見，或剛或柔，或可或不可」，每個人的才性氣質是天生的不平等，無法以單一標準要求之，要其適才適性，則不論往任何方向發展，皆唯有「承順而包納之」、任之而已。因此，知識系統的灌輸，唯有因材施教，而不可求備焉，若以知識學習能否「聞一知十」，來分判其高下優劣，則此外在價值觀的桎梏，唯有令童蒙以種種外在價值為美惡之判準，反以自身之蒙昧為可鄙，然而，習於外逐的生命，又要如何能夠肯定自我生命「至尊無對」的價值呢？

〔註47〕《道古錄》卷上，第 11 章，頁 360〜361。

李贄此一對德性與知識的態度，對照王陽明之說，亦可有更清楚的了解，陽明曰：

> 學校之中，惟以成德為事；而才能之異，或有長於禮樂，長於政教，長於水土播植者，則就其成德，而因使益精其能於學校之中。迨夫舉德而任，則使之終身居其職而不易。用之者惟知同心一德，以共安天下之民，視才之稱否，而不以崇卑為輕重，勞逸為美惡；效用者亦惟知同心一德，以共安天下之民，苟當其能，則終身處於煩劇而不以為勞，安於卑瑣而不以為賤。……其才質之下者，則安其農工商賈之分，各勤其業，以相生相養，而無有希高慕外之心；其才能之異，若稷、夔、稷、契者，則出而各效其能。……故稷勤其稼，而不恥其不知教，視契之善教，即己之善教也。〔註48〕

本段文字可清楚表明儒者對教育的態度：教所有學子「成德」，才是教育唯一具普遍性的目標，至於才能之異，則唯有順其各自的專長發展即可，而「不以崇卑為輕重，勞逸為美惡」，「苟當其能，則終身處於煩劇而不以為勞，安於卑瑣而不以為賤」，「各勤其業，以相生相養，而無有希高慕外之心」，「稷勤其稼，而不恥其不知教，視契之善教，即己之善教也」，以上文字所描繪的，說是儒者的理想國藍圖亦不為過。簡而言之，社會需要各個階層的人共同付出，即使是煩劇卑瑣的工作，皆有存在的必要性，稷勤其稼與契之善教，難道不是同等重要的嗎？若人們能夠認清「德性」本身便是「至尊無對」的無上價值，而不必在知識才能、地位權勢等種種天生不平等的差異上作比較時，則人與人間只有無私的付出，而無無謂的爭逐，彼此才能的不同，只有互相欣賞、互相依賴與互相信任，而無須羨慕嫉妒，更不必爭權奪利、拼個你死我活。

李贄獨倡童心之真、童蒙之正，乃至所有儒者之「尊德性」，即在此一道德理想主義之嚮往與堅持，而其以道理聞見為障蔽，批判「世之蒙者，聰明日廣，往往見金而不見其身」，便是對世俗眾人誤以知識才能論價值的反思與批判。童蒙德性之真純本與聖人無別，但其才能之異則可能相去懸絕，若以聞見道理為價值，既知美名之可好，不美之名之可醜，則才質之下者，如何能免於希高慕外？又如何能避免種種虛偽巧詐與明爭暗鬥？又如何能保其德

〔註48〕《傳習錄》卷中〈答顧東橋書〉，陳榮捷：《王陽明傳習錄詳註集評》（臺北：學生書局，1983年），頁195。

性之真純？若能反思以上諸多問題之根源，則知種種人世之惡，固以聞見道理障童心而生也。

　　李贄此一對聞見道理的反省批判，其實王陽明亦早已言之，曰：

　　　聖人之所以為聖，只是其心純乎天理而無人欲之雜；猶精金之所以
　　　為精，但以其成色足而無銅鉛之雜也。……蓋所以為精金者，在足
　　　色，而不在分兩；所以為聖者，在純乎天理，而不在才力也。……
　　　後世不知作聖之本是純乎天理，欲專去知識、才能上求聖人，……
　　　不務去天理上著工夫，徒弊精竭力，從冊子上鑽研……知識愈廣而
　　　人欲愈滋，才力愈多而天理愈蔽：正如見人有萬鎰精金，不務鍛鍊
　　　成色……而乃妄希分兩……分兩愈增而成色愈下，既其梢末，無復
　　　有金矣。〔註49〕

王陽明以「成色」喻聖人本心之「純乎天理」，而以「分兩」喻個人才力大小之不同，「成色」才是聖之所以為聖的關鍵，人人皆有、可學而致；而「分兩」大小、知識才力之別，非但無關於作聖之功，且若不知正確價值之方向，則「知識愈廣而人欲愈滋，才力愈多而天理愈蔽」——此正具體指出了一個事實：若以知識才力為凌駕於良知天理之上的價值，則「道德」不必然能隨知識才力同步增長，甚且可能正成反比。——擁有的知識才力愈多，愈有能力滿足其人欲的追求，反而使慾壑更加難填。若欲肯定人人之價值平等、皆可為聖，卻以天生不平等的知識學習為價值判準，豈非在根本上就搞錯了方向？又豈可能達成「惓惓欲人作聖」的教育目標呢？

　　經由以上之討論分析，當可重新理解李贄以道理聞見為弊之真諦，非但不是前人所認為的反對聖人經教，相反地，李贄是以極端認真的高標準反思「問學」（教育）的本質，故一方面強調教育最重要的目標，唯在啟發「童心」道德主體的自覺，另一方面更要徹底摒除以知識才能論優劣的世俗價值觀。聞見知識的擴充，只須依各人才能之異而求適才適性之發展，即使才質之下者，「作生意者但說生意，力田作者但說力田，鑿鑿有味，真有德之言」〔註50〕，各行各業的人士皆是社會不可或缺的小螺絲釘，其價值皆與聖人無二無別！因此，與其說李贄旨在打破聖人經教，不如說他所批判而要打破的，是知識分子自以為是的優越感！但此一批判，莫說是專制時代難以為統治階層

〔註49〕《傳習錄》卷上〈薛侃錄〉，陳榮捷：《王陽明傳習錄詳註集評》，頁119。
〔註50〕〈答耿司寇〉，《焚書》卷一，頁28。

所接納，即使在二十一世紀的今日，位居金字塔頂端的階級，又有幾人能夠真正視社會底層的庶民之生命價值與自身平等？實則是知識無限地擴充，亦未嘗弭平人世間的種種不公不義，反而更有愈拉愈大的貧富差距，「人人平等」依然只是空洞的口號而已。然則以知識財貨為「桎梏」、而視聖凡為平等的李贄，焉往而不為「異端」？而千古以來一意以「尊德性」為上的儒者，又如何不被視為「迂遠而闊於事情」呢？

三、啟蒙之道

　　前文已說到，單就〈童心說〉一文而言，旨在獨倡童心之真，並破除從外入之聞見道理之蔽，但童心之真何以當為至高無上之價值？聞見道理又何以不得做為主宰吾人言行之標準？若不以「聞見道理」為學，則「啟蒙」（或曰「教育」）之意義又當何在？單看〈童心說〉，實破而未立，而《九正易因》之〈蒙卦〉解，則恰可補足其中的正面意涵。童心之真即蒙之正性，讀書識義理亦在護此童心而勿失，體認「童蒙在中本自無餘」；故啟蒙教育之目標，不在以外在知識價值的灌輸取代其蒙之正性，而在於啟發其自覺「童蒙如此，聖人如此」之價值尊嚴。李贄關於啟蒙之道的見解，〈童心說〉固未能及之，然而〈蒙卦〉九二「承順而包納之」的精神，在《焚書》中早有申明，李贄自述其學術乃「真為下下人說，恐其沉溺而不能出」〔註51〕，而若欲啟發下下人慕聖學聖，又豈能責以道學家（知識分子）的高標準？故他主張：「聖人不責人之必能，是以人人皆可以為聖」〔註52〕，「不責人之必能」，亦即〈蒙卦〉九二「承順包納」的胸襟；李贄詮釋孔子教其子鯉以《詩》、《禮》的態度，便是如此循循善誘：「終不以不入而遽已，亦終不以不入而遽強」的不責其必能，他認為此即「中者養不中，才者養不才」之道：「只可養，不可棄，只可順，不可逆。逆則相反，順則相成。」〔註53〕此外，他對《論語》「舉直錯諸枉」的理解，亦以此一包容的精神作詮釋：「即諸枉亦要錯置之，使之得所，未忍終棄也。」〔註54〕

〔註51〕〈復鄧石陽〉，《焚書》卷一，頁9。
〔註52〕〈答耿司寇〉，《焚書》卷一，頁28。
〔註53〕以上引文皆〈與友人書〉，《焚書》卷二，頁69～70。
〔註54〕〈復京中友朋〉，《焚書》卷一，頁18。又：以上討論參見拙著〈「為下下人說法」的儒學——李贄對陽明心學之繼承、擴展及其疑難〉（《臺北大學中文學報》第3期，2007年），第二節。

　　總之，唯有懷抱對所有蒙者——不論其不中不才或「枉」而不直——的大愛，肯定所有生命同等的尊嚴與價值，才是李贄心目中文王、孔子的「神聖心事」。如《九正易因》詮釋〈觀卦〉曰：

> 此卦四陰在下，臣民之象，下觀者也。二陽在上，君子之象，觀天下者也。然上九一陽，但可謂之大觀在上，必有九五中正以觀天下，然後自然下觀而化矣。……觀九五者，真同觀於天哉！但下之觀五者以天，而五之所觀者即我；下之觀五者如神，而五之觀我者即民。我生民生，無二無別，是謂天下之平，此所以不言而喻，而下觀自化與？而觀者不一，化者不一，則各隨深淺，自不能一也。〔註55〕

〈觀卦〉九五所象徵的，便是李贄理想中的聖王精神：「下之觀五者以天，而五之所觀者即我；下之觀五者如神，而五之觀我者即民。我生民生，無二無別」。聖人在凡人眼中，自然如天如神；但真正的聖人必不自聖，必以萬物為一體，以聖凡為平等，看重每一民命與「我」有同等的價值！而其教化萬民，又豈在設立一套價值判準分其優劣、促其爭逐？「觀者不一，化者不一，則各隨深淺，自不能一也」，此處所描繪的聖王教化，便是如此「不責人之必能」地，以「不一」為正常，讓所有人民能依其才性方向，「各隨深淺」地無須比較，可以完全自由地發展他自己！這一理想，在封建專制時代固然是個太天真的神話，即使到現在號稱自由多元的社會，同樣是個「迂遠而闊於事情」的夢想。數不清的父母師長，依然以考取「熱門科系」作為教育目標，而不論其是否適才適任、適性適所。這樣的教育，難道符合「啟蒙」的本質？但以知識財貨論高下的社會，當然唯有「適者生存，不適者淘汰」的流血競逐，生命又何嘗能有「各隨深淺」的自由呢？然而，藉由李贄之「法神聖」，是否亦可提醒吾人重新反思：人類文明發展至今，一個真正落實平等精神的教育目標究竟是什麼？以聰明才智分高下、以追求知識財貨為價值，究其實仍是以生存競爭的優勢作為價值判準，只是繼續服膺大自然優勝劣敗的叢林法則而已。若要落實真正的人人平等，則該打破所有外在價值的分判，教導學子，不論智愚賢不肖之別，生命本質皆有其「不假外慕，無不具足」〔註56〕的意義，

〔註55〕　《九正易因·觀》，頁143～144。
〔註56〕　《傳習錄》卷上〈薛侃錄〉：「各人儘著自己力量精神，只在此心純乎天理上用功，即人人自有，箇箇圓成，便能大以成大，小以成小，不假外慕，無不具足。」（陳榮捷：《王陽明傳習錄詳註集評》，頁129）。

因此，身而為人，便該自尊自重，更該尊重這個社會各行各業的每一個人，不是嗎？

由李贄對〈觀卦〉聖王精神的詮釋，當可更加具體印證〈蒙卦〉九二所謂「承順而包納之」的胸襟與大愛。雖然，以如此堅信童心之正的樂觀人性論，亦不能否認現實中的蒙者未必皆能「下觀自化」、「順則相成」。藉〈蒙卦〉初六之「利用刑人」與上九之「擊蒙」，李贄亦論及「有教則必有刑」之義，然而其中除了正面肯定艮剛刑官在弼成師教之不及處，確有其必要性之外，所謂「施養正之功於無可奈何之地」，即可見李贄對於刑罰乃採不得已而用之的消極態度。李贄對政刑的態度，單看〈蒙卦〉本文或嫌簡略，《九正易因》釋〈噬嗑〉卦辭「利用獄」，更可看出聖人寬容大愛的精神，曰：

> 九四中一奇畫，有噬乾胏而得金矢之象。六五噬乾肉而得黃金，故曰得當。言位雖不當，以之斷獄正得當者。所謂利用獄是也。何也？柔中也。……則知獄貴情恕，用在柔中，過剛者之不足以斷獄，審矣！……《賁》之象曰：君子以明庶政，無敢折獄。嗚呼！黜剛明於不用，聖人好生之心何如哉！學者宜細思之。〔註57〕

此段說解之重點，在於以九四剛不中正與六五之柔中作一對比，六五陰爻居陽位，本不當位，但「以之斷獄則正得當」，其因在於「獄貴情恕，用在柔中」，相反地，過剛者則不足以斷獄矣，而所以黜剛明而不用者無他，唯在「聖人好生之心」而已。即使在用刑治獄時，依然不失其「好生之心」，然則面對不知不能的蒙者，又如何能過於嚴苛，而「損其幼志養蒙之道」呢？

此一包容精神，擴而充之，亦為王者治天下的胸襟，《九正易因》之〈晉卦〉解，即就「文明柔中之主」作一申發，曰：

> 今觀六五以文明柔中之主，廣大地之度，順遍照之容，當時諸侯凡有失得，皆一切勿恤而不與校矣。此群下所以畢見其忱而往吉，無不利與！以陰居陽，宜有悔，居《離》之中，其德大明，而下皆順從，則其悔亡。〔註58〕

「廣大地之度，順遍照之容」，「凡有失得，皆一切勿恤而不與校」，便是儒者理想中三代聖王能受萬國擁戴的真精神。不在於征服、掠奪、宰制、管控，而僅在於創造一個和平無爭的環境，故不必嚴守一套價值判準記其「失得」，較

〔註57〕《九正易因‧噬嗑》，頁147。
〔註58〕《九正易因‧晉》，頁182。

其高下優劣，而可任各國依其自然環境之不同狀況各自發展……唉，果真是個只存在於上古傳說中的理想社會呀！然而，歷經二十世紀兩次世界大戰的人類，依然不能真正洞徹和平的真諦，依然以自身文化的價值強加於他國，徒釀衝突爭端，較之儒者理想之「迂遠而闊於事情」，當今的人類，又真能自詡為更「進步」嗎？

　　以上由李贄「為下下人說」之精神，看其對啟蒙之道的發揮，可知其重在循循善誘，故唯有承順而包納，不責其必能；以文王、孔子之神聖為法，則當知「我生民生，無二無別」，尊重每一生命之個別差異與同等價值。故即使不能否認刑罰之施或有其必要性，但李贄皆強調大愛包容的精神，師者面對每一個別的蒙者固是如此，王者面對天下百姓、不同族群之間的差異時更是如此。此一大愛與包容，即李贄《九正易因》屢屢申言的「法神聖」之道，實亦程明道所謂「仁者以天地萬物為一體」的具體闡釋，此一仁者之真誠惻怛，即童心真心之自然發露，故孟子曰：「大人者，不失其赤子之心者也。」〔註59〕此心此理，乃千載真儒所共知共能者，而盲目追尋外在價值的偽道學無與焉。

第三節　從李贄展現之理想教育反思二十一世紀之教育理想

　　〈童心說〉乃眾多研究李贄的學者所必不忽略的重要文本，但《九正易因》作為其生平最後一部十分重視的著作，卻少有學者關注。以上藉《九正易因》中〈蒙卦〉及相關說解的內涵，對李贄〈童心說〉「遮詮」背後的宗旨所在，重新作一闡釋。對照《焚書》中的「因緣語、忿激語」，與《九正易因》「法文王孔子」的「真要語」，在看似矛盾衝突的背後，實可看出李贄對於儒學精神的掌握，確有超越凡俗之真知洞見，故以極高的標準激烈批判世間言行相違的偽道學，批判以虛偽外飾箝制人心的僵化禮教。在晚明專制政體已然腐敗不堪的現實中，李贄童心之「真」，正如直指「國王沒有穿新衣」的小孩，不僅令眾人難堪，亦撼動了既有的權威秩序，若執著於一時的成敗得失，當然要視其為洪水猛獸；然而，文王、孔子之為至聖，正在其能超越成王敗寇的政治現實，而能指引人類文化發展之方向、彰顯精神文明的永恆價值，

〔註59〕《孟子‧離婁下》，第 12 章。

此心此理，千載以下獨立於政權之外的「真道學」，則皆可洞澈。故即使《焚書》中眾多的「因緣語、忿激語」，使眾人誤以李贄為「反道學」，但真知李贄的摯友們，如馬經綸、袁中道、焦竑、劉東星等人，則皆知其儒者本懷，甚且推尊其為聖人〔註60〕。

李贄學術所有看似矛盾的主張，一言以蔽之，即：待下下人極寬，而待道學家極嚴，其實皆在其聖凡平等的信念下所可一以貫之者。證之李贄《九正易因》之〈蒙卦〉解，則知其一方面為蒙者言「童蒙如此，聖人如此」之正性，一方面為師者倡論「承順而包納之」的大愛，在以「尊德性」為上的基本精神下，對於憑藉才能高下、聞見知識、財貨名位等分判優劣的世俗價值觀，便採取嚴格批判的態度。因其不以任何外在價值分優劣，故待所有蒙者皆極寬；但以「法文王孔子」之高標準要求所有為師者、為政者，則在世俗價值之爭競下取得優勢的上位者，皆如面對照妖鏡一般，赤裸裸地顯現其「口談道德而志在富貴」、忘卻「童心」、溺於私欲的醜陋面目。在人類社會無論何時皆奉行著「適者生存，不適者淘汰」的叢林法則的現實中，李贄焉往而不為「異端」？但他所體認的「真道學」，對照王陽明以「成色分兩」論聖人、程明道言「仁者以天地萬物為一體」的精神，又豈有所別？「老者安之，朋友信之，少者懷之」，此孔子之志也〔註61〕，然而若失去「童心」、失去「蒙以養正」的信念，這一人人互信、互愛、互助的理想社會，當然永遠只是個無法實現的烏托邦；而李贄「法神聖者，法孔子者也，法文王者也，則其餘亦無足法矣」的堅持，難道不正立足於他對聖人理想境界之深刻體悟上嗎？

所謂對道學家之嚴，實乃李贄自身律己的標準，即其自言：「清謹勇往，只可責己，不可責人。」〔註62〕袁中道描述李贄：「本狷潔自屬，操若冰霜人也，而深惡枯清自矜、刻薄瑣細者，謂其害必在子孫。」〔註63〕便是一方面以絕高標準「責己」，而一方面又堅決反對以過高之標準「責人」的態度。李贄待人之寬與責己之嚴，在〈答鄧明府〉一文之自述，亦可作為一具體的例證：

> 間或見一二同參從入無門，不免生菩提心，就此百姓日用處提撕一
> 番。如好貨，如好色，如勤學，如進取，如多積金寶，如多買田宅

〔註60〕沈德符《萬曆野獲編·二大教主》：「溫陵李卓吾聰明蓋代，議論間有過奇，然快談雄辯，益人意智不少。秣陵焦弱侯，沁水劉晉川，皆推尊為聖人。」
〔註61〕《論語·公冶長》第25章。
〔註62〕〈豫約·感慨平生〉，《焚書》卷四，頁175。
〔註63〕〈李溫陵傳〉，頁135。

為子孫謀，博求風水為兒孫福蔭，凡世間一切治生產業等事，皆其所共好而共習，共知而共言者，是真邇言也。……且愚之所好察者，邇言也。而吾身之所履者，則不貪財也，不好色也，不居權勢也，不患失得也，不遺居積於後人也，不求風水以圖福蔭也。言雖邇而所為復不邇者何居？愚以為此特世之人不知學問者以為不邇耳，自大道觀之，則皆邇也；未曾問學者以為邇耳，自大道觀之，則皆不邇也。〔註64〕

肯定「世間一切治生產業等事」，乃緣於李贄對所有下下人、蒙者的關懷與接引；但唯有自身「不貪財、不好色、不居權勢」的道德修養與實踐，才能保持「童心」不被欲望雜染的純粹。然而，李贄始終強調的是，以此高標準責己，尚不足以為真道學；唯有一方面責己，一方面包容世間凡眾之不知不能，才是真以「天地萬物為一體」的真道學。問世間有幾人當得起李贄的高標準？然則曰李贄為異端，不亦宜乎？

且合〈童心說〉與《九正易因》之〈蒙卦〉解，申明李贄學術之基本要義：童心之真，即蒙之正性，即「童蒙如此，聖人如此」，人人先天本具之平等價值；除此之外，任何以後天外在之標準作爭競比較，分判其高下優劣的行為，則皆適足以戕傷童心、迷失本性。唯有打破對外在價值觀的盲從，找回本心正性之自主自律，才是教育的目標，而聖人面對才質高下不齊的蒙者，知其「逆則相反，順則相成」，則唯有「承順包納」地因材施教，而不當過於苛責，損其幼志養蒙之道。「觀者不一，化者不一」，便是森然萬象不齊之物情，唯有同等肯定、同等尊重，才能「各隨淺深」地自由發展，不必希高慕外地爭逐奔競；人人能夠安於做自己最適合的工作，而相生相養，和諧互助，這才是理想的社會面貌。

雖然，李贄（儒者）的理想始終距離現實很遠，但洞澈「人皆可以為堯舜」的真平等，而能落實於教育中，致力於啟發學子道德主體之自覺，便是儒學超越時代的永恆價值〔註65〕。而正是在這逐漸開放多元的時代，儒者的

〔註64〕〈答鄧明府〉，《焚書》卷一，頁36。
〔註65〕如郭齊家等早期學者對宋明儒學皆多有負面評價，然仍要肯定其教育思想「為人類崇高的道德教育學說提供了豐富的思想資料」（《中國教育思想史》，臺北：五南圖書公司，1980年，頁243），二十一世紀之今日，當更能客觀理解並發掘儒學之普世價值。如洪錦淳：〈陽明啟蒙教育的內涵與義蘊〉（《國立臺中護理專科學校學報》第5期，2006年）一文，對王陽明論啟蒙教育之思

理想，當能更容易被恰當了解：「蒙以養正」，本是所有教育者所當秉持的信念；至於才能之異，絕不該是分判學子高下優劣的標準，如何給予孩子更多的自由空間，使其得以適性發展，而別再以成績扼殺其自信，也該是當前教育所當努力的目標吧！

想要旨有更詳密之分析，且合當代西方教育理論如蒙特梭利等之主張相互印證，亦可見儒者對於教育本質（成德）之思考，絕非過時落伍，相反地，時代愈進步，愈可認清其思想智慧之高度。

第五章　推尊君王與聖凡平等——從李贄學術之精神看儒學的本質及其意義

　　一直以來，大陸學者皆大力稱揚李贄，認為他所主張的「聖凡平等」，正是打破封建階級的一種「反傳統」思想；然而，仔細尋繹其蓋棺論定之作：《九正易因》，則將發現他一方面強調「聖凡平等」，一方面依然宣揚「君尊臣卑」之道，且更強調愛君如父的忠貞血忱，確如四庫館臣所稱之「謹守繩墨」而已。第三章析論《九正易因》的內容，對李贄之「聖凡平等」與「愛君如父」的主張與內涵皆已有所申述，本章則再對照《焚書》、《藏書》等文字，以證其「因緣語」、「忿激語」背後之精神，與《九正易因》皆同是「於聖教有益無損」［註1］的「真道學」。此外，本章所以要再加申明者，乃因近百年來，李贄以其「聖凡平等」的主張受到學者大力稱揚，儒學卻以其「推尊君王」的性格而被視為封建專制之幫兇，而不知「推尊君王」與「聖凡平等」，看似截然相反，但同為李贄之「真道學」，亦確為儒者之真精神，其中自有其一以貫之之道。長期以來推崇李贄的學者，多不能正視李贄「推尊君王」的一面，亦不能肯定「聖凡平等」正是儒學之真精神，由此偏見所囿限，則其看待李贄既不免於「畫歪了臉譜」之誤解，面對儒學則更無法認清其學術之真貌，既不能同情理解儒學之理想在專制政體中無法被落實的困境所在，更不能彰揚

［註1］袁中道〈李溫陵傳〉載，李贄被下詔拘執，面對審問時，自言：「罪人著書甚多，具在，於聖教有益無損。」（頁132）。

儒學理想在跨越封建時代後依然亙古彌新的精神與價值；實則唯有合「推尊君王」與「聖凡平等」兩面，方能掌握李贄與儒學理想中「一以貫之」之「仁」——所謂「仁者以天地萬物為一體」，正是一種尊重既有體制、堅持和平理性，以保障民命為優先、反對輕啟戰端的道德理想主義，此正是二十一世紀全人類仍當共同努力的目標，但恐怕仍不免被現實中的執政者視之為「迂遠而闊於事情」，然則在世界已邁入「地球村」時代的新世紀裡，李贄與儒學，又焉可以不講乎？

第一節　從李贄「推尊君王」與其「反傳統」的矛盾形象談起

不同於多數學者關注李贄「反傳統」的思想主張，龔鵬程已指出，李贄乃至公安派及左派王學如羅近溪、楊復所等人的思想，實皆有一共同的特徵，是與他們反傳統、進步的形象相矛盾的，即他們對明代的時君朝政採取了一種全然肯定的態度，且以明太祖作為當代的聖人典型，推崇備至〔註2〕。在李贄的著作中，吾人確實很容易能找到支持龔氏論點的佐證，如：

> 吾以為必如我太祖，乃可稱寬仁大度也。〔註3〕

> 吾以為最惜才者，當無如我明太祖矣。〔註4〕

明太祖得天下後大殺功臣的史蹟斑斑可考，李贄這般讚頌，太祖恐怕當之有愧。

此外，對於明王朝專制政體的殘虐，李贄亦全無批判地表示只能逆來順受，曰：

> 天下之財皆其財，多用些亦不妨；天下民皆其民，多虐用些亦只得忍受。但有大賢在其間，必有調停之術，不至已甚足矣。只可調停於下，斷不可拂逆於上。〔註5〕

「天下之財皆其財」、「天下民皆其民」，較之黃宗羲〈原君〉中，直接將後世視天下為一家產業而荼毒生民之君主視為「天下之大害」〔註6〕的思想，李贄

〔註2〕龔鵬程：〈克己復禮的路向：晚明思潮的再考察〉，《晚明思潮》，頁20。
〔註3〕李贄：〈李善長〉，《續焚書》卷三，頁77。
〔註4〕李贄：〈馮勝〉，《續焚書》卷三，頁79。
〔註5〕李贄：〈復晉川翁書〉，《焚書》卷三，頁68。
〔註6〕黃宗羲：《明夷待訪錄》，頁2～3。

此言實在不能不說是過於保守落伍；此外吾人應注意的是，李贄責成的對象是「大賢」，亦即在專制政體無法被質疑的現實下，將如何使專制酷虐「不至已甚」的問題，視為儒者君子責無旁貸的義務。李贄「只可調停於下，斷不可拂逆於上」之論，乃將事君養民成敗的責任，全由儒者一肩承擔，待道學君子如此之嚴，才是他長期以來被視為「反道學」的原因；甚至，不責專制君王之暴虐，反而責君子之無法「調停」、甚且怪罪君子之「拂逆於上」，無形中不但要儒者面對君主只能設法委曲和順，更使儒學理所當然地成為封建專制一切罪惡的替罪羔羊，就此來看，儒者是很有理由視李贄為寇讐的。

　　然而，這樣一個對時君朝政全然肯定的立場，與五四以來視李贄為進步思想家的形象實相矛盾，因此除了龔鵬程有以論之，此外極少受到學者的正視；即使少數學者對類似矛盾亦無法視而不見，也只將此類「不進步」的言論視為李贄思想的糟粕，認為一個思想家受到時代的限制、傳統儒學的影響，也是情有可原的〔註7〕。對頌揚李贄「反傳統」的學者來說，李贄擁護君王的一面即使存在，但那也只是受傳統儒學影響的、應被揚棄的部分，不是李贄學術的核心，更不能以之論定其學術的價值。總之，對五四以來許多反傳統論者而言，傳統儒學與封建專制是一而非二，而李贄學術與傳統儒學則是二而非一，間有違反其分野的，則置之不論；少有人能反過來思考：倘若儒學與專制不是「一」，李贄與儒學也不是「二」，而李贄學術一方面尖銳地揭發了封建專制之害〔註8〕，卻又在某些時候表現出擁護專制王權的態度時，其「反封建」之進步豈與儒學無關？而其「封建餘毒」又豈皆儒學之過？其間看似矛盾的現象當如何理解、如何詮釋？在「反傳統」的浪頭已過之後，二十一世紀的今日，是否該拋卻以往二分法的思維，重新認清李贄與儒學的學術本質，及其對專制王權的真正態度，並思索其背後的意義究竟何在呢？

　　雖然李贄學術確有許多看似矛盾的複雜現象，難以簡單論斷；而後人評估其思想的精髓或糟粕，當然亦能超越時代之局限而更加客觀，也可以賦予當代嶄新價值觀的不同詮釋，但終究不能無視於李贄對自身思想學術的定位。即使在晚明當時便被視為異端，但李贄卻始終自認：「善讀儒書而善言

〔註7〕如蕭萐父等主編：《中國哲學史‧下卷》（北京：人民出版社，1983年），讚揚「李贄反道學的異端思想」，而將「李贄哲學思想的矛盾及其宗教歸宿」，視為「時代和階級的局限性」。（頁171、183、187）。
〔註8〕如許蘇民《李贄評傳》第六章第一節，即特別申述李贄思想中對專制政治之批判。

德行者，實莫過於卓吾子也。」〔註9〕他所有的著述，皆在輔翼儒學，「於聖教有益無損」；他對道學君子之苛求，從來都不在於反對儒者所宣揚之道，相反地，他是以極高的標準責求道學君子，落實千古儒者的理想，成其安民養民之實功。因此，他所宣揚的許多讓反傳統者讀之欣喜的所謂「反封建」思想，究其實乃以儒者「仁者以天地萬物為一體」的精神，視聖凡為平等，故反對執政君子種種自私其智，而不能正視百姓需求的錯誤心態與作為。正因他所秉持的信念，即儒者內聖外王之理想所在，故即使他嚴厲的批判讓當時的從政者聽來逆耳刺心，實際上也確實撼動了既有封建體制的權威秩序，但晚明其時推崇他的學者，非但沒有一個是因為他「反封建」、「反道學」，相反地，卻是肯定讚揚：「由其言，有善治即有真儒；不由其言，無真儒即無善治。」（祝世祿）「所謂其君用之則安富尊榮，其子弟從之則孝弟忠信，卓吾子之身之心皆兼而有之矣。」（劉東星）「舍其批駁謔笑之語，細心讀之，其破的中竅之處，大有補於世道人心。」（袁中道）如果將李贄視為叛聖之異端（不論是正統道學家之嚴斥或是反傳統思潮下的頌揚），則究竟要將劉東星等人的讚譽，看作是對李贄的溢美或是誤解呢？相反地，若李贄是「真儒」，那麼他既宣揚了違反封建階級意識的「聖凡平等」，卻又同時毫無批判地推尊君王、維護既有的封建體制，當中看似矛盾的現象，又難道是他個人的特殊性格嗎？或亦正反映出儒學本身的特質呢？

沈鈇（1550～1634）〈李卓吾傳〉載：「漳人薛士彥（萬曆八年進士）讀而喜之，謂是聖賢學問也，善用之可以建事業；不爾，恐蹈於權謀術數。」〔註10〕這一對李贄學術的評價，是值得玩味的一句話，李贄的學術是聖學或異端，關鍵實乃在於「善用」與否。換言之，李贄的學術其實並不涉及另立其「體」的問題，而是在「本體」已立的前提下，他思考如何「致用」的問題。如馬經綸讚揚其學術乃「上足以闡羲文孔孟之心傳，下足以紹周邵陳王之嫡統者也」，即已表明李贄學術之「體」與傳統儒學非但並無二致，且是能深心體認「羲文孔孟」之精神，亦能紹述周敦頤、邵雍、陳白沙、王陽明等宋明大儒之學術者；而他的思想之所以能超越時代、獲得後世的推崇，在某一程度上，正可說是在於他對「致用」問題的思考，乃以先行者的腳步，「孤獨地走在時代的先端」，其種種主張在儒學的發展上，實可視為明末顧、黃、王等大儒的先聲

〔註9〕《初潭集·序》，頁1。
〔註10〕何喬遠：《閩書》卷一五二，〈畜德志〉上，收入〈李贄研究資料匯編〉，頁77。

〔註11〕。但「善用」的前提是真知其「體」，李卓吾的「體」卻是不容易被理解的，他對道學家愛深責切的批判，使外人難以知其「體」亦本於儒學，反而造成誤解乃至流弊，如張鼐所言：

> 卓吾疾末世為人之儒，假義理，設牆壁，種種章句解說，俱逐耳目之流，不認性命之源，遂以脫落世法之蹤，破人間塗面登場之習，事可怪而心則真，跡若奇而腸則熱。……總之，要人絕盡支蔓，直見本心，為臣死忠，為子死孝，朋友死交，武夫死戰而已。此惟世上第一機人能信受之；五濁世中那得有奇男子善讀卓吾書，別其非是者！今俗子僭其奇誕以自淫放，而甘心於小人之無忌憚……嗟乎，我安得具眼之人讀卓吾氏之書哉！〔註12〕

世上真能「絕盡支蔓，直見本心」，亦即知其學術真為「羲文孔孟之心傳」的「第一機人」能有幾人？相反地，「俗子僭其奇誕以自淫放，而甘心於小人之無忌憚」，才是眾所共見之所謂「王學末流」之弊。他責成道學家對「致用」之學的思考，並不能引發當世多數學者的反思與共鳴，反倒使世俗大眾由之看輕、進而否定道學君子與儒者聖學的價值，有「體」者不能思其「用」，不知「體」者更無從言其「善用」，這便構成李贄學術的根本疑難〔註13〕。

誠如李贄歿後，一篇題為「西陵同志」所撰的〈拜懺功德疏〉所慨嘆者，曰：

> 持己太高，故當意者少；望人過重，致負心者多。涇渭分明，乏藏垢納汙之量；斗山卓絕，懷調高和寡之悲。剛方未免激昂，真實間成執著。善善惡惡，務必極其本懷；是是非非，略不徇諸時好。以致招嫌觸忌，賈怨益讐。〔註14〕

「持己太高」、「望人過重」之所謂「高」與「重」，可說正是以文王、孔子作為對「真道學」的絕高標準：一方面以「發憤忘食，樂以忘憂」、生命不斷地超越昇進的精神嚴以律己；另一方面更以「仁者以天地萬物為一體」的襟懷，

〔註11〕溝口雄三著，林右崇譯：《中國前近代思想的演變》，頁22。

〔註12〕張鼐：〈讀卓吾老子書述〉，《續焚書》，頁2。

〔註13〕參見袁光儀：〈「為下下人說法」的儒學——李贄對陽明心學之繼承、擴展及其疑難〉（《臺北大學中文學報》第3期，2007年）。又，袁光儀：《李卓吾新論》第六章。

〔註14〕潘曾紘輯：《李溫陵外紀》（《四庫禁燬書叢刊補編》第25冊，北京出版社，2005年）卷一，頁25～615。案：前文曾引述的《李溫陵外紀》乃採用臺北偉文圖書公司之版本，但該版本未收錄此文。

包容世間萬有不齊之物情，且更肯定「人人各正一乾之元也，各具有是首出庶物之資」，視聖凡為平等，同等尊重之。然而，現實中的執政者，居高位、享權力，便視百姓如草芥，一心只有自身的功名富貴，何嘗以國計民生為念？類此「陽為道學，陰為富貴」，扭曲聖學精神的人，卻以道學的代言人自居，故李贄亦以「善善惡惡」、「是是非非」地一準於理，毫不顧忌地指出其中的荒謬矛盾，其「招嫌觸忌，賈怨益讎」，自是必然的結果，但在時移世易之後，難道不更能看出「真道學」「略不狥諸時好」──獨立於流俗之外──的真精神嗎？誠如龔鵬程曾概括儒學之基本性格曰：「儒學本為反流俗之學」〔註15〕，李贄之為「異端」，也正在於他表現了一種徹底「反流俗」的「真道學」！

筆者以為，李贄以其極端認真的性格〔註16〕，對千古以來「羲文孔孟之心傳」的核心精神，確有其真知洞見；而對儒者理想無以落實於現實之種種落差，亦以絕不迴避的認真態度勇於揭發。雖然勇於批判的李贄學術，以其《焚書》、《藏書》之「因緣語、忿激語」，使得數百年來眾人皆以「反道學」的「異端」視之，然而深思李贄對儒者愛深責切之苦心孤詣，筆者以為他對「致用」之學之思考，確實是長期以來被視為外王事功不足的宋明儒學之進一步發展，而其政治理想與現實體制的矛盾，亦反映了儒者外王學在專制政體下之根本困境。

總之，李贄學術的「致用」精神，實即對於儒者內聖之體悟，如何進一步落實於外王事功之反思，但既有研究中，正面探討並闡述其「進步」與儒學間的關係者尚不甚多；此外，其擁護時君朝政的主張，看似與眾所稱譽的「反封建」之「進步」形象相矛盾，但若與儒者精神相對照，卻正可看出儒學本身受限於專制時代之困境，與其超越時代、亙古彌新之價值。本章藉由李贄推尊君王之主張，重新釐清其學術中看似矛盾的思想背後的意義，在脫離

〔註15〕 龔鵬程：《國學入門》（臺北：學生書局，2007年），頁210。五四以來眾多批判儒學之說，實未能理解儒學這一「反流俗」之本質，龔氏亦已申明其中所隱含的盲點所在，而對李贄之所以有許多「畫歪了臉譜」的誤解，實亦是在同一錯誤邏輯下的結果。簡而言之，若不理解此一「反流俗」之儒學，則亦不能理解李卓吾之學乃真儒學。如上引龔氏文中即申述「君子謀道不謀食，人不知而不慍」方是儒者真精神，此亦正是李贄申述「聖人忘憂，原與忘食同致」之宗旨所在。

〔註16〕 李贄記友人評述曰：「客生曾對我言：『……我事過便過，公則認真耳。』余時甚愧其言，……然性氣帶得來是個不知討便宜的人，可奈何！」（〈與弱侯〉，《焚書》卷二，頁58～59）。

君主專制百年後的二十一世紀，重新看待李贄與儒學的價值與局限，對於儒學之進一步發展，實亦可有更寬廣的思考。

第二節 李贄推尊君王的主張及其意義

李贄曾自述其學術精神曰：「我為下下人說，不為上上人說」〔註17〕，正因李贄學術關懷的重點在於廣大的「下下人」，故李贄格外重視「致用」之學，要求儒者安民養民理想之落實。然而，廣大的「下下人」畢竟是被教導、被治理的對象，故真正站在「下下人」的立場，去思考「如何教」、「如何治」的問題，則他所要責成的對象，當然還是在上位的道學君子。李贄的學術，由是表現出一種看似矛盾的現象：一方面待下下人極寬，一方面卻待道學家極嚴。李贄之「聖凡平等」，乃至種種被後世視為進步的思想主張，皆是在為廣大的「下下人」請命；相反地，他對時君朝政全無批判地推崇，則是要求「上上人」（道學君子）認清帝王專制的本質，而以務實的態度與作為因應之，因為唯有得君行道，才是專制時代中儒者實踐親民愛民之理想的前提。而務實致用的李贄對於君臣上下之道的思考與主張，乃出於對現實人情之細膩觀察而來，相較於拘守禮法的形式主義者，李贄的言論主張看似大戾傳統，卻確實有著超乎其時代局限、別出心眼的見解，以下再詳述之：

一、為「上上人」說「尊君」

在本文一開始，便指出李贄對明王朝專制皇權毫無批判的態度，李贄〈史閣敘述〉一文，以明太祖事蹟，大談所謂「為臣不易」之理，更可明顯看到被學者推崇為「反封建先驅」的李贄，卻又同時表現出推尊太祖、擁護君王的一面，茲引其說：

> 夫子曰：「為君難，為臣不易。」……「為天下得人難」，此言君之所以難也。又曰：「獲於上有道」，此言臣之所以難也。君知其難，則自能旁搜博采，若我高祖皇帝然，唯務得人而後已；臣知獲上不易，則自然其難其慎，若我中山徐武寧然，務委曲承順，以求合吾識主之初心。則難者不難，不易者自易，此必至之理，問學之實。非若世之務為容悅，以賊害其君者之比也。我國家不設丞相，蓋實

〔註17〕〈三大士像議〉，《焚書》卷四，頁138。

慮得臣之難耳。……若我太祖皇帝之為君……正所謂五帝神聖，其臣莫及……縱有所陳，直推尊而表揚之，曰：「是唯我后之德焉。」更不必索忠諫之美名，而欲以憂危其主也。何也？……世實未嘗有履虎而不咥者。〔註18〕

「務委曲承順，以求合吾識主之初心」、「縱有所陳，直推尊而表揚之」、「更不必索忠諫之美名」，其說之曲折，自今日眼光來看，實有悖理之處，但若對照《九正易因》中如〈蹇卦〉、〈蠱卦〉對君父之大愛忠貞，以及〈履卦〉中對「履虎尾」之憂懼惕勵，則知其博愛胸襟與深厚智慧。若深刻體認李贄對「切實致用」之追求，則知李贄之用心，乃在於充分體認到，面對君主專制的現實，最最務實的方式，便是承認「伴君如伴虎」的現實情境，故而要求儒者必須懂得「虎口逃生」，才能進而得君行道——不論如何，在專制現實中，「得君行道」才是儒者外王事業能夠實現的前提，能夠達到治國安民的理想才是最實際的！

　　然而，「委曲承順」絕不等於奴顏屈膝，故他面對劉東星的質疑時勃然作色，且聲明其乃「為上上人說法」：

（劉東星曰）：「今人正坐『不易』一語，怠緩了國家大事，……動步不敢，見勇往直前者，則指為輕進；動口不敢，見開口見膽者，則指為干名。若皆慎重不易，則斯世何賴？朝廷何賴？」卓吾子勃然作曰：「我為上上人說法，不為此等人說法。此等人乃世間患得患失之人，賢者恥之，豈吾所說邪？我為世間賢人多是如此，必欲進之於大聖人之域，文王孔子之歸。蓋必如此，然後能濟事，然後能有益於君。……」〔註19〕

因此，李贄為「上上人」說的「委曲承順」，與患得患失之輩的奴顏屈膝是不同的，李贄之苦心孤詣，實在於徹底認知「世實未嘗有履虎而不咥者」之殘酷事實：在專制政體的嚴酷環境下，忠諫之士犧牲生命成就一己之名，代價如此慘痛，而成就卻如此空泛而無實益，究竟有何價值？名實之間，若必僅能擇一而居，則務求「致用」的李贄，勢必棄名就實：忠諫美名無足貴，如何而能「濟事」、能「有益」，能為專制政體下可憐的百姓爭取一些生存空間，才是所貴乎儒者君子之處。因為「天下之財皆其財」、「天下民皆其民」的現象，

〔註18〕〈史閣敘述〉，《續藏書》卷十，頁179～180。
〔註19〕劉東星：〈史閣款語〉，《續藏書》卷十，頁181。

唯有在改朝換代之際的黃宗羲才能批判其不合理，但以李贄身處的時代來看，則是在諸多歷史教訓中所體認到的無可撼動的現實！而大賢君子所貴，即在其能發揮「調停」之功，使百姓不致受專制君主的過分荼毒，然若動輒「拂逆於上」，率爾自我犧牲，則斯民何賴？由此吾人可再次充分感受到，在承認現實體制的背後，對於大賢君子如何能免於無謂之犧牲，進而發揮所長，助天下百姓安居樂業，才是李贄最真切的關懷。

　　總之，李贄之說尊君，旨在責求道學家，在專制政體下，以保障百姓為先，置自身忠諫美名於後。而這樣的主張，除了是以「萬物一體」的高標準責求道學君子，當以廓然大公的精神為天下興大利、成大功，而不必斤斤於自身美名之外，其實也是基於對現實人情幽微處之細膩體察而來的務實作為，李贄曰：

> 主欲聖而臣欲忠，夫誰獨無欲者。今臣欲忠而不以聖歸其主，主欲
> 聖而不以忠與其臣，夫是以愈相持而愈不相值耳。……蓋歸其能於
> 主，而居己於不能，上下之道固如是耳。〔註20〕

此一反省，純粹是自「人情之常」加以考量：儒者矜惜聲名，君主又何嘗不是？然而，「臣欲忠而不以聖歸其主，主欲聖而不以忠與其臣」，是君臣雙方皆自矜其名而不能「將心比心」，故造成「愈相持而愈不相值」的結果，若一體視之，君臣雙方皆有其失，但在專制體制下，「君主」一方既是不可動搖的存在，也是無法改變的前提，因此，若不欲成事便罷，真欲成事，則唯有改變為臣一方的態度：「歸其能於主，而居己於不能」，才是「上下之道」了。由此吾人亦可進一步觀察到，務實致用的李贄，為「上上人」說「尊君」之道的背後，其實是基於對現實人情的深刻體察與反省，以下再申述之。

二、對現實人情幽微處之省察

　　雖然李贄大談「委曲承順」之道，看似對君主專制毫無批判地支持擁護；與奴顏屈膝者之間的分際差異，也十分模糊不清；而與傳統史觀中對「忠諫」之士的讚揚，更似有所矛盾，但若對照李贄另一處對「諫」的討論，則可看出李贄對現實人情中種種複雜的現象，以及在相似的表象背後種種忠奸懸絕的隱微心跡，實有十分細膩的考察，其論曰：

> 夫暴虐之君，淫刑以逞，諫又烏能入也？蚤知其不可諫，即引身而

〔註20〕〈公孫弘〉，《藏書》卷九，頁191～192。

退者，上也；不可諫而必諫，諫而不聽乃去者，次也。若夫不聽復諫，諫而以死，癡也。何也？君臣以義交也。士為知己死，彼無道之主，何嘗以國士遇我也！然此直云癡耳，未甚害也，猶可以為世鑒也。若乃其君非暴而故誣之為暴，無所用諫而故欲以強諫，此非以君父為要名之資，以為吾他日終南之捷徑乎？若而人者，設遇龍逢、比干之主，雖賞之使諫，吾知其決不敢諫矣。〔註21〕

相較於〈史閣敘述〉中的「委曲承順」之道，此處則可看出李贄依舊服膺孔子「以道事君，不可則止」〔註22〕之教，在「遇暴虐之君，淫刑以逞，諫又烏能入」的狀況下，不可諫即退、諫而不聽則去，堅持正道亦不自陷危境，仍是李贄所推崇的行事準則。由此可見在「委曲承順」與「忠諫而死」之兩端，尚有其他選擇，李贄更不以「委曲承順」為唯一價值；即使忠諫而死，「猶可以為世鑒」，李贄亦肯定其精神可佩。然而，除了以上這些尚合乎傳統價值觀的見解外，李贄透視「世之君子理障太多，名心太重」的問題，亦指出在許多直言極諫之言行背後，往往是假道學們「以君父為要名之資、終南捷徑」的私欲作祟，則此等「無所用諫而故欲以強諫」，究於國計民生何補？這一獨具心眼的觀察，毫不留情地批判了當時勇於勸諫以干名的政壇風氣，這就是李贄被視為「異端」的另一大原因了。

李贄的責難若以傳統道學的觀點來看，確實「大戾於人」，但就後世的眼光來看，則亦確然有據。如費振鐘便指出，明代廷杖的苛酷，造成原本「可殺不可辱」的士大夫們，卻產生了一種「政治受虐傾向」，為了綱常名教而受杖刑，卻可能因此名重天下，成為道德英雄，取得他日政治鬥爭中的優勢地位〔註23〕。其論述無異從另一角度肯定了李贄「以強諫為要名之資、終南捷徑」之批判，確實反映了當時士大夫普遍存在的、虛矯扭曲之變態心理。此外，如黃仁宇《萬曆十五年》中所述，萬曆皇帝與群臣為立儲之對立以至消極罷工，終導致皇朝傾覆的命運〔註24〕，在歸罪「明之亡，實亡於神宗」〔註25〕

〔註21〕〈癡臣〉，《初潭集》卷二十四，頁270。
〔註22〕《論語‧先進》第23章：「（子曰）所謂大臣者：以道事君，不可則止。」
〔註23〕費振鐘：《墮落時代‧明代文人的集體墮落》（臺北：立緒文化事業有限公司，2002年），〈廷杖與肉臟〉，頁168～175。
〔註24〕詳見黃仁宇：《萬曆十五年》（臺北：食貨出版社，1980年），第一章。
〔註25〕張廷玉等：《明史》卷二十一，〈本紀第二十一〉，《二十五史》第46冊，臺北：新文豐出版公司，頁168。

的同時，拘守禮法而將皇帝逼進死胡同的群臣們，又難道一無責任嗎？雖然由於李贄對時君朝政的全然肯定，以致一味批判臣子一方，甚且言「當今之世也：下不如其上，臣不如其君，奴之才實不逮其主，胡然不自揣量而疏草日紛紛也」〔註26〕，完全不論及帝王之過與專制皇權本身的諸多弊害，實亦不免於顛倒是非，令人難以苟同。然而，在明代綱常名教之強大意識形態籠罩下，唯有李贄勇於指陳一幫從政君子「無所用諫而故欲以強諫」背後虛矯變態的隱微心跡，相較於滿朝拘守名教的形式主義者，又怎能不讚佩李贄之獨具心眼！

　　正視私欲存在的李贄，對人性之真實與種種幽微處，實有極其深刻的體察。「委曲承順」與奴顏屈膝似矣；但「忠諫之士」亦可能有陰博美名之假道學寢處其間，而兩端之間更有其他種種可能之行事、動機，如何一概而論？能「濟事」固然是李贄反省歷史及政治現實，為匡時弊所提出之「致用」原則，但亦不得曰反此者即無價值，故引身而退之明哲，諫而以死之癡心，李贄同樣肯定之。由此亦可看出李贄與傳統道學之別，絕不在於否定儒者原本的價值標準，而是以極端認真的態度，一方面求其內聖理想之「純粹」——不能有任何「要名」之私欲，而當一心以君國天下百姓為重；另一方面求其外王事功之落實——不論君王之賢愚不肖，真道學本於對天下百姓的大愛，皆應致力於得君行道的目標，實踐「澤加於民」的理想。故若無助於安民養民之實功，則忠諫美名亦無足貴；若有助於遂行其道，即使「委曲承順」、「推尊表揚」之術，亦何妨用之？

　　當然，務實致用的李贄，對現實之專制體制本身的不合理缺乏批判力，確實亦暴露其限制。畢竟「天下之財皆其財、天下民皆其民」只是專制暴政下假造的現象，並非真理，可悲地是現實中的知識分子無力去改造，但若一味毫無批判地接受，則無論君子如何「委曲承順」，暴君的濫殺虐民亦永無根絕之日，李贄「安民」的願望亦無真正實現之可能！然而，自認為「真道學」的李贄，在一方面因其正視百姓民生、提倡「聖凡平等」的精神，而被視為「反封建」的進步思想家，另一方面卻又對現實專制採取一味妥協的態度，其「聖凡平等」與「推尊君王」兩種看似矛盾的主張，非但不能視為其思想之自相衝突，且更凸顯儒者之政治理想之本質及其在專制政體下難以落實的困境，然而，在專制體制下被視為「迂遠而闊於事情」的儒學，在時移世易之

────────────────

〔註26〕〈癡臣〉，《初潭集》卷二十四，頁270。

後，當能更清楚看出其超越時代、亙古彌新之價值所在，此將於下文申述之。

第三節　李贄與儒學在專制時代之矛盾困境及其價值重估

一、生命的學問與「聖王之治」之本質

誠如馬經綸、祝世祿、劉東星、袁中道等眾多推崇者所讚譽，李贄的學術確實掌握了孔孟儒學一脈相傳的精神，一方面對「內聖」修己之道時時嚴自高標，一方面對「外王」治國安民之事業未嘗一日或忘。然而，在這樣本質相同的精神下，李贄與傳統道學家卻表現出許多不同的面貌，甚至有著完全相反的主張，種種看似矛盾的現象，究其實乃在於自孔孟以來，儒者所揭櫫的理想，與現實歷史的條件本即存在著極大的距離，如《史記》言各諸侯國君皆以孟子之王道思想為「迂遠而闊於事情」，確實是現實中統治者的共同感受；但另一方面，儒者「言必稱堯舜」的理想政治又豈不令人嚮往？心欲千秋萬代家天下的帝王，又怎能不藉儒學以文飾之？於是儒學在專制政體下之變質走樣，當然亦是歷史必然的發展。如班固《漢書‧藝文志‧諸子略‧序》所批判者：

> 惑者既失精微，而辟者又隨時抑揚，違離道本，苟以譁眾取寵，後
> 進循之，是以五經乖析，儒學寖衰；此辟儒之患。

其中描述的「辟儒之患」，便是儒學在專制現實中扭曲變質的鮮明寫照。李贄以其極端認真的性格，一方面批判現實中的儒學根本違背其理想的原貌；一方面又要儒者必須正視現實的條件，以求理想之得以落實。但正似直指「國王沒有穿新衣」的小孩一般，雖然說的是實話，但其逆耳刺心，又有幾人願意面對這個根本無力解決的困境呢？

儒者之學的本質，一方面乃立足於對「性善」之超越普遍性之肯定，故能提出「人皆可以為堯舜」之說，主張聖凡之平等；但另一方面它是一套「生命的學問」，落實於現實生命，則有個人智愚賢不肖之天生不平等，尤其在封建專制下更有不可動搖的階級之別，故其「聖凡平等」只是理想，「聖凡懸絕」才是現實。此一理想與現實之間的矛盾，在有形的專制政治下當然不可能解消，但正因儒者「生命學問」的本質，在個人價值自覺之不斷昇進與超越的

精神境界上，始終是「求在我者」，而非「求在外者」〔註27〕，故無論現實條件的限制如何，真正認清「為仁由己」而致力於體仁行仁的大賢君子，則皆自然能感悟「萬物一體」的精神，而真知「我生民生，無二無別」〔註28〕。此一「民吾同胞，物吾與也」〔註29〕的仁者襟懷，既是真正大儒自我修養之真切體悟，當然也是理想中的從政者所當具備的涵養，故儒者願為帝王師，期待在上位的統治者能夠體認「天視自我民視，天聽自我民聽」才是自身權力的來源，能愛民如子、為天下百姓謀福祉，擁有這樣的責任感與使命感，便是擁有「管理眾人之事」的權力者最基本與最重要的條件。但秉持這樣的理想責求現實中的掌權者亦能有此自覺豈是易事？儒者能夠有此道德自覺固是「求在我者」，但帝王願不願意聽從並實踐則是「求在外者」，儒者理想中的三代聖王，實乃能夠「自覺」自身身為天子的責任者，但儒者除了在「求在我者」的部分，盡力啟發當代君主的「自覺」外，又能拿眾多缺乏道德自覺的君主怎麼辦呢？

　　因為體悟「仁者以天地萬物為一體」的理想，故李贄必強調「聖凡平等」；但面對現實專制體制階級意識下的「聖凡懸絕」，則李贄必然強調「推尊君王」，兩者看似矛盾的主張，其實就是儒學面對理想與現實落差的無奈與難以消解的困境：追求個人「求在我者」的道德自覺，當然追求絕對的自主自律，強調人人皆平等，反對外律之壓迫，發而為「反封建」之自由主義思想，亦是自然而當然的發展〔註30〕；然而正因儒者的學問始終是主觀生命的自我超越，而非落實於客觀制度的思考與建構〔註31〕，則在專制現實的情境下，儒者欲落實「修己以安人」的理想，只能以「帝王師」自期，必然也將以「尊君」為前提。然而，儒者以「內聖」之「生命學問」而欲落實「治國平天下」的「外王」事業，其實存在著難以解決的困境：「內聖」之學以「求在我者」為其本質，必然蕩滌所有外在因素的干擾，才能徹底認清自我生命的絕

〔註27〕《孟子‧盡心上》第3章，孟子曰：「求則得之，舍則失之，是求有益於得也，求在我者也。求之有道，得之有命，是求無益於得也，求在外者也。」

〔註28〕李贄：《九正易因‧觀》，頁144。

〔註29〕張載：〈西銘〉，黃宗羲：《宋元學案》，卷十七，〈橫渠學案（上）〉，頁829。

〔註30〕參見狄百瑞著，李弘祺譯：《中國的自由傳統》。

〔註31〕如張佛泉論「自由」的兩種指稱（一種是指政治方面的保障，一種是指人之內心生活的某種狀態）所言：第二指稱下的自由概念吾人早已有之，但第一指稱下的自由，吾國傳統則未形成。（氏著《自由與人權》，臺北：臺灣商務印書館，1993年，第二章）。

對價值與絕對自由；但「外王」事功涉及太多客觀條件的限制，有太多「求在外者」的部分，根本不是只憑一己民胞物與的襟懷，便能感化君王、同僚，乃至化民成俗的，更何況絕大多數的道學君子本身亦不能免於名利之累，亦尚未達到「萬物一體」的境界呢？

實則在專制集權的時代，若要追求個人精神之絕對自由，則當如道家，以「堯以天下讓許由許由不受」〔註32〕作為其價值抉擇的方向；若欲追求外王事功之成就，則當如法家者流，正視君主專制的現實，提出有利於帝王統治、讓帝王信服的政策。但儒家一方面追求「內聖」的境界，一方面又無法捨棄社會倫理秩序的關懷，若不能認清帝王專制下諸多「求在外者」的「不自由」，以「委曲承順」的智慧與務實的作為落實於事功，徒以「內聖」的高標準期待不合理的專制體制實現仁民愛物的理想，又怎能不是緣木求魚呢？現實中的儒者，對「外王」事業的種種複雜問題，往往缺乏認清現實的相應作為，故強調務實致用的李贄，當然亦毫不留情地加以批判，如其〈孔明為後主寫申韓管子六韜〉一文所論：

> 儒家者流，汎濫而靡所適從……蓋唯其多欲，故欲兼施仁義；唯其博取，是以無功徒勞。……愚嘗論之，成大功者必不顧後患，故功無不成。商君之於秦，吳起之於楚是矣。……顧後患者必不肯成天下之大功，莊周之徒是矣。……而儒者皆欲之，於是乎又有居朝廷則憂其民，處江湖則憂其君之論。……各周於用，總足辦事，彼區區者欲選擇其名實俱利者而兼之，得乎？〔註33〕

李贄在此對道家、法家截然相反的價值取向採取無分優劣、同等肯定的態度，反而嚴厲批判儒家「皆欲之」的想法僅是「無功徒勞」。然而，李贄藉肯定道家、法家之兩端以批判儒者，其實並不是反對儒者「居朝廷則憂其民，處江湖則憂其君」之兼善天下的懷抱，而正是對儒者在理想上既欲內聖（道）又欲外王（法），在現實中卻兩頭無法落實的反思。李贄自身也是「本絕意仕進人也，而專談用世之略」〔註34〕，既出世而又入世，若對照上文中他對儒者的批判，在令人感到其自相矛盾的同時，亦可更進一步反思：此一矛盾，實即儒者生命學問的本質困境。

〔註32〕《莊子・讓王》。
〔註33〕《焚書》卷五，頁 211～212。
〔註34〕袁中道：〈李溫陵傳〉，頁 134。

　　儒者內聖之學本質上與道家同樣追求著絕對的精神自由，但其道德自覺本於「親親而仁民，仁民而愛物」〔註35〕，亦即在人倫秩序中體認自身無所逃於天地的道德責任：「鳥獸不可與同群，吾非斯人之徒與而誰與？」〔註36〕故勢必無法如隱者之避世，外王事功乃為儒者所無法放棄的追求。然而，儒者「修己以安人」、由「內聖」開「外王」的實踐歷程，實是個「堯舜其猶病諸」的無盡事業。誠如《論語》所載：

> 子路問君子。子曰：「修己以敬。」曰：「如斯而已乎？」曰：「修己以安人。」曰：「如斯而已乎？」曰：「修己以安百姓。修己以安百姓，堯舜其猶病諸！」〔註37〕

此外，孔子所揭示的理想政治與專制帝王所信奉的「政刑」更有著根本區別：

> 子曰：「道之以政，齊之以刑，民免而無恥；道之以德，齊之以禮，有恥且格。」〔註38〕

雖然「道之以德，齊之以禮」的教化工作，相較於政刑之收效一時，確是可長可久的志業，但卻是「堯舜其猶病諸」地難以立竿見影、見其速成。而政治事業權力的本質，不但隨時會使「仁民愛物」的道德理想變質，且面對現實中絕大多數仍缺乏道德自覺的生命，尤其是不容挑戰的不合理存在：專制帝王，要其不迷信「政刑」之速效，亦是戛戛乎其難哉！如孔子亦曰：「善人為邦百年，亦可以勝殘去殺」〔註39〕，理想中的和平國度需要長期的扎根，然而人類平均壽命卻只有短短幾十年，古今中外又能有幾個統治者不短視近利，願意為後世子孫之千秋萬代立根基呢？

　　如李贄在《道古錄》中，亦曾申論德禮與政刑之別，曰：

> 蓋道之以德，則為民上者是一片孝、弟、慈真心。既以其躬行實德者導之於上，則為下者既自恥吾之不能孝弟與慈矣，而上焉者又不肯強之使從我，只就其力之所能為，與心之所欲為，勢之所必為者以聽之，則千萬其人者，各得其千萬人之心，千萬其心者，各遂其千萬人之欲。是謂物各付物，天地之所以因材而篤也。所謂萬物並育而不相害也。今之不免相害者，皆始於使之不得並育耳。若肯聽

〔註35〕《孟子·盡心上》第 46 章。
〔註36〕《論語·微子》第 6 章。
〔註37〕《論語·憲問》第 45 章。
〔註38〕《論語·為政》第 3 章。
〔註39〕《論語·子路》第 11 章。

> 其並育，則大成大，小成小，天下更有一物之不得所者哉？⋯⋯夫
> 天下之民，各遂其生，各獲其所願有，不格心歸化者，未之有也。
> 世儒既不知禮為人心所同然，本是一個千變萬化活潑潑之理，而執
> 之以為一定不可易之物，故又不知齊為何等，而故欲強而齊之，是
> 以雖有德之主，亦不免於政刑之用也。吁！禮之不講久矣。〈平天
> 下〉曰：『民之所好，好之；民之所惡，惡之。』好惡從民之欲，而
> 不以己之欲，是之謂禮。禮則自齊，不待別有以齊之也。〔註40〕

李贄「法孔子」之所謂「道之以德，齊之以禮」的「禮」，乃「人心所同然，
本是一個千變萬化活潑潑之理」，亦即其解〈乾卦〉所謂「人人各正一乾之元
也，各具有是首出庶物之資」，由此「物各付物」，順其本性「孝、弟、慈真
心」之發展，故能使「萬物並育而不相害」，創造一和平安樂的社會；若如世
儒（即班固所批判之「辟儒」）「執之以為一定不可易之物」，以僵化的禮制束
縛百姓，則已非孔子之所謂「禮」，而僅是一套政刑之箝制與壓迫。由李贄「法
孔子」之高標準，可知依儒者道德理想主義之政治，其目的乃在於使「天下
之民，各遂其生，各獲其所願有」，且其前提更在於上位者「躬行實德者導之
於上」、「民之所好，好之；民之所惡，惡之」；但自古及今，政刑之用，多是
站在統治者以一己之欲的立場「強而齊之」而已，無怪即使法令多如牛毛，
亦唯有治絲益棼。然而李贄申述孔子「道之以德」之理想政治，固然無愧為
真知聖人之「真道學」，但現實中何時才能出現一位「好惡從民之欲，而不以
己之欲」的執政者，而不必依賴政刑之用呢？對照當前人類精神文明的水準，
則恐怕仍是一種「迂遠而闊於事情」的天真吧。

實則儒者「堯、舜、禹、湯、文、武、周公」的道統，簡而言之，可說
即是統治者能夠自覺其身負天下之重的道德責任之精神。此一文化傳統雖由
孔孟所承繼與發揚，但此一「聖王之治」的理想，在三代以後始終處於與現
實割裂的情境中。然而儒者既繼承三代聖王道德自覺之精神，其內聖之學亦
純為一主觀生命境界之昇進，而非著意於客觀制度的檢討與改進，故只能在
承認現實政治的前提下，期待統治者之自覺；儒者自身既生而不在帝王家，
則其責任便在於恪守臣道，「致君堯舜上，再使風俗淳」，無論君王多麼無道，
實際上也絕不可能發動「彼可取而代也」的革命行動。故李贄一味在承認專
制帝王不可撼動的權威之前提下，大談「為臣不易」的「上下之道」，責求

〔註40〕《道古錄》卷上，第15章，頁365。

君子「調停」之功；即使批判現實之「政刑」，其矛頭所指仍是「世儒」，甚且說「雖有德之主，亦不免於政刑之用」，皆因「世儒既不知禮為人心所同然」、「又不知齊為何等」，亦即由「世儒」來承擔所有封建專制之罪惡。這一對儒者之苛求，確確實實也是儒學傳統本身「行有不得者，皆反求諸己」的思想性格使然。然而，由李贄以「內聖」「外王」之絕高理想責求道學家的嚴格標準，可以證明李贄非但不是反道學之異端，且其強調聖凡平等的精神，正可使儒者內聖外王的理想本質，得到更恰當的解讀。儒者「言必稱堯舜」的政治理想，在專制政體下當然顯得「迂遠而闊於事情」，使其外王事功亦無法有效開展，但在二十一世紀脫離了封建專制的時代，透過李贄對儒學的創造性思考，實可看出肯定「聖凡平等」的儒學，正擁有著超乎整個專制時代的普世價值；回頭再看李贄與儒者的「推尊君王」，筆者亦無法認同長期以來視儒學為專制政體的幫兇之說，相反地，筆者認為，儒者始終在承認既有體制的前提下尋求努力之道，其背後的精神，實代表了一種堅持和平理性而反戰的道德理想主義，此乃全體人類今後仍將持續努力的方向，將在下文再加申說。

二、儒家道德理想主義超越時代之意義與價值

　　長期以來，專制帝王以「獨尊儒術」籠絡士人，使儒家亦理所當然地被視為擁護專制政體、保守落伍的「反革命」思想；然而，被譽為「反封建思想的先驅者」的李贄，一方面以其「反聖教、反道學的戰鬥思想」備受學者稱揚，另一方面卻仍自負為「真道學」，且更明顯地表現著對時君朝政全然肯定擁護的態度。客觀面對此一看似矛盾的現象，則不能再一味地將其打破封建階級、強調聖凡平等之進步思想，視為李贄之孤明獨發；卻將「推尊君王」的主張論證為儒學保守落伍的思想本質。重新認清李贄與儒學的關係，吾人必須指出：李贄「聖凡平等」的進步思想，亦即儒者性善說亙古常新的真精神；而其尊君的主張，亦不僅是偶然的矛盾或是所處時代限制下的「封建餘毒」，此一李贄與所有身處專制時代的儒者們的共同特質，反映的當然亦是儒學本身的思想性格。如晚明大儒劉宗周自言：「胸中有萬斛淚，半灑之二親，半灑之君上。」其耿耿孤忠無所矯飾，便是歷代心懷天下的儒者最真切的感情。雖然這一思想特徵，在民國以來，往往使儒學被視為「反革命」之保守落伍，但在二十一世紀的今日，重新認識李贄（儒者）既宣揚「聖凡平等」而又強調

「君尊臣卑」的兩端,亦可有一新的評價。

前文已再三論述過,儒者的道德精神,乃由自身的道德自覺,發而為「萬物一體」的大愛,在此仁民愛物的懷抱中,儒者的理想政治乃堯舜之禪讓,亦即以公正無私的「讓賢」來和平轉移政權,作為其政治之最高理想。即使面對桀、紂無道的時代,亦肯定湯、武之革命乃順天應人,但仍要推崇伯夷、叔齊之扣馬而諫。《史記》載夷、齊歌曰:

> 登彼西山兮,采其薇矣!以暴易暴兮,不知其非矣!神農、虞、夏,
> 忽焉沒兮,我安適歸矣?于嗟徂兮,命之衰矣![註41]

其譴責武王伐紂為「以暴易暴兮,不知其非也」,不當理解為對暴虐帝王的愚忠,而旨在反對「以暴易暴」:即一種堅持和平的反戰精神。如孔子讚美文王曰:

> 三分天下有其二,以服事殷,周之德,其可謂至德也已矣![註42]

文王的作為,便是一尊重既有體制、堅持和平理性的道德理想主義之具體實現。如李贄即曾申述曰:

> 夫夷、齊就養於西伯,而不忍幸生於武王。父為西伯,則千里就食,
> 而甘為門下之客,以其能服事殷也。子為周王,則寧餓死而不肯一
> 食其土之薇,為其以暴易暴也。[註43]

簡而言之,孔子(亦包括伯夷、叔齊及李贄)盛讚文王「三分天下有其二以服事殷」,便是主張一種尊重既有體制,絕不主動挑起戰端的和平主義。君王暴虐或許是事實,但野心家若以此作為取而代之的藉口來掀起戰亂,也只是藉千萬百姓的鮮血造就另一個暴君而已,不論其成王敗寇,同是一丘之貉。故孟子論聖人,除肯定其才德兼備乃「得百里之地而君之,皆能以朝諸侯有天下」外,更強調其聖之所以為聖的共同精神,乃在於「行一不義、殺一不辜而得天下,皆不為也。」[註44]唯有不忍人之心才可能行不忍人之政,至於「以暴易暴」的行為,無論其理由多麼冠冕堂皇,最終亦可能「成者為王」,但都不能抹滅其「不義」的本質,故儒者本其惻隱羞惡之道德自覺,即使不能改變大自然優勝劣敗的叢林法則乃一存在的事實,卻永遠要堅持其價

〔註41〕《史記·伯夷列傳》。
〔註42〕《論語·泰伯》第 20 章。
〔註43〕〈與耿司寇告別〉,《焚書》卷一,頁 26。
〔註44〕《孟子·公孫丑上》第 2 章。

值追求的方向：教千萬無辜的生命為其權力競逐而犧牲便是「不義」；不論施
行任何政治體制，重點皆在於以保障人民生命財產安全為目標！

　　基於這一和平反戰的思想性格，落實在現實政治中，儒者當然一貫主張
在承認既有體制的前提下從事和平改革，又怎麼可能在專制的現實中主張推
翻君主、從事流血革命呢？無論面對庸君或暴君，儒者若能盡力輔佐，或許
都有辦法讓專制暴虐「不至已甚」；但革命流血能不能換來更好的未來尚未可
知，卻不證自明地一定會犧牲掉數不清的無辜生命，乃至一整代人的和平幸
福！但政治野心家心中永遠只有個人權力欲望的無限擴張，有誰在乎千千萬
萬的人民在戰亂中轉死溝壑？因此，儒家這樣的一種道德理想主義，不論是
東周列強、歷代君主；不論西方帝國主義、資本家，或無產階級革命分子，當
然都會認為是「迂遠而闊於事情」，無法落實是正常，欲其落實則根本是神話。
但這樣的和平反戰的人道主義精神，即使至今人類社會尚未能真正落實，又
難道不是所有人道主義者所共同嚮往追求的理想目標嗎？

　　雖然，儒者內聖「生命學問」的本質，使其思考皆落在主觀生命境界之
超拔，「客觀化」的問題未能解決，確實是其限制所在〔註45〕。儒者一味在承
認專制現實的情境下，期待君主的道德自覺，而無法藉由客觀制度之建構，
將缺乏道德自覺的執政者換下來，堯舜禪讓既不可期，當然歷史永遠是一治
一亂的循環；故儒者的和平理想，畢竟有賴於西方民主制度的建立，才能逐
步落實。然而，即使在今日能夠和平轉移政權，並號稱人人平等的民主社會
中，依然有著抹不平的階級成見、族群歧視，與日益擴大的貧富差距；而號
稱「人民公僕」的政治人物，即使坐領人民納稅的薪水，依然可能眼中只有
個人的名利富貴，而完全無視於百姓的福祉與國家的長治久安。由此吾人亦
可認清一個事實：若無精神生命的提昇，即使有了客觀制度的建構，執政者
依然可能只是換個形式繼續壓迫百姓的吸血鬼，而社會底層的「下下人」的
權益依然在「憲法保障」的形式下繼續被漠視。若以李贄批判「假道學」的言
論檢視當代的政治人物，依然可對比出驚人的相似之處，如其〈三教歸儒說〉
一文所言：

　　　儒、道、釋之學，一也，以其初皆期於聞道也。……唯志在聞道，
　　　故其視富貴若浮雲，棄天下若敝屣然也。……自顏氏沒，微言絕，

〔註45〕勞思光：《新編中國哲學史（三下）》（臺北：三民書局，1981年），頁516～
　　　528。

聖學亡，則儒不傳矣……無怪其流弊至於今日，陽為道學，陰為富貴，被服儒雅，行若狗彘然也。〔註46〕

在這篇語多激烈的文章中，可看出李贄對當時一幫「陽為道學，陰為富貴」的政治官僚之深惡痛絕，而其中所強調的「志在聞道」、「視富貴如浮雲」的超越精神，自孔孟以至宋明儒者，無一不然，可說是千古以來儒者共同的標準；而這一超越個人名利而為公眾付出的精神，又難道不也是民主時代的「公僕」們所當具備的體悟與修養嗎？然則儒者的道德理想主義對執政者的高度期待，在千百年以下，難道不依舊是所有人民的理想？難道不依舊是當今人民據以監督、要求執政者的準據？但倘若知識分子自身都不能以此道德標準自期，人民又能從一堆爛蘋果中選出什麼像樣的人才呢？

可惜的是，由於儒者內聖外王的理想過於高遠，落實在現實歷史中有太大的差距，本難以被恰當了解；而儒者之道德使命感，又將修身齊家治國平天下的所有責任一肩承當，以致許多「求在外者」，根本不是儒者自身所能擔負的責任，亦皆歸罪於儒學。如明朝之亡於異族，許多學者不責專制王權種種不容儒者置喙之沉痾積弊自速其禍，反責無由實現政治理想的儒者「平時袖手談心性」；而滿清王朝因自身閉關自守的腐敗與停滯，而無力面對西方的船堅砲利，學者亦要說是儒學本身的保守性格使然。掀起後世批判儒學的風潮者，李贄無疑是其中的革命先鋒，他不但將所有國疲民困的責任推到儒者頭上，且無形中使社會大眾理直氣壯地「反道學」，說其為名教罪人亦不為過；然而，李贄所堅持的「真道學」對家國天下的責任，與其說是他個人的偏執，不如說正是儒者「內聖外王」的理想性格之具體表現。李贄對道學家有許多嚴厲的批判，以致世人皆以之為「反道學」，但由前文即可看出，他其實是以孔子聖學的精神，以最嚴格的態度，要求道學家落實儒者親民愛民的理想；相反地，任何言行不一、名實不符，乃至扭曲聖學理想的鄙儒腐儒，都是他所批判的對象。然而，正因儒者內聖之學純為主觀生命之自覺與超拔，故李贄之批判，僅及於道學家自身，而對一般世俗大眾（下下人），乃至昏君庸主，則皆一無苛求；相反地，由於極度重視儒者外王事功的發展，李贄正視現實人情許多「求在外者」的因素，故更要求道學家須以最務實的態度，徹底認知事君治民與儒者修己，是完全不同層次的問題，故絕不當以儒者內聖「求

〔註46〕《續焚書》卷二，頁72。

在我者」之高標準，去責求外在人事能如「吾之條理」〔註47〕。因此，不但面對君主需「委曲承順」，即使面對「不中不才子弟」，也當知「逆則相反，順則相成」，以最大的包容與愛心，「只可養，不可棄；只可順，不可逆」，這一絲毫不計個人利害，全然為對方設想的精神，即儒者萬物一體之仁，而這樣的精神境界所體悟的「聖凡平等」，又豈是在任何仇恨對立中，藉由爭平等以謀私利的野心政客所能知？

　　總而言之，若就長期君主專制的歷史來看，儒者內聖外王、道德理想主義的精神，實有許多「迂遠而闊於事情」乃至於扭曲變質之處，然而，任何一個能夠隨時反思的「真道學」，亦當能意識到那諸多問題的存在，即使不能亦不願如李贄之徹底「反流俗」，與那「藏垢納汙」的世俗決裂，也必須承認他「調高和寡」的學問實足以「益人意智」、「開心胸」〔註48〕；縱使明末三大儒無以客觀了解李贄學術之真諦而對之多有批判，但如溝口氏之研究，則已彰明彼此學術思考之方向，亦終將殊途而同歸。可嘆的是，現實中的「真道學」總是少數，「陽為道學，陰為富貴」的假道學滔滔者天下皆是，才是真正的社會「主流」，李卓吾之剛方卓絕，固然「招嫌觸忌，賈怨益仇」，但在專制腐敗的王朝底下，又有哪個「真道學」不同樣遭受排擠壓迫呢？如劉宗周二十四歲登進士第，至六十八歲絕食殉國，四十多年間真正為官的時間卻只有六年半〔註49〕，難道不也正因其堅持正道，故不能「狥諸時好」，亦無法「枉道事人」〔註50〕嗎？但所有「真道學」在君主專制體制中難以落實於實踐的政治理想，在二十一世紀的今日，則更可見其超越時代的意義所在。若能撥開歷來泥於現實而來的種種誤解與不解，透過李贄這一「反道學」之「異端」對儒學之創造性詮釋，則能看出在「聖凡平等」與「推尊君王」的兩極矛盾

〔註47〕〈答耿中丞〉：「夫天下之民物眾矣，若必欲其皆如吾之條理，則天地亦且不能。」（《焚書》卷一，頁15～16）。

〔註48〕如朱國禎（1557～1632）對李贄學術多不能苟同，而亦曰：「李氏諸書，有主意人看他，儘足相發，開心胸；沒主意人看他，定然流於小人無忌憚。」（朱國禎：《湧幢小品》卷十六，頁9下，臺北：新興書局，1960年）此說實與張鼐言李贄學術「唯天下第一機人能信受之」之意旨相類。

〔註49〕《劉子全書》卷四十，〈年譜下〉，頁3695：「先生通籍四十五年，在仕版六年有半，實立朝者四年，革職為民者三。」

〔註50〕《論語・微子》第2章：「柳下惠為士師，三黜。人曰：子未可以去乎？曰：直道而事人，焉往而不三黜？枉道而事人，何必去父母之邦？」劉宗周之事君，實乃具體實踐孔子所言：「以道事君，不可則止。」（《論語・先進》第23章）。

中，儒學為人類所開出的精神文明之發展方向，正是一種堅持和平理性、反對戰爭暴力的人道主義，知識分子懷抱對世人的大愛，尊重所有生命之自由平等，而更以獨立於政治權力之外的超然立場，批判、監督執政者，創造一和諧安康的社會，凡此種種精神，皆是超乎任何政治體制之上的永恆價值。

第四節　餘論

　　李贄的學術主張及其評價一向有許多看似矛盾之處，他一方面被視為反道學之異端，一方面又自負為真道學；一方面被譽為「反封建」之先驅，一方面又對時君朝政表現著全無批判、真誠擁護的態度。前一矛盾近二十多年來已獲得解決，即如李焯然所言：「李贄只反假儒、假道學。」「他是要辯明『真』儒與『偽』儒之別。」但後一矛盾之內涵及其背後所代表的意義，除了龔鵬程已提出者外，則尚少有學者深入探討〔註51〕。

　　一直以來，面對李贄種種看似無法調合的學術主張，學者依其關注的焦點不同，往往是「仁者見之謂之仁，知者見之謂之知」，對於其中不可解的矛盾，少有學者提出李贄學術中一以貫之的理路，直接將他視為「自相衝突的哲學家」〔註52〕，似乎就是最方便的解釋。然而，李贄「反道學」之所以必「反」，與「真道學」之所以為「真」，既是據儒者內聖外王的理想，尖銳地批判現實中喪失理想性的從政者，則其所呈現的所謂「反封建」思想，當然不能視為「反儒學」，而正當據此看出儒學與封建專制本質互異的真精神；然則李贄看似保守落伍、推尊君王的主張，除了草率地視為不足深究的「封建遺毒」外，是否亦當由此矛盾中，反思其學術（儒學）本身的疑難及其意義呢？筆者即有見於此，故針對李贄既強調「聖凡平等」，而又推尊君王的矛盾現象，探討其主張之內涵精神，筆者認為，此一問題的澄清，一方面凸顯了儒者內聖外王之道在現實的君主專制中的矛盾困境，但另一方面亦更可看出儒學超

〔註51〕龔鵬程對於晚明學者以明太祖作為聖王典型之心態有一分析，簡而言之，因孔子只是「素王」，其人文化成之理想，未能落實於政治實務，故儒者自始以來就處在一內在的分隔斷裂情境中，一直期待一君師合一之理想典型，故投射於明太祖以慰渴望（〈羅近溪與晚明王學的發展〉，《晚明思潮》，頁 35）。筆者之論李贄與龔氏此一觀察亦不相違，但龔氏所論者廣，亦非針對李贄，筆者可說是在前輩學者啟發下，對相關之問題作進一步思考，結論或亦未必皆同。

〔註52〕黃仁宇：《萬曆十五年》，第七章。

乎任何政治體制之上的本質與價值。

極端認真的李贄，對於儒者聖學落實於外王事功的實踐中，種種理想與現實的落差，確實有十分深刻的反省；相較於傳統儒者的「理障太多，名心太重」，李贄許多立足於關懷「下下人」的立場上的務實思考，確實尖銳地指出了許多道學家們看不到或不願面對的真相。倘若李贄對傳統道學的批判並無理據，亦不會獲得後世反傳統者的如斯共鳴；然而，李贄種種看似大戾傳統的主張，並非反道學，而確實是基於對儒者內聖外王之學的深刻體認而來，也因此獲得馬經綸等人之高度推崇，劉東星甚且以「聖人」、「活佛」目之〔註53〕。正是為求「修己以安人」的理想落實，故李贄一方面要道學家認清現實中種種複雜的現象，正視專制體制中「伴君如伴虎」的現實，體察要君主察納雅言的方法；但另一方面他則更要求道學家，務必保持其「理想」之純粹，唯有不以個人之名利富貴為念，其所言所行，才能真正站在為君、為國、為民的超然立場思考問題、解決問題，而不是製造問題。然而，這樣的體悟乃純粹由生命境界之超越而得，是真正大聖人，才能視富貴如浮雲、以萬物為一體，故劉東星等人皆願推尊李贄為聖人；但落實在現實中，莫說是專制政體中不容挑戰的君主威權，即使是在今日的民主社會中，已建立一套能將不適任的執政者換下來的客觀制度，難道就能保證選得出一個「以百姓心為心」的執政者嗎？

實則在生命學問的本質下，誠如道家所言：「上士聞道，勤而行之；中士聞道，若存若亡；下士聞道，大笑之，不笑不足以為道。」〔註54〕儒者所堅持的道德理想，本只是「人之所以異於禽獸者幾希」〔註55〕的那一點價值自覺，此一自覺人人反身而誠，固皆有之，但欲求現實中的從政者在權力野心下保此一點「幾希」的自覺，則戞戞乎其難哉。李贄以「上士」的標準期待道學家，但如果從政君子乃至君王本身根本就是「下士」呢？主張堯舜禪讓、反對「以暴易暴」的儒者，要如何「委曲承順」，才能不被笑為「迂遠而闊於事情」？然則不能「委曲承順」、不能放棄那「迂闊」理想的儒者，難道反該

〔註53〕沈德符：「溫陵李卓吾聰明蓋代，議論間有過奇，然快談雄辯，益人意智不少。秣陵焦弱侯，沁水劉晉川（即劉東星），皆推尊為聖人。」（《萬曆野獲編·四》，〈二大教主〉，頁1821）又沈鈇〈李卓吾傳〉載：「劉公東星……語人曰：『是活佛再現者。』」（《李贄研究資料匯編》，頁77）。

〔註54〕《老子》第41章。

〔註55〕《孟子·離婁下》第19章。

為不能阻止野心家為個人權力欲望無限擴充而造成的生靈塗炭負全責嗎？

　　若暫且脫離儒者性善的傳統思惟，看看生物學家的觀察，對上述問題的思考，或許可有另一番啟發。據 1973 年諾貝爾生理醫學獎得主勞倫茲（Konrad Lorenz，1903～1989）研究：擁有致命性武器的狼，在生物本能上發展出一個機制──兩匹狼無論歷經如何激烈的打鬥，只要一方擺出俯首貼耳認輸的姿態，則勝利者無論前一刻多麼兇暴，在此刻便再也無法進行攻擊，而必饒恕對方；相反地，在自然環境裡彼此爭鬥也不會奪命，被視為和平象徵的鴿子，若置於封閉的籠中發生互鬥，則無論失敗的一方如何奄奄一息，勝利者也不會有絲毫憐憫，一定將之凌虐至死為止。狼的生物機制當然是基於牠們本身擁有的致命性武器，為了保障族群生存必有的節制，但與鴿子同樣先天沒有致命性武器的人類呢？勞倫茲的觀察是：人類和鴿子一樣，沒有這一本能〔註56〕。然而，面對生物學家的科學論證，吾人與其服膺「性惡論」，不如重新認清孟子所謂的「人之所以異於禽獸者幾希」：就「禽獸」的標準來看，人本來只是大自然的一種動物，只是鴿子，但那「異於禽獸」的惻隱、羞惡的自覺，難道不正是使人類能夠超乎生物本能之上的價值所在？使本質是鴿子的人類卻能如狼一般，強者面對弱者，沒有一味殘虐，反而能節制自我權力並饒恕之、甚至博愛之？現實歷史的發展中，多少的強取豪奪、戰爭殺戮，都證明了人類在生物本能上確實只是「鴿子」的事實；但儒者則指出，那所有的成王敗寇，皆不足以論證價值，在人類文明的發展上，唯有惻隱、羞惡之道德自覺，使強者憐恤弱者、甚且能肯定每一生命皆具同等的價值，由此而人人得以互愛互助，進而創造「老有所終，壯有所用，幼有所長，矜寡孤獨廢疾者，皆有所養」〔註57〕的理想社會，這才是人類價值方向的永恆追求。這一道德理想主義的堅持，對照現實當然是迂闊沒錯，但這樣的迂闊，究竟是太保守落伍，或者正因它太先進、太超越？

　　在清末面對西方強勢文明的挑戰下，位居傳統思想主流的儒家，承擔所有長期封建專制「不進步」的罪名，成為專制政權的幫兇與保守落後的象徵，其「反革命」的思想性格，當然是重要的罪狀之一。但在二十一世紀的今天，當人類已歷經兩次世界大戰，邁向全球化、地球村，且共同面對科技文明過

〔註56〕勞倫茲著，游復熙等譯：《所羅門王的指環》（臺北：天下文化出版股份有限公司，1997 年），第十三章〈道德和武器〉。
〔註57〕《禮記‧禮運》。

度擴張所帶來的全球暖化、生態危機等問題時，西方文化是否便代表一切文明與進步的方向，或亦可重新再加反思；而吾國傳統文化的智慧，更當值得後人重新發掘。在掌權者眼中「迂遠而闊於事情」的儒學，在現實歷史與長期專制政體下的矛盾困境，即使是存在的事實，但其所揭示的道德理想主義，以及其「反革命」背後的和平反戰精神，在今日看來，實合乎人道主義者所嚮往與追求的永恆目標。但筆者對於儒學所有這一切的體悟，乃由李贄這一位自居「異端」的「真道學」所啟發而得，李贄自述其著書「於聖教有益無損」，豈不然乎？

參考文獻

一、古籍部分

（除李贄相關著作置前，及《十三經》、《二十五史》外，略依原書作者時代先後為次）

1. 李贄著，張建業主編：《李贄文集》全七冊，北京：社會科學文獻出版社，2000 年。

2. 第一卷《焚書》、《續焚書》，第二、三卷《藏書（上）（下）》，第四卷《續藏書》，第五卷《初潭集》、《四書評》，第六卷《史綱評要》，第七卷《老子解》、《因果錄》、《道古錄》、《莊子解》、《永慶答問》、《柞林紀譚》、《九正易因》、《闇然錄最》、《孫子參同》。

3. 李贄：《李溫陵集》，臺北：文史哲出版社，1971 年。

4. 李贄：《李卓吾先生遺書》，《四庫禁燬書叢刊補編》第 72 冊，北京出版社，2005 年。

5. 潘曾紘編：《李溫陵外紀》，臺北：偉文圖書公司，1977 年。

6. 潘曾紘輯：《李溫陵外紀》，《四庫禁燬書叢刊補編》第 25 冊，北京出版社，2005 年。

7. 《十三經注疏分段標點》，臺北：新文豐出版公司，2001 年。

8. 《二十五史》，臺北：新文豐出版公司，1975 年。

9. 王弼注：《老子·帛書老子》，臺北：學海出版社，1989 年。

10. 郭慶藩輯：《莊子集釋》，臺北，國家出版社，1982 年。

11. 司馬遷：《史記》，瀧川龜太郎：《史記會註考證》，臺北：洪氏出版社，1986 年。

12. 楊倫輯：《杜詩鏡銓》，臺北：華正書局，1989 年。

13. 蘇軾：《東坡易傳》，《景印文淵閣四庫全書》，臺北：臺灣商務印書館，1983 年。

14. 朱熹：《周易本義》，臺南：龘巨書局，1984 年。

15. 朱熹：《四書集註》，臺北：學海出版社，1988 年。

16. 王陽明著，吳光等編校：《王陽明全集》，上海古籍出版社，2011 年。

17. 王陽明著，陳榮捷輯：《王陽明傳習錄詳註集評》，臺北：學生書局，1983 年。

18. 來知德：《周易集註》，《景印文淵閣四庫全書》，臺北：臺灣商務印書館，1983 年。

19. 沈德符：《萬曆野獲編》，臺北：偉文圖書公司，1976 年。

20. 朱國禎：《湧幢小品》，臺北：新興書局，1960 年。

21. 劉宗周：《劉子全書》，臺北：華文書局，清道光刊本影印，1968 年。

22. 黃宗羲：《宋元學案》，臺北：廣文書局，何紹基等校勘本，1971 年。

23. 黃宗羲：《明夷待訪錄》，《黃宗羲全集》第一冊，臺北：里仁書局，1987 年。

24. 黃宗羲：《明儒學案》，《黃宗羲全集》第七、八冊，臺北：里仁書局，1987 年。

25. 王夫之：《周易內傳》，濟南：山東友誼書社，1992 年。

26. 永瑢等：《欽定四庫全書總目》，《景印文淵閣四庫全書》，臺北：臺灣商務印書館，1983 年。

二、近人論著（以下依著譯者姓氏筆畫順序為次）

1. 王均江：《衝突與和諧：李贄思想研究》，武漢：華中科技大學出版社，2007 年。

2. 左東嶺：《李贄與晚明文學思想》，天津：天津人民出版社，1997 年。

3. 左東嶺：《王學與中晚明士人心態》，北京：人民文學出版社，2000 年。

4. 牟宗三：《中國哲學的特質》，臺北：學生書局，1963 年。

5. 朱謙之：《李贄：十六世紀中國反封建思想的先驅者》，武漢：湖北人民出版社，1955 年。

6. 朱伯崑：《易學哲學史》，北京：昆侖出版社，2005 年。

7. 池勝昌：〈試論李贄「不以孔子之是非為是非」的觀念史意義〉，《師大歷史學報》第 19 期，1991 年。

8. 吳虞：〈明李卓吾別傳〉，項維新、劉福增主編：《中國哲學思想論集·宋明篇》，臺北：牧童出版社，1977 年。

9. 李焯然：《明史散論》，臺北：允晨文化實業股份有限公司，1987 年。

10. 狄百瑞（William. Theodore de Bary）著，李弘祺譯：《中國的自由傳統》，臺北：聯經出版事業公司，1983 年。

11. 余英時：《人文與理性的中國》，臺北：聯經出版事業公司，2008 年。

12. 林其賢：《李卓吾事蹟繫年》，臺北：文津出版社，1988 年。

13. 林其賢：《李卓吾的佛學與世學》，臺北：文津出版社，1992 年。

14. 林海權：《李贄年譜考略》，福州：福建人民出版社，1992 年。

15. 林慶彰主編：《經學研究論著目錄》三冊，臺北：漢學研究中心，1989、1995、2002 年。

16. 周昌龍：〈明清時期中國近代新自由傳統的建立：以李卓吾為中心的研究〉，收入香港中文大學中國文化研究所編：《自由主義與中國近代傳統》，香港：中文大學出版社，2002 年。

17. 屈小強：《自然與自我：從老莊到李贄》，濟南：濟南出版社，2007 年。

18. 洪錦淳：〈陽明啟蒙教育的內涵與義蘊〉，《國立臺中護理專科學校學報》第 5 期，2006 年。

19. 侯外盧主編：《中國思想通史》，北京：人民出版社，1960 年。

20. 島田虔次著，甘萬萍譯：《中國近代思惟的挫折》，南京：江蘇人民出版社，2005 年。

21. 徐復觀：《中國人性論史·先秦篇》，臺北：臺灣商務印書館，1987 年。

22. 徐志銳：《周易大傳新注》，臺北：里仁書局，1995 年。

23. 唐君毅：《中國哲學原論·原教篇》，臺北：學生書局，1984 年。

24. 張君勱：《新儒家思想史》，臺北：弘文館，1986 年。

25. 張佛泉：《自由與人權》，臺北：商務印書館，1993 年。

26. 張建業:〈李贄與《九正易因》〉,《北京師院學報》1988,收入中國人民大學書報資料中心《複印報刊資料》。

27. 張建業:《李贄評傳》,福州:福建人民出版社,1981 年。

28. 張建業:《李贄論》,北京:社會科學文獻出版社,2010 年。

29. 張建業主編:《李贄全集注》第二十六冊,北京:社會科學文獻出版社,2010 年。

30. 張舜徽:《四庫提要敘講疏》,臺北:學生書局,2002 年。

31. 張學智:《明代哲學史》,北京:北京大學出版社,2000 年。

32. 張文政:〈從易經蒙卦看大易哲學的教育思想〉,《中華易學》第 213 期,1997 年。

33. 秦學智:《李贄大學明德精神論》,北京:中國傳媒大學出版社,2007 年。

34. 袁光儀:〈道德或反道德?──李贄及其「童心說」的再詮釋〉,《臺北大學中文學報》第 2 期,2007 年。

35. 袁光儀:〈「為下下人說法」的儒學──李贄對陽明心學之繼承、擴展及其疑難〉,《臺北大學中文學報》第 3 期,2007 年。

36. 袁光儀:《李卓吾新論》,臺北:國立臺北大學出版社,2008 年。

37. 莊耀郎先生:〈新儒家對傳統儒家所謂「異端」態度的考察〉,《中國學術年刊》第 21 期,1990 年。

38. 許蘇民:《李贄的真與奇》,南京:南京出版社,1998 年。

39. 許蘇民:《李贄評傳》,南京:南京大學出版社,2006 年。

40. 許建平:《李卓吾傳》,北京:東方出版社,2004 年。

41. 許建平:《李贄思想演變史》,北京:人民出版社,2005 年。

42. 郭齊家:《中國教育思想史》,臺北:五南圖書出版股份有限公司,1980 年。

43. 黃仁宇:《萬曆十五年》,臺北:食貨出版社,1980 年。

44. 黃沛榮:〈近十餘年來海峽兩岸易學研究的比較〉,《漢學研究》第 14 期,1989 年。

45. 黃尚信:《周易著述考》,臺北:國立編譯館,2002 年。

46. 黃志傑:〈「易經‧蒙卦」本義試探〉,《孔孟月刊》第 486 期,2003 年。

47. 陳雅賢:〈由易經蒙卦論中國古代教育思想〉,《孔孟月刊》第 413 期,

1997 年。

48. 勞思光：《新編中國哲學史》，臺北：三民書局，1981 年。

49. 勞倫茲（Konrad Lorenz）著，游復熙等譯：《所羅門王的指環》，臺北：天下文化出版股份有限公司，1997 年。

50. 曾春海：〈「易」教的人文精神及時代意義〉，《哲學與文化》第 272 期，1997 年。

51. 費振鐘：《墮落時代‧明代文人的集體墮落》，臺北：立緒文化事業有限公司，2002 年。

52. 傅小凡：《李贄哲學思想研究》，福州：福建人民出版社，2007 年。

53. 傅秋濤：《李卓吾傳》，長沙：湖南人民出版社，2007 年。

54. 溝口雄三著，林右崇譯：《中國前近代思想的演變》，臺北：國立編譯館，1994 年。

55. 溝口雄三：《李卓吾：正統を步む異端》，東京都：集英社，1985 年。

56. 溫愛玲：〈從雙溪經典觀看李卓吾之「童心說」——析論「童心說」對於王學之繼承與發展〉，《東方人文學誌》第 2 卷第 4 期，2003 年。

57. 趙顯圭：《朱熹人文教育思想研究》，臺北：文津出版社，1998 年。

58. 劉瀚平：〈周易教育思想探微——從蒙卦看啟蒙教育〉，《嘉義師院學報》第 8 期，1994 年。

59. 劉季倫：《李卓吾》，臺北：東大圖書公司，1999 年。

60. 劉錦賢：〈易道之「懼以終始」論述〉，《興大人文學報》第 34 期（上），2004 年。

61. 蔡方鹿：《宋明理學心性論》，成都：巴蜀書社，2009 年。

62. 賴貴三：《易學思想與時代易學論文集》，臺北：文津出版社，2007 年。

63. 蕭萐父等主編：《中國哲學史》，北京：人民出版社，1983 年。

64. 蕭義玲：〈李贄「童心說」的再詮釋及其在美學史上的意義〉，《東華人文學報》第 2 期，2000 年。

65. 薩孟武譯，Frans Oppenheimer 著：《國家論》，臺北：東大圖書公司，1977 年。

66. 龔鵬程：《晚明思潮》，臺北：里仁書局，1994 年。

67. 龔鵬程：《國學入門》，臺北：學生書局，2007 年。

附錄一 從李贄對蘇軾學術之評價考察其思想之建樹——以《九正易因》對《東坡易傳》之徵引討論為核心

（原刊於《成大中文學報》第 43 期，2013 年 12 月）

一、前言

李贄（號卓吾，1527～1602）與蘇軾（字子瞻，1037～1101），一在晚明，一在北宋，相隔數百年，看似無甚關聯，然而，蘇軾可謂北宋之文壇盟主，也是晚明文人極為推崇的典範人物，而李贄不但是其中的推崇者之一，更可稱為當中引領「蘇學」風潮的重要代表。李贄對蘇軾推崇備至，嘗評之曰：

> 古今風流，宋有子瞻，唐有太白，晉有東山，本無幾也。必如三子，始可稱人龍，始可稱國士，始可稱萬夫之雄。用之則為虎，措國家於磐石；不用則為祥麟，為威鳳，天下後世，但有悲傷感嘆，悔不與之同時者也。〔註1〕

文中以蘇軾與晉之謝安（320～385）、唐之李白（701～762）並列而盛讚之，視為不世出之大才上士，古今罕有其匹，可見其評價之高。

此外，李贄亦選編蘇軾文章為《坡仙集》〔註2〕，且曾自述曰：

〔註 1〕明・李贄：〈蘇軾〉，《藏書》，收入張建業主編：《李贄全集注》第 7 冊（北京：社會科學文獻出版社，2010 年），卷 39，頁 312。

〔註 2〕現存有明萬曆庚子（二十八年）繼志齋刊本。收入《宋集珍本叢刊》第 19～20 冊（北京：線裝書局，2004 年）。

《坡仙集》雖若太多，然不如是無以見此公生平。心實愛此公，是
以開卷便如與之面敍也。〔註3〕

「心實愛此公」，「開卷便如與之面敍」，可見李贄之於蘇軾，不僅是客觀理性
的讚譽，更有主觀情感之相契。

　　如此大力推崇蘇軾的李贄，實乃堪稱為晚明彰揚蘇軾學術之第一人，如
錢謙益（1582～1664）所言：

萬曆之季，海內皆詆訿王、李，以樂天、子瞻為宗，其說倡于公
安袁氏，而袁氏中郎、小修皆李卓吾之徒，其指實自卓吾發之。
〔註4〕

文中即概括當時文壇「以樂天（白居易）、子瞻為宗」的現象，乃倡於公安三
袁，而其思想宗旨則實由李贄所啟發。

　　如袁中道（1570～1623）更直謂李贄為「今之子瞻」，其言曰：

卓吾李先生，今之子瞻也。才與趣不及子瞻，而識力、膽力不啻過
之，其性無忮害處，大約與子瞻等也，而得禍亦依稀相似。〔註5〕

其實客觀看待這段評論，所謂「性無忮害處，大約與子瞻等也，而得禍亦依
稀相似」，即使確實「形似」，亦未必真具有值得比較的學術意義；而所謂「才
與趣不及子瞻，而識力、膽力不啻過之」，更顯見二人之才性與學術之表現方
向並不一致，如何能將兩個不同領域的佼佼者放在一起比較呢？因此，將李
贄與一代文豪蘇軾作一比附，除了代表袁中道對李贄其人其學之推崇與褒揚
外，實顯示出李贄是袁中道等晚明文人心目中的領袖人物，已可與蘇軾在北
宋主盟文壇的地位相提並論。

　　李贄在晚明文人中的地位，學界已有諸多探討，如張學智便曾歸納李贄
在晚明褒貶兩極的評價曰：「贊揚他的主要是一些文學上、美學上的激進派，
抨擊他的多是王學的反對者。」〔註6〕便可見李贄一方面被正統道學家嫉之如
仇，另一方面卻堪稱為晚明文人之代言人。而如黃明理則指出，晚明文人普

〔註3〕〈與焦弱侯〉，《續焚書》，《李贄全集注》第3冊，卷1，頁107。
〔註4〕明‧錢謙益：〈陶仲璞遯園集序〉，《牧齋初學集》，卷31，收入《李贄全集注》
　　　第26冊，頁228。
〔註5〕明‧袁中道：〈跋李氏遺書〉，《李溫陵外紀》，卷2，收入《李贄全集注》第26
　　　冊，頁155。按，《李贄全集注》收羅資料甚富，故本書引用有關李贄著作及
　　　參考資料皆據之。然而本句在《李贄全集注》乃據《珂雪齋集》作「龍湖李
　　　先生，今之子瞻也」，本文則仍據《李溫陵外紀》作「卓吾」。
〔註6〕張學智：《明代哲學史》（北京：北京大學出版社，2000年），頁317。

遍感受與道學對立的情緒，其源則應上溯至北宋的洛蜀黨爭，即蘇軾所代表的文人集團，與程頤（1033～1107）所代表的道學家兩派之對立〔註7〕。若從此一「文人」與「道學」對立的角度，再看李贄在晚明文壇的地位與影響力，便不難看出他與北宋洛蜀黨爭中與洛學對立的蘇軾，確實有其相似性與可比較性。

　　關於洛、蜀二黨（道學、文人）自北宋至晚明數百年間勢力消長之概況，董其昌（1555～1636）曾有一觀察與論斷，值得吾人關注與思考，其言曰：

> 蓋自宋元祐中程蘇為洛蜀之爭，後百餘年，考亭出而程學勝。又三百年，姚江王伯安出而蘇學復勝。姚江非嘗主蘇學也，海內學者非盡讀蘇學之書、為蘇氏之文也。不主蘇學而解粘去縛，合於蘇氏之學；不讀蘇氏書，而所嗜莊賈釋禪，即子瞻所讀之書；不作蘇氏文，而虛恢諧謔、瀾翻變幻，蒙童小子，齒頰筆端，往往得之。〔註8〕

文中除了以晚明學者種種與蘇學精神相似的具體表現，論斷「蘇學復勝」乃其時之學術風尚外，更指出這一風尚與陽明心學的興起實有密切相關。北宋洛蜀之爭，在「考亭（即朱子，1130～1200）出而程學盛」之後，文人長期以來亦感受到被壓抑的情緒，而陽明心學對程朱理學的挑戰，無形中的「解粘去縛」，則使晚明文人得到思想解放，而能與道學分庭抗禮。李贄做為王學左派中特出的一分子〔註9〕，也是晚明時期極具代表性的「暢銷作家」〔註10〕，

〔註7〕黃明理：《「晚明文人」型態之研究》（新北市：花木蘭文化事業有限公司，2011年），第三章。

〔註8〕明·董其昌：〈鳳凰山房稿序〉，《容臺集》，收入《四庫全書存目叢書》集部第171冊（臺北：莊嚴文化事業有限公司，1997年），卷2，頁287。

〔註9〕雖然《明儒學案》將李贄排除於儒門之外，故早期學者如嵇文甫僅將王龍溪及泰州諸人，歸為王學左派，至於李贄，只保守表示「雖然不能直接列入王學左派，但和王學左派關係密切，其思想行動最能把左派王學的精神充分表現出來。」（嵇文甫：《左派王學》，臺北：國文天地雜誌社，1980年，頁55）但晚近學者則多能正視其乃王學左派中最特出者。如王煜言：「今日看來，泰州派最具創發性的作家是李贄。」（王煜：〈李卓吾雜採儒道法佛四家思想〉，《明清思想家論集》，臺北：聯經出版事業公司，1973年，頁28～29）。

〔註10〕清·黃節：〈李氏焚書跋〉：「陳明卿云：『卓吾書盛行，咳唾間非卓吾不歡，几案間非卓吾不適。』當時風尚如此。」（《李贄全集注》第2冊，頁341）陳萬益亦指出，李卓吾與陳眉公之小品，乃當時統領時代之兩種典型（見氏著〈論李卓吾與陳眉公〉，《晚明小品與明季文人生活》，臺北：大安出版社，1997年，頁87）。

而董其昌個人的學術,四庫館臣即評其「禪悅大旨,乃以李贄為宗」〔註11〕,因此董其昌眼中所謂的「姚江王伯安出而蘇學復盛」的局面,李贄想當然耳正是其中引領潮流、推波助瀾的代表人物。此亦可以沈德符(1578～1642)之說作一印證,其引述董其昌(號思白)言曰:

> 董思白太史嘗云:程蘇之學角立於元祐,而蘇不能勝。至我明姚江出,以良知之學變動宇內,士人靡然從之。其說非出於蘇,而血脈則蘇也。程朱之學幾於不振。……姚江身後,其高足王龍谿輩傳羅近溪……最後李卓吾出,又獨創特解,一掃而空之。〔註12〕

由上可見,在眾多晚明士人眼中,李贄之「獨創特解」,確實在「姚江王伯安出而蘇學復勝」的風潮中,有著關鍵性的影響力。

若從此一角度,重新審視李贄令晚明文人推崇備至的原因,則隱隱然可見李贄長期被視為「反道學」之異端,究其實可視之為是承繼了蘇軾蜀學與洛學對立的精神。然而,被「王學的反對者」所抨擊、乃至被世人視之為「反道學」的李贄學術,卻是承繼陽明心學的進一步發展,而陸王心學儘管與程朱理學相頡頏,但若放在「洛蜀黨爭」的脈絡中,無疑仍較近於「洛學」而遠於「蜀學」。如黃明理概括洛蜀二黨之學術歧異,即以「性命之學」與「文學藝術」二分〔註13〕,而祝世祿(1540～1611)序《藏書》則謂李贄曰:「先生自托無為人也,唯知性命之學而已。」〔註14〕且李贄更曾對摯友焦竑(1541～1620)明言:「夫文學縱得列於詞苑,猶全然於性分了不相干,況文學終難到手乎?」〔註15〕由此對比,即顯見其學術之歸趨並不在文學,更顯見李贄仍屬道學一脈。然則,李贄推崇蘇軾,又豈在彰揚「蜀學」、貶抑「洛學」?其對蘇軾、乃至對洛蜀二學真正的評價與態度,實應再作深入地探究與釐清。

即如董其昌已言,「姚江非嘗主蘇學也」,故若謂「其說非出於蘇,而血脈則蘇也」,便有值得商榷的餘地了。王學與蘇學之「血脈」實不相同,其相

〔註11〕 清·永瑢等:《欽定四庫全書總目》,《景印文淵閣四庫全書》(臺北:臺灣商務印書館,1983年)第3冊,頁3～650,子部卷122,子部32,雜家類6,《畫禪室隨筆四卷》條。

〔註12〕 明·沈德符:〈紫柏評晦庵〉,《萬曆野獲編》,卷27,收入《李贄全集注》第26冊,頁225。

〔註13〕 黃明理:《「晚明文人」型態之研究》,頁42。

〔註14〕 明·祝世祿:〈藏書序〉,《藏書》卷首,收入《李贄全集注》第26冊,頁81。

〔註15〕 〈與弱侯焦太史〉,《續焚書》,卷1,《李贄全集注》第3冊,頁69。

同之精神所在，僅在於二者皆與程朱爭持對「真道學」的詮釋權，或曰，皆反對將「道學」定於程朱之一尊而已。因此，李贄推尊蘇軾、乃至為晚明文人所推尊，固是無可否認的事實，然其所承者，並非蘇軾之蜀學，而為王學之「血脈」，仍以「性命之學」為依歸。數百年來，世人多以李贄為一「反道學」之文人，晚近研究雖已能重新定位李贄乃陽明心學之一脈，但其處道學、文人間，世人皆見其彰揚蜀學、批評洛學之鮮明形象，而其學術真貌卻又是「唯知性命之學」，其中看似矛盾之處，實有值得深思探討的內涵。然此一論題至今似乎尚未受到學界關注，故本文擬作一拋磚引玉而嘗試論之。

二、從李贄對蘇軾之評價看洛蜀二黨之對立與調和

　　李贄對蘇軾自有高度肯定，亦是真心愛重，前文已有引述證明，而在洛蜀黨爭的對立下，朱子對蘇軾之批評往往不遺餘力，若就李贄如此愛重蘇軾，相反地自幼即與朱子格格不入，「讀傳注不省，不能契朱夫子深心」〔註16〕的情況來看，李贄似乎應當申蘇軾而貶朱子，但仔細考察李贄對朱子批評蘇軾、乃至對洛蜀相爭的態度，則可看出他對雙方立場皆有平情的理解，並不特別站在蘇軾一方，相反地，他亦不認可蘇軾「好笑道學」之言行。以下即申述之：

（一）文公非不知坡公也：為朱子進一解

　　對於朱子之批判蘇軾，李贄一方面申明蘇軾精光不滅之人格風範不容否定，另一方面，他對於朱子力詆蘇軾之言行，實亦有平情的理解，即使有人疑朱子之持論太過，他亦僅淡淡表示：「此俱不妨，但要說得是耳。」而曰：

> 文公非不知坡公也。坡公好笑道學，文公恨之，直欲為洛黨出氣耳，豈真無人心哉！

> 此俱不妨，但要說得是耳。一蘇文忠尚不知，而何以議天下之士乎？文忠困厄一生，盡心盡力幹辦國家事一生。據其生平，了無不幹之事，亦了不見其有幹事之名，但見有嬉笑遊戲，翰墨滿人間耳。而文公不識，則文公亦不必論人矣。〔註17〕

「文公非不知坡公也」，李贄相信朱子「非不知」，實是「知」也。至於「坡公好笑道學，文公恨之」，此一主觀情感的喜惡恩怨，老實說也不是單方面的問

───────────────

〔註16〕〈卓吾論略〉，《焚書》，卷3，《李贄全集注》第1冊，頁233。
〔註17〕以上〈文公著書〉，《焚書》，卷5，《李贄全集注》第2冊，頁222。

題，洛、蜀雙方皆不免於情緒與意氣，應兩分其罪〔註18〕，朱子「直欲為洛黨出氣」的心態，李贄亦能理解，也未苛責；但無論如何，蘇軾之品格風範與學術文藝，自是流芳千古的典範人物，即使敵黨也當肯定並認知蘇軾的不朽地位，故曰：「文公不識，則文公亦不必論人矣」，此語乃以反詰的方式，一方面高度推崇蘇軾，一方面則乃言文公之「必識」，不可誤以為其真貶抑朱子「一蘇文忠尚不知，而何以議天下之士乎？」因其前一段早已申明「文公非不知坡公」了。

實則朱子「為洛黨出氣」的情況確然有之，但其理智上的就事論事，對蘇軾之學術實亦多有肯定之處，證諸後世學者的研究，大抵皆能印證李贄的看法，如《四庫全書總目》中，欲申明蘇軾經學（《東坡易傳》、《書傳》）之學術價值，皆特別引述朱子之說，曰：

> 朱子作《雜學辨》，以軾是書為首，然朱子所駁，不過一十九條，其中辨文義者四條。又一條謂「蘇說無病，然有未盡其說者」，則朱子所不取者僅十四條，未足以為是書病。況《朱子語類》又嘗謂其「於物理上亦有看得著處」，則亦未嘗竟廢之矣。〔註19〕

> 《朱子語錄》亦稱，其解〈呂刑〉篇，以「王享國百年耄」作一句，「荒度作刑」作一句，甚合於理。後〈與蔡沈帖〉雖有「蘇氏失之簡」之語，然《語錄》又稱：「或問諸家《書》解誰最好，莫是東坡？曰：然。又問但若失之太簡？曰：亦有只須如此解者。」則又未嘗以簡為病。洛、閩諸儒以程子之故，與蘇氏如水火，惟於此書有取焉，則其書可知矣。〔註20〕

〔註18〕 雖然洛蜀必爭之因，實在於彼此之學術思想與價值歧異，難以彌縫，但雙方之言行實皆不免於失當，如黃明理《「晚明文人」型態之研究》討論洛蜀相爭之由，引述歷來學者對其事之評議，即指出東坡失於狂蕩，且「東坡玩侮戲謔伊川，似乎即是兩黨交攻之基本原因。」（頁 41）此外，涂美雲則指出：「無論程、蘇之間孰是孰非，然而藉此口語參商之細故，隨即由洛黨引發政治紛爭，而至攻訐競起、同罹黨禍的地步，卻不得不歸咎於洛黨之所為。」（涂美雲：《朱熹論三蘇之學》，臺北：秀威資訊科技股份有限公司，2005 年，頁 193）則可說是東坡起釁於前，而洛黨挾怨報復、擴大爭端於後，皆不免於有過。

〔註19〕 永瑢等：《欽定四庫全書總目》，《景印文淵閣四庫全書》第 1 冊，頁 1～65、66，經部卷 2，經部 2，易類 2，《東坡易傳九卷》條。

〔註20〕 永瑢等：《欽定四庫全書總目》，《景印文淵閣四庫全書》第 1 冊，頁 1～255，經部卷 11，經部 11，書類 1，《東坡書傳十三卷》條。

由四庫館臣之考辨，一方面可知蘇軾經學之價值，亦可見朱子論學理性平和
的態度。當代學者論蘇軾之經學，對朱子評議蘇學之說亦頗有關注與研究，
如謝桃坊即指出朱子在衛道立場對蘇軾固有嚴厲批評，但「作為文人和學者
私下又對蘇軾的文學作品表示欣賞，對其人格表示欽佩。」〔註21〕便可見朱
子對於蘇軾，即使站在道學一派的立場上有所批駁，但對於蘇軾學術之長與
人格風範，亦能客觀地給予肯定。故李贄「文公非不知坡公也」之評論雖稱
簡略，卻實立足於其對洛蜀二黨之立場皆有平情近理的了解上，方能不「以
辭害意」，不以朱子「為洛黨出氣」的批判而疑其為「不知坡公」，而由李贄之
評論，吾人當亦能肯定：卓老非但能知坡公，亦同樣能知文公也！

（二）最恨戒禪師復來作蘇子瞻：正視蘇軾之口過

其實李贄對於蘇軾，雖說是「心實愛此公」，但對於「坡公好笑道學」一
事，李贄並不認可，此可由其〈與周友山〉一文的感慨作一旁證。世傳蘇軾乃
南禪雲門宗第三代五祖山戒禪師之轉世〔註22〕，李贄對此一說卻表示極度地
憾恨，曰：

> 最恨戒禪師復來作蘇子瞻。戒禪師，雲門嫡孫也，載之《傳燈》
> 為雙泉寬第一子，寬受雲門大師印可，方再傳便稱舛錯，復受後
> 有，則《傳燈》諸有名籍者豈能一一出世了生死乎？既不能了，
> 則學道何益，僕實為此懼。且戒禪師縱不濟事，定勝子瞻幾倍，
> 一來蘇家投胎，便不復記憶前身前事，賴參寂諸禪激發，始能說
> 得幾句義理禪耳，其不及戒禪師，不言又可知也。況於文字上添
> 了許多口業，平生愛國憂民上又添了許多善業，臨到常州回首時，
> 不但這幾句義理禪作障業，我知平生許多善業口業一一現前，必
> 定被此二業牽去，又不知作何狀矣：愈來愈迷，求復為東坡身，
> 我知其不可得也。蓋學道之人，本以了生死為學，學而不了，是
> 自誑也。〔註23〕

李贄深感生世之苦，學道乃以「了生死」為目標，由此來看戒禪師學道一生，

〔註21〕謝桃坊：〈關於蘇學之辯——回顧朱熹對蘇軾的批評〉，《孔孟月刊》36：2
　　　　（1997.10），頁31。其他如林麗真、涂美雲、粟品孝等學者對朱子評議蘇軾
　　　　之說亦有研究析論，無法一一引述，附列於引用書目中。
〔註22〕事見明‧朱時恩：《居士分燈錄》，收入《中國燈錄全書》第6冊（北京：中
　　　　國書店，2008年），卷下，頁451。
〔註23〕〈與周友山〉，《續焚書》，卷1，《李贄全集注》第3冊，頁101。

卻不能出離生死，反而再度投胎，無異是一種退轉與墮落。此處涉及的輪迴之說及李贄背後之價值判準是非如何，無法詳論〔註24〕，值得注意的是他對蘇軾一生的概括：所謂「於文字上添了許多口業，平生愛國憂民上又添了許多善業」，「愛國憂民上」之「許多善業」，自是李贄高度肯定蘇軾為人龍、為國士的原因，但前文亦曾引李贄描述蘇軾「嬉笑遊戲，翰墨滿人間」的風姿，分明一派欣賞的口吻，此處卻說他「文字上添了許多口業」，其「口業」所指，當即包括了蘇軾「好笑道學」的種種言行。而又評曰：「其不及戒禪師，不言又可知也」，「愈來愈迷，求復為東坡身，我知其不可得也」，更可見在究心「性命之學」的李贄眼中，蘇軾生命學術的境界是有限的，是不究竟的，更不是他所欲追求的。

由此，吾人當能注意到，儘管李贄備受晚明文人推崇，且其本於「童心：真心」為最高價值的學術〔註25〕，得以肯定所有出於童心之「真」的文學創作，亦衷心肯定蘇軾之人格卓立與文學天才，但李贄學術之價值歸趨並不在於文學，此可由其與焦竑的信中得一明證，其言曰：

> 兄以蓋世聰明，而一生全力盡向詩文草聖場中，又不幸而得力，所嗜好者真堪與前人為敵，故於生死念頭不過一分兩分，微而又微也……此時不在念，他日功名到手……恐益不暇為此矣……夫文學縱得列於詞苑，猶全然於性分了不相干，況文學終難到手乎？……功名富貴等，平生盡能道是身外物，到此乃反為主而性命反為賓矣。
> 〔註26〕

焦竑的「蓋世聰明」，甚且亦令李贄讚之曰：「焦弱侯，今之長公（即蘇軾）也」〔註27〕，但「文學縱得列於詞苑，猶全然於性分了不相干」，因此，焦竑這樣的「聰明」、在詩文創作上的高度天才，固然能使他在一般人「終難到手」的「文學」上獨能「得力」，「堪與前人為敵」，但在通往「了生死」、「明性分」的學術上，卻可能反成障礙，故其「得力」亦堪稱一種「不幸」，所謂「最恨

〔註24〕《居士分燈錄》於蘇軾事蹟後亦附錄蓮池本師贊曰：「愚聞之古德云，士大夫英敏過人者，多自僧中來，然嘗疑之，迷而不返者什九，不負宿因者什一，其故何也？五濁世多諸退緣，賢者所難免也。」（頁452）則可見李贄以蘇軾不及戒禪師，非僅一己之見，亦佛教界之公論也。

〔註25〕筆者曾有兩篇論文中明李贄「童心說」之真諦，無法在此詳述，附列於參考文獻中，請參考。

〔註26〕〈與弱侯焦太史〉，《續焚書》，卷1，《李贄全集注》第3冊，頁69。

〔註27〕〈書蘇文忠公外紀後〉，《續焚書》，卷2，《李贄全集注》第3冊，頁199。

戒禪師復來作蘇子瞻」，亦正是基於相同的感慨。李贄對焦竑言之諄諄，正彰明其學術宗旨乃以「性命之學」為主，是「欲真實講道學以求儒、道、釋出世之旨，免富貴之苦」〔註28〕者，若循文學一途，卻只能在功名富貴場中成就其「善業」或「口業」，顯然是無法達其目標的。

（三）仁者以天地萬物為一體：超越道學與文學之界限

綜上所述，可知李贄作為陽明心學一脈，其學術性格仍是廣義的道學（洛學）。然而李贄與正統道學家最大的不同，乃在於他開放多元的價值觀，既平視三教，亦涵容洛、蜀。在李贄眼中，「儒、道、釋之學，一也，以其初皆期於聞道也」〔註29〕，唯有相互取資、相互尊重，方可體現《中庸》所謂「萬物並育而不相害，道並行而不相悖」〔註30〕之真諦，故其反對程朱道學嚴斥佛老的態度〔註31〕；同樣的，道學與文學儘管不同道，但本於「並育」、「並行」之精神，要出於各人生命本質之「真」，亦唯有彼此尊重，同等肯定而已。

如其〈與管登之書〉一文所言曰：

> 空同先生與陽明先生同世同生，一為道德，一為文章，千萬世後，
> 兩先生精光具在，何必更兼談道德耶？〔註32〕

空同先生即前七子之首李夢陽（1472～1529），與王陽明（1472～1529）之生卒年正巧相同。雖然從後世來看，王陽明之精光燦然，遠勝於李，但李贄此說旨在申明道德、文章二者並列同高，無分軒輊的態度，而這一態度，在看待洛、蜀兩黨的分歧上也同樣適用，程頤與蘇軾，豈不亦「同世同生，一為道德，一為文章，千萬世後，兩先生精光具在」嗎？儘管就李贄（乃至所有道學家）而言，性命之學方為究竟，然從文人的立場來看，文學確實極難到手，故對於古今文豪，如何能不肯定其精光具在、價值卓然？道學與文人二者若相互否定，則徒見其褊狹無量，不如彼此相互肯定，方可具體展現「萬物並育而不相害，道並行而不相悖」的涵養與胸襟。道學家既申言「仁者與天地萬

〔註28〕〈三教歸儒說〉，《續焚書》，卷2，《李贄全集注》第3冊，頁224。
〔註29〕〈三教歸儒說〉，頁223。
〔註30〕《中庸》第30章，宋·朱熹：《四書集註》（臺北：學海出版社，1988年），頁37。
〔註31〕李贄對三教同等尊重的態度，無法詳述，參見筆者《李卓吾新論》（臺北：臺北大學出版社，2008年）第五章第一節。
〔註32〕《焚書》，卷2，《李贄全集注》第1冊，頁232。

物為一體」〔註33〕，若不能身體力行展現此一胸懷氣量，則不啻為言行相違之假道學矣。然而，文章與道德既獨立並存，則「文學縱得列於詞苑，猶全然於性分了不相干」，其價值亦無法以彼代此，亦是明顯的事實。真正欲究心於性命之際，則固當知「文章直彼餘事耳」〔註34〕，若生耽溺，畢竟違道日遠。因此，真正「志在聞道」的李贄，又如何不捨文章而就性命之學呢？

綜上所述，吾人當可重新認清李贄對於蘇軾的真正態度。筆者以為，李贄推崇蘇軾背後的精神，並不是蜀學，更不是「反道學」，而當視之為陽明心學在「洛學」、「蜀學」的對立間所扮演的角色：是「道學」（洛學）對「文學」（蜀學）的正視與和解，是擁有「萬物一體」的胸襟，而不偏執一端的道學家，對文學家的尊重與接納。此一正視與和解、尊重與接納，固然為文人所樂見，卻仍不能為當時之正統道學家所認可，李贄由此抨擊保守道學家之褊狹與專斷，其所謂「反道學」，正在於反思什麼才是「真道學」？——究竟是擯斥蜀學得為真道學，或是涵融洛、蜀方為「真道學」？若道學家連蘇軾這樣才德俱足的文學天才都無法包容，又豈能奢言「仁者以天地萬物為一體」？然而，他要求道學家落實「萬物一體」，是對道學家之「愛深責切」，而絕不是站在文學家的角度，貶抑道學本身的價值。實則對於洛蜀黨爭之是非，李贄皆有同情的理解，亦不偏袒任何一方，對於蘇軾，他確是「心實愛此公」，但卻不等於他贊同蘇軾對洛學的態度。李贄之學術，正在一「萬物一體」之精神，強調彼此尊重，以泯除二者之爭，故道學家之貶抑文學，乃為李贄所反對，然蘇軾玩侮道學之態度，亦違反此一相互尊重的精神，李贄又豈能認同？

李贄之學術，乃以「真」為唯一最高價值，而對世間萬殊皆以開放多元的態度一體平視之，真以天地萬物為一體，故其對蘇軾的評價，正亦印證其

〔註33〕「仁者以天地萬物為一體」本程顥（1032～1085）語（黃宗羲，《宋元學案‧明道學案上》，臺北：廣文書局，1971年，卷13，頁274），筆者以為此語正足以概括李贄儒學之精神，詳見拙著〈仁者以天地萬物為一體——李贄儒學闡微〉，《成大宗教與文化學報》15（2010.12）。而如吳震之研究亦已觀察到，「萬物一體」實已成為王門諸子講學之重要理念（《明代知識界講學活動繫年（1522～1602）》，上海：學林出版社，頁28），故李贄亦以此高標準責求道學家言行如一。而李贄自身求「了生死」而自謂「真道學」，亦非「陽儒陰釋」，而旨在彰明：真以「天地萬物為一體」的真道學，當必有涵容三教的胸襟！

〔註34〕〈復焦弱侯〉：「蘇長公何如人，故其文章自然驚天動地。世人不知，祇以文章稱之，不知文章直彼餘事耳，世未有其人不能卓立而能文章垂不朽者。」（《焚書》，卷2，《李贄全集注》第1冊，頁112）。

學術一貫之精神：蘇軾之「嬉笑遊戲，翰墨滿人間」，皆其至情至性、至真無偽的表現，盛讚「童心者，真心也」，「天下之至文，未有不出於童心焉者也」〔註35〕的李贄，自然「開卷便如與之面敘」，如見知己；此外，懷抱「萬物一體」的胸襟，則不論三教異同、道德文章，皆當彼此肯定尊重，更何況是對蘇軾這位人品卓立的典範人物，更當肯定其不朽，又如何得以貶抑之？然而，與洛學對立的蘇軾「好笑道學」，畢竟不免為其言行之失當，而李贄自身學術之歸趨，更以「性命之學」為究竟，故蘇軾以戒禪師為前身，卻在「善業」、「口業」間「愈來愈迷」，乃李贄所引以為戒者，因此，即使欣賞蘇軾之「真」及其文章之「美」，亦不必以其人其學為皆「善」，而若欲探求宇宙之「至善」，則宋明道學、尤其是能包容三教之陽明心學，無疑較蘇學更為勝場。

雖然宋明道學發揚孔子仁教、孟子性善之旨，而體悟「仁者以天地萬物為一體」之境界，實乃至真、至善、亦至美，然不可否認的是，落實在現實中，在「考亭出而程學勝」之定於一尊後，道學家往往以己為獨善，而否定了佛老乃至其他各家在不同層面上亦各有其真善美，其善善惡惡之是此非彼，非但無以體現「萬物一體」之境界，且其無以尊重其他學術之態度，適足以印證老子所謂「天下皆知美之為美，斯惡已；皆知善之為善，斯不善已」〔註36〕，唯有徒增衝突與對立而已。如晚明理學殿軍劉蕺山（1578～1645），亦嘗反省東林之學曰：「顧憲成（1550～1612）之學……善善惡惡，其弊也，必為申韓，慘刻而不情。」〔註37〕亦堪為一證。李贄之學術，實即有先見於此，故對道學家有許多愛深責切的反省，破除程朱之獨尊，而平視三教與洛蜀。此外，李贄正視蘇軾學術之價值，其意義所在，亦在於落實洛學與蜀學之溝通與對話：他不但高度肯定蘇軾的文學成就，亦能看重蘇軾之經學著作，在其臨終前最後一部易學專著：《九正易因》中，對蘇軾《東坡易傳》〔註38〕之

〔註35〕〈童心說〉，《焚書》，卷3，《李贄全集注》第1冊，頁277。

〔註36〕《老子》第2章，晉・王弼注：《老子・帛書老子》（臺北：學海出版社，1989年），頁2。

〔註37〕明・劉宗周：〈修正學以淑人心、以培國家元氣疏〉，《劉子全書》（臺北：華正書局，據清道光刊本影印），卷14，頁889。

〔註38〕按，蘇軾《東坡易傳》或稱《蘇氏易傳》、《毘陵易傳》等，《四庫全書總目》曰：「此書實蘇氏父子兄弟合力為之。題曰軾撰，要其成耳。」故後世學者研究或強調此書乃三蘇共同之作（如金生楊：《《蘇氏易傳》研究》，成都：巴蜀書社，2002年，頁67），但亦有學者主張此書仍屬蘇軾之作（如謝建忠：〈蘇軾《東坡易傳》考論〉，《文學遺產》，2000年第6期），而許多學者之研究，

徵引與討論，明顯超乎其他解《易》諸家，可見其對於《東坡易傳》之重視。

實則蘇軾雖以文章名世，但其《東坡易傳》等經學論著，方是其衷心所重，此可由其弟蘇轍（1039～1112）為其所作〈墓誌銘〉中的一段內容得一印證，曰：

> 先君（指蘇洵）晚歲讀《易》，玩其爻象，得其剛柔、遠近、喜怒、逆順之情，以觀其詞，皆迎刃而解，作易傳，未完，疾革，命公述其志，公泣受命，卒以成書，然後千載之微言，煥然可知也。復作《論語說》，時發孔氏之秘。最後居南海，作《書傳》，推明上古之絕學，多先儒所未逮。既成三書，撫之嘆曰：「今世要未能信，後有君子，當知我矣！」〔註39〕

由本段之敘述，即可見蘇軾作三書用心之深，及其對於自身經學之看重。而其《易傳》之作，蘇轍讚以「千載之微言，煥然可知也」，即或有不認同者將疑其不免於主觀情感之過譽，要亦彰明了蘇軾之《易傳》乃欲申發大易之「微言」，豈不亦為其自身學術精蘊之所寄？故東坡門人秦觀（1049～1100）亦申述蘇軾學術之宗旨曰：

> 蘇氏之道，最深於性命自得之際；其次則器足以任重，識足以致遠；至於議論文章，乃其與世周旋，至粗者也。閣下論蘇氏而其說止於文章，意欲尊蘇氏，適卑之耳！〔註40〕

秦觀之說，亦正前引李贄所言「文章直彼餘事耳」之意，而其「最深於性命自得之際」的內涵，豈不當於其《易傳》中得之？故《東坡易傳》之於蘇軾學術中的意義、價值與其重要性所在，亦可見矣！然則若不知其經學之內涵，亦不能真知蘇軾學術之全貌，而李贄除詮擇蘇軾文章為《坡仙集》外，亦在作《易因》時多方參考蘇軾之《東坡易傳》，蘇軾所謂「後有君子，當知我矣」，

甚且未對作者問題多作考辨。因李贄引用時除一處（革卦）稱「蘇氏」外，或稱「坡公」、「蘇子瞻」、「蘇長公」，而《李贄全集注》第15冊《九正易因注》則已考證李贄所引皆出《東坡易傳》（頁16，注釋〔45〕），顯然李贄亦視《東坡易傳》為蘇軾作，故本文於《東坡易傳》作者問題不另探討。至於筆者手邊翻閱之版本，乃龍吟點評：《東坡易傳》（長春：吉林文史出版社，2002年）。

〔註39〕宋・蘇轍：〈亡兄子瞻端明墓誌銘〉，《欒城後集》（收入《景印文淵閣四庫全書》集部51，別集類），卷22，頁22。

〔註40〕宋・秦觀：〈答傅彬老簡〉，《淮海集》（收入《景印文淵閣四庫全書》集部54，別集類），卷30，頁106。

李贄豈不正足以當之！

　　然而，李贄看重《東坡易傳》，卻非一味接納其說，書中對蘇軾之《易》解亦特別有所駁正，相較其引述其他解《易》之說從未置評的情況，更可見李贄確實有為而發。所可惜者，李贄《九正易因》雖是其殫精竭慮之最終著作，卻一向未受學界關注，故以上所述論題，自亦未見探討，筆者有見於此，故以下再嘗試推究之。

三、李贄《九正易因》對《東坡易傳》之徵引討論及其意義

（一）《九正易因》之思想及其對前人《易》說之徵引概況

　　李贄《九正易因》一書，乃其生平蓋棺之作，袁中道〈李溫陵傳〉載曰：

> 初公病，病中復定所作《易因》，其名曰《九正易因》，常曰：「我得《九正易因》成，死快矣。」《易因》成，病轉甚。……〔註41〕

可見其書在李贄心目中之地位，實代表其生平學術最終而完熟之型態。然後世學者多關注李贄《焚書》、《藏書》中對道學之批判，而少正視《九正易因》中李贄開宗明義曰：「法神聖者，法孔子者也，法文王者也，則其餘亦無足法矣」〔註42〕，由此可見其學術之建立，實乃據「文王、孔子」之高標準而來，故其對於後世道學之批駁，正以其心目中之真道學為判準，而《九正易因》一書，則是其對於所謂「真道學」之正面表詮。

　　有鑑於其書之於李贄儒學之重要性，至今卻少有學者深入探討〔註43〕，筆者曾撰數篇論文申述其要旨〔註44〕，論證其確不愧為馬經綸（1562～1605）所盛讚曰：「李卓吾先生者……樂聖人之道，詮聖人之經，若世所梓行《易因》

〔註41〕袁中道：〈李溫陵傳〉，《珂雪齋集》，卷17，收入《李贄全集注》第26冊，頁158。

〔註42〕李贄：《九正易因·讀易要語》，《李贄全集注》第15冊，頁2。

〔註43〕目前學界關於本書之研究，筆者僅見張建業〈李贄與《九正易因》〉一篇（《北京師院學報》1988.1，收入中國人民大學書報資料中心《複印報刊資料》，頁86～94。又收錄於張氏《李贄論》，北京：社會科學文獻出版社，2010年）。如林慶彰主編：《經學研究論著目錄》（臺北：漢學研究中心，先後三冊，分別於1989、1995、2002年出版），黃尚信：《周易著述考》（臺北：國立編譯館，2002年），收錄有關《九正易因》之研究資料皆僅此一篇。其他依國家圖書館之博碩士與期刊論文等資料庫之搜尋亦未有所得。然而，張建業主編《李贄文集》、《李贄全集注》對《九正易因》之整理考訂已甚詳明，亦極有裨於後學在前人之基礎上再加深入。

〔註44〕附列於參考文獻。

及《道古錄》諸書，具上足以闡羲文孔孟之心傳，下足以紹周邵陳王之嫡統者也。」〔註45〕《九正易因》之易學詮釋，乃根於文王、孔子「深於憂患」〔註46〕之精神，且更立足於陽明心學闡明孟子「性善」、肯定「個個人心有仲尼」〔註47〕之體悟，故對於「仁者以天地萬物為一體」之境界，有超乎整個專制時代的真知洞見，其真以聖凡為平等、肯定所有生命獨立自存之價值的精神，直至二十一世紀之今日，仍顯得先進前衛，值得加以表彰。

　　承前所述，可知《九正易因》一書之思想，實乃承繼陽明心學之進一步發展，然而，筆者卻發現一特別的現象：其書對於蘇軾之《東坡易傳》，徵引數量之多，乃超乎其他解《易》諸家之上。《九正易因》之體例，在各卦經傳之後，先以自身之體悟，對經傳之內容與精神作一闡釋，其後則附列歷代學者之《易》說若干則，其所引述之論《易》學者幾六十家〔註48〕，可見其淵博。然而其中多數的學者在全書中往往僅引用一、兩次而已，筆者作一簡單的整理歸納，發現真正引述超過十次以上的學者實不逾十家，而其中引用最多者，其一乃陽明高弟王畿（1498～1583），其二即是蘇軾之《易》說，皆各引用二十餘卦，較之其引用王弼（226～249）、程頤乃各十一卦，而朱熹僅引用兩卦的頻率來看，即可見李贄對蘇軾《易》說之看重何如，乃與王畿等量齊觀，而王弼、程、朱等尚在其下。前文已申述李贄對蘇軾之高度評價，故其《九正易因》中大量引述《東坡易傳》之文字，自非偶然與巧合，而可透露出李贄對蘇軾之學術確有其相應相契之處。然而，李贄既是陽明嫡傳，蘇學與王學並非同道，故李贄對《東坡易傳》之大量徵引，更不當等閒視之，其背後所代表之意義，實有值得深思者。

　　李贄作為陽明後學，王畿正是王門學者中令他最為推重的一位，曾盛讚曰：「世間講學諸書，明快透髓，自古至今未有如龍谿先生者。」〔註49〕故《九

〔註45〕明・馬經綸：〈與當道書〉，《李溫陵外紀》，卷4，收入《李贄全集注》第26冊，頁102。

〔註46〕《九正易因・讀易要語》：「文王之深於憂患也，故於六十四卦、三百八十四爻，專一發揮神聖心事，不至入險而後悔。而夫子復舉《大象》有言之教，俾魯莽如余者得而讀之，亦可以省愆而寡於怨尤。」（《李贄全集注》第15冊，頁1）。

〔註47〕明・王守仁：〈詠良知四首示諸生〉，吳光等編校：《王陽明全集・中》（上海古籍出版社，2011年），卷20，頁870。

〔註48〕依張建業：〈李贄與《九正易因》〉（《李贄論》，頁101）之統計。

〔註49〕〈復焦弱侯〉，《焚書》，卷2，《李贄全集注》第1冊，頁110。

正易因》中大量引述王畿之《易》說，實亦在情理之中，而李贄學術源出姚
江，亦可由此得一印證。李贄引用王畿之說共有二十五卦，為〈乾〉、〈屯〉、
〈蒙〉、〈需〉、〈訟〉、〈謙〉、〈豫〉、〈蠱〉、〈臨〉、〈觀〉、〈賁〉、〈大過〉、〈咸〉、
〈遯〉、〈晉〉、〈明夷〉、〈家人〉、〈蹇〉、〈損〉、〈萃〉、〈升〉、〈困〉、〈艮〉、〈旅〉、
〈中孚〉；引用蘇軾時，明白附列於每卦末者有：〈坤〉、〈屯〉、〈師〉、〈比〉、
〈泰〉、〈同人〉、〈大有〉、〈謙〉、〈豫〉、〈蠱〉、〈觀〉、〈賁〉、〈大畜〉、〈頤〉、
〈坎〉、〈離〉、〈咸〉、〈遯〉、〈大壯〉、〈蹇〉、〈井〉、〈革〉、〈小過〉等二十三
卦；但〈乾〉、〈睽〉、〈益〉三卦，在自身解說之文中亦援引蘇軾之說，合計之
則共二十六卦，較之引王畿之例尚多一卦。然而李贄附列前人《易》說，就其
一般體例，皆僅條列其說，除了少數或有較完整之段落闡明卦爻之義理外，
往往僅有簡短的字句解釋或解《易》觀點而已，而不論其說與李贄自身之詮
解有何異同，李贄皆未再加上任何解釋或補充。如其引述王畿之說，因心學
家之解《易》不重象數〔註50〕，故李贄所引文字或詳或略，皆在闡明《易》
理，若與李贄自身解說相對照，亦可見彼此之精神確能相互印證，但詮釋之
角度與重點實亦未必皆同，但李贄所引二十五卦中，未有任何一條加以辯證
或申述。唯獨引述蘇軾之說時，李贄卻一反常態地或加眉批、或申發自身觀
點，或詮解、或評論、或駁正，在其引述幾六十家中，此種狀況實乃絕無僅有
者，如《九正易因・坤》引程子曰：「西南陰方，東北陽方。陰必從陽，離喪
其類。」〔註51〕類此簡短片段之文句，方為李贄附錄諸家《易》解之常態，
若與程子《易傳》對校之，則知其非原文照錄而頗有簡省〔註52〕，然李贄於
此皆未有所說明或討論，故其獨對《東坡易傳》提出駁異，極為特別。若說只
是李贄一時興起、無所寄託，實亦教人難信，故其背後深意，頗堪玩味。

　　然而，《九正易因》作為李贄臨終前最後一部著作，僅針對《易經》六十

〔註50〕鄧秀梅：〈王龍溪的易理思維研究〉，《東華人文學報》11（2007.7），頁233。
〔註51〕《李贄全集注》第15冊，頁15。
〔註52〕程子《易傳》乃曰：「西南陰方，從其類，得朋也；東北陽方，離其類，喪朋
　　　　也。離其類而從陽，則能成生物之功，終有吉慶也。」（黃忠天：《周易程傳
　　　　註評》（高雄復文圖書出版社，2006年，頁27）《九正易因注》以為其引文不
　　　　完整，與原文意思亦不甚相合（《李贄全集注》第15冊，頁17，注釋〔59〕），
　　　　然筆者以為，李贄引文雖省略過多，以至文義不甚明晰，但若參照其自身解
　　　　〈坤〉之說——尤其是對蘇軾《易》解之駁異，乃強調「一心聽命於乾」的
　　　　精神，即程子所言「離其類而從陽」之意，故二者立論之重點或有不同，然
　　　　宗旨實亦相合，詳見下文析論。

四卦（包括卦爻辭及《彖傳》、《象傳》）作詮解，《易傳》其他部分皆未及完成，李贄自言曰：

> 《乾》、《坤》不載《文言》者，以《文言》宜自為傳，不宜獨摘《乾》、《坤》兩卦，而遺其他，已破碎聖人之經傳也。待未死，尚當窮究《繫辭》之奧，不但發明《文言》而已。然中間亦有說及《文言》者，蓋儒先連篇引類，不復裁減之矣。〔註53〕

文中可見李贄認為《文言》不附於〈乾〉、〈坤〉二卦之獨特看法，然《文言》、《繫辭》所深富之哲理，李贄卻未及發明之，故其易學體系之架構及其對歷代解《易》諸家批評去取之理路等，亦多有未能見諸文字者。同樣的，李贄並未說明為何獨對《東坡易傳》另眼相待，而特別提出討論之諸卦，其特殊性又何在，亦難起李贄於地下而扣問之，然而，僅就其引述及評論之文字內容分析探討，亦可發現李贄與蘇軾《易》解之對話中，實涵有不少值得後人深思反省之義理，故筆者嘗試詮解之。

（二）《九正易因》對《東坡易傳》之徵引與討論

李贄對其他解《易》諸家皆只引述而不討論，相較之下，對蘇軾《易》說加以評述之處卻是不少，有些極為簡略，如《九正易因‧遯》引蘇子瞻曰：「陰盛於《否》，而至於《剝》，君子未嘗不居期間。《遯》以二陰而伏於四陽之下，陰獨未足以勝陽，而君子遂至於遯，何也？曰：君子之遯，非直棄而不復救也，以為有亨之道焉。」下加批語曰：「說得好，坡公未知。」〔註54〕既肯定其「說得好」，卻又評其「未知」，當是反省蘇軾未能力行其所言「君子之遯」也。將文中所言易理與蘇軾之言行事蹟作一對照，吾人或亦可對李贄此評加以反思印證，然這樣直觀式的眉批文字，要在讀者心領神會而已，似亦不必強作解人。然而，除了這類隻言片語的短評外，還有一些篇幅較長、文意完整的討論，尤其是〈坤〉與〈同人〉兩卦，除了大量地引述蘇軾之說外，更一一補充李贄自身看法，一方面可看出李贄對蘇軾善解之肯定與吸納，但另一方面亦有駁異與商榷，透過與蘇軾之對話，益可見李贄涵融洛、蜀兩家之學術，確有其超越時代的獨特樣貌。以下即就其〈坤卦〉之討論為核心作

〔註53〕《九正易因‧乾》，《李贄全集注》第15冊，頁7。按：此處《乾》、《坤》皆採書名號，乃依《李贄全集注》原文，本論文中一般引述各卦名時，則以〈乾〉、〈坤〉表示。

〔註54〕《九正易因‧遯》，《李贄全集注》第15冊，頁202。

一分析探討：

張建業〈李贄與《九正易因》〉一文，特別引述李贄論〈乾卦〉之語，所謂「一物各具一乾元，是性命之各正也，不可得而同也。萬物統體一乾元，是太和之保合也，不可得而異也。故曰：乃利貞。然則人人各正一乾之元也，各具有是首出庶物之資也。」〔註55〕而表彰其中的精神，乃「強調人人平等，人人皆聖」的思想，「具有強烈的反封建壓迫反傳統思想的戰鬥意義」〔註56〕。然而，若再看李贄論〈坤卦〉，卻又強調「天尊地卑之正理」與「君尊臣卑之正道」〔註57〕，對此「人人平等」與「君尊臣卑」之間的思想矛盾，前輩學者亦只能視之為「受時代與階級的局限」〔註58〕而不予置評了。

然而，李贄對此看似明顯的矛盾是否毫不自覺？或者，他這些在後人看來分明矛盾衝突的論點，實自有其一以貫之的理路呢？筆者以為，〈乾卦〉所揭示之「聖凡平等」之思想，是超越晚明之專制時代，而為後世所能理解推崇之「進步」；但〈坤卦〉所言之「正道」，立足於儒者道德自律之精神，而事事反求諸己、安時處順、不忮不求的態度，其真正的意義與價值所在，則是至今仍不容易為人所了解的，實有再加析論的必要，而其〈坤卦〉中大量引述並駁正蘇軾說解的文字，更有助於後人探知李贄之深意。

以下先申述李贄〈坤卦〉說解的要旨，李贄曰：

乾坤定質，則一健一順。苟責健以順，責順以健，健、順皆失其質矣。《乾》、《坤》兩卦，即為反常，非天尊地卑之正理也。乾坤定位，則一夫一婦。苟責夫以婦，責婦以夫，夫婦皆反其分矣。《乾》、《坤》兩卦，總為失位，非君尊臣卑之正道也。……是故聖人於乾坤獨詳言之。乃世之儒者，畫蛇添足，謂健而不順，則剛躁而不可成；順而不健，則萎靡而不可振。吁！果若所云，尚足以稱乾與坤乎哉！夫苟其剛躁而不可成也，而猶可以稱乾焉；萎靡而不足為也，而猶可以稱坤焉，則天不成天，地不成地，吾人將何所蓋載也？不知此固至健至順者之所自有，而何用補助於其間也！若健而復濟以順，必非真健者；順而乃加以健，必非至順者。嗚呼！是惡足以識乾坤

〔註55〕《九正易因‧乾》，《李贄全集注》第15冊，頁5。
〔註56〕《李贄論》，頁106。
〔註57〕《九正易因‧坤》，《李贄全集注》第15冊，頁12。
〔註58〕《李贄論》，頁108。

之正性乎！〔註59〕

「乾坤定質，則一健一順」，乃闡釋無論天地、君臣、夫婦，皆各有其不同的本質，因而也有不同的職分，既缺一不可，亦無法相互取代。若不能體認各自的位分與限制，不能恪盡各自的權責，並發揮各自無法替代的優長，則皆是所謂「不知正性」。由此可見，所謂「君尊臣卑」的正道，實唯有在「君君、臣臣」的各盡職分下才有意義，而其「尊卑」亦僅就職分言，是〈乾卦〉所謂：「一物各具一乾元，是性命之各正也，不可得而同也」，每個人之不同才具、不同位分豈能無別？即使在今日民主社會號稱人人平等的時代，尊卑之勢又何嘗泯除？且又何可泯除？若元首不尊、號令不行，除了徒增社會亂象外，人民難道又能和諧安樂嗎？然而，從另一方面說，「萬物統體一乾元，是太和之保合也，不可得而異也」，個人才具位分之不同，皆是「乾元」不可或缺的一部分，亦即《莊子・天下》所謂「道無乎不在」的精神，在這獨一無二的價值上，人人皆平等，又難道需要以權位尊卑論價值嗎？

因此，李贄之「平等」，不是企圖否定差異存在的假平等，而是尊重所有差異的真平等，乾健則行健，坤順則行順，這才是充分肯定並保障其各自的特質，相反地，若「責健以順，責順以健」，無異邯鄲學步、東施效顰，唯有喪失自我而已。故在〈坤卦〉，李贄特別強調「至順」之道，非是盲從於所謂「君尊臣卑」，而是真知自身特質、自身位分，便堅持做好自己，則與乾之健有同等的價值。其言曰：

> 乾坤，一也。故《乾》曰元亨，《坤》亦曰元亨。但《乾》曰利貞，而《坤》則曰利牝馬之貞。且不但馬也，而又曰牝馬，則視龍之變化飛騰為何如？而坤獨利此者，則以此為坤之貞故也。……先者，為乾為主，而吾後之，則得主而利。……蓋唯主是從，則志意專一而不二。安居以聽，則後順得常而不迷。坤之利貞如此，是乃元亨也。人之生也直，直疑不方矣。今言直而又言方者，以人但知直而不知直之無不方耳。蓋地性博厚，坤德無疆，其不可孤蓋如此也。直者為正，方者為義；正者以行，方者以止。直者是敬，敬非著意，唯其內之直而已；方者是義，義非襲取，唯其行之利而已。此豈有待於學習而後利哉！固不習而無不利者也，夫何疑！〔註60〕

〔註59〕《九正易因・坤》，《李贄全集注》第15冊，頁12～13。
〔註60〕《九正易因・坤》，《李贄全集注》第15冊，頁13。

龍之變化飛騰固然令人激賞，但牝馬安於做牝馬，而又何遜於龍？坤之利貞
便在於不希高慕外，而安守其分，事實上，真知己之正性，則知「敬以直內，
義以方外」〔註61〕便是坤無遜於乾、「萬物統體一乾元」之無上價值，其他外
在表現，誰主誰從、誰健誰順，要其當位而行，皆是不可或缺，皆無高下之
別。

　　由李贄解〈坤卦〉的重點精神，再看其對於蘇軾《易》解之引述評論，則
更能了解其申明坤德至順之意義所在。以下分段申述之。其一曰：

　　坡公《解》曰：至順而不貞，則陷於邪，故坤利牝馬之貞。余謂至
　　順未有不貞者。至順者，順乾也。順乾矣，有不貞乎？若得朋，若
　　與類，若西南行，則以陰柔而復附於陰柔，安能一心聽命於乾，而
　　為大順之至與？〔註62〕

蘇軾之說，強調「貞」乃順之前提，而李贄則曰：「至順未有不貞者」，順乾之
健則無不貞，「乾」所象徵者即「萬物統體一乾元」，即道德主體之至善，即
「敬以直內，義以方外」之精神，所謂「邪」、所謂「附於陰柔」，皆為氣質之
牽引與障蔽，自不當順之，若唯順於乾（道德主體），則無不貞。故坡公疑至
順而有不貞者，實以其未能掌握「順乾（道德主體）」方為「至順」之道也。

　　其二曰：

　　坡公曰：坤之為道，可以為人用，而不可以自用；可以為和，而不
　　可以為倡。故君子利有攸往，先則迷而失道，後則順而得主，此所
　　以為利也。西與南，則兌也，離也，巽也，皆吾朋；東與北，則震
　　也，坎也，艮也，皆非吾朋。兩陰不能相用，故必離類絕朋，而求
　　主於東北。余謂乾者，坤之主也。乾為主，不須求，求反失之，便
　　有得朋之想矣，不能一心以聽命於乾矣。

以上大段引述坡公文字，其中大旨，與前所引述程子「陰必從陽，離喪其類」
之精神亦大抵相同，李贄並未多作討論，可見亦無異見，只針對所謂「求主
於東北（即『從陽』）」的「求」字作商榷。所謂「乾為主，不須求，求反失之」
的內涵，可以上引李贄對「敬以直內」二句之解說作一印證，曰：「直者是敬，

〔註61〕　《坤文言》語，此亦堪稱為李贄釋〈坤卦〉所強調的核心精神。又，李贄以
　　　　《易傳》為孔子作，故下文引述《坤文言》「坤至柔而動也剛，至靜而德方」
　　　　之句，即盛讚曰：「夫子已解得十分了。」
〔註62〕　《九正易因·坤》，《李贄全集注》第15冊，頁14。以下二、三、四、五段引
　　　　文之出處皆同，頁14～15，不另加註。

敬非著意，唯其內之直而已；方者是義，義非襲取，唯其行之利而已。此豈有待於學習而後利哉！」「求」即是「著意」、「襲取」，即孟子所謂「行仁義」，而非「由仁義行」〔註63〕。「由仁義行」乃順道德主體（乾）之應然與當然，有所「求」之「行仁義」，則不免於功利私欲之雜染，失去純粹道德之精神了。故李贄強調「不須求」，實是以最高標準期待儒者，須摒除所有功利目的之追求，方為真正的自律道德。

其三曰：

> 坡公曰：以六居二，可謂柔矣。夫直、方、大者，何從而得之？曰：
> 六二，順之至也。君子之順豈有他哉，循理無私而已。余謂至柔而
> 動也剛，至靜而德方。夫子已解得十分了，不須再以順理無私解也。
> 夫人唯其至柔，所以至剛；唯其至靜，所以至方。故柔可能也，至
> 柔不可能也。嗚呼，至矣！

以上引蘇軾以「循理無私」詮釋〈坤卦〉六二以陰爻居陰位，當位居中，故雖柔而可直、方、大，此說實非有誤；然而李贄則引《坤文言》曰：「坤至柔而動也剛，至靜而德方」，認為孔子已完整表達〈坤卦〉至柔而至剛、至靜而至方的精神，相較之下，「循理無私」的解釋便顯得多餘了。李贄所以對蘇軾之說再進一解，盛嘆「柔可能也，至柔不可能也」，便是因一般人或以為「柔」與「直、方、大」是相反而無法並存的，故李贄必申明其「一以貫之」的精神所在：真正居柔處靜而能守柔不爭，不以外慕而妄動，實必內有至剛至方的乾德，否則要堅持自我，又如何可能？由此再看儒者之謹守臣道，不正是以其循理而無私，故不必計較何謂尊卑，而能一心為大我奉獻嗎？

其四曰：

> 坡公曰：處上下之交，皆非安地也。乾安於上，以未至於上為危，
> 故九三有夕惕之憂；坤安於下，以始至於上為難，故六四有括囊之
> 慎。陰之進而至於三，猶可貞也，至於四，則殆矣。故自括結以求
> 無咎無譽。咎與譽，人之所不能免也。出乎咎，必入乎譽；脫乎譽，
> 必懼乎咎。咎所以致罪，而譽所以致疑。甚矣，無譽之難也！又曰：
> 方其變化，雖草木猶蕃；及其閉也，雖賢人亦隱。余謂讀此可以痛哭。

以上大段文字乃言〈乾〉之九三與〈坤〉之六四，皆處上下之交，俱危而不

〔註63〕孟子曰：「舜明於庶物，察於人倫；由仁義行，非行仁義也。」（《孟子·離婁下》第19章，《四書集註》，頁294）。

安，所謂「咎所以致罪，而譽所以致疑」，故君子處「天地閉」之時，必自括結自守，以求無咎無譽。東坡之大才堪為國士、為人龍，而一生卻屢遭貶謫困頓，故此處申言「無咎無譽」之道，自有身世之感在焉，而李贄但言「讀此可以痛哭」，自是感同身受，非僅為蘇軾流涕，亦在為歷代所有「敬以直內，義以方外」，卻在坎坷世道中困頓難行之大賢而灑淚。此可對照前文曾引述之〈遯卦〉解，其卦象艮下乾上，全卦僅初、二兩爻為陰爻，而蘇軾曰：「陰獨未足以勝陽，而君子遂至於遯」，其理與此所言亦相通：在小人勢力漸長時，即應及早「自括結以求無咎無譽」，方能免於罪咎；可惜「無譽之難」，大賢君子要避免小人妒賢嫉才，很多時候確實有「說得到，做不到」的無奈（所謂「說得好，坡公未知」），令人慨嘆。實則在這個自古至今皆以權位尊卑論價值的世界，賢才橫遭權勢者打壓之悲劇，本是史不絕書；但真正的賢才，難道又需要隨著世俗爭名奪利的價值觀而起舞嗎？尊與卑、咎與譽，皆「求在外者也」〔註64〕，尊又何必為譽、卑又何必為咎呢？即使安於卑，焉知不亦為「君子之遯」：「非直棄而不復救也，以為有亨之道焉」！其中的「亨」不是個人前途的暢通，而是國家社會的和諧；不計個人毀譽，暫時以「遯」來避免眼前的衝突對立，尋找他日「事緩則圓」的可能性，也是另一種「救世」之道。但這樣的襟懷，唯有真以萬物為一體，超越尊卑毀譽之執著的大聖大賢，才可能真知力行，此所以李贄自謂其學乃「法文王、法孔子」者也。

其五曰：

> 坡公又曰：黃，中之色也。通是理，然後有是色也。裳，下之飾也。黃而非裳，則上體也；裳而非黃，則雖下體，而非正位居體也。今處重坤之正位，又居下體之中，故稱裳以明下，稱黃以明中。夫文生於相錯，若陰陽之專一，豈有文哉！余謂坤不貴文，貴文在中。黃，中之色也，文在中也，何待相錯而後有文也。

本段所引坡公解，乃釋〈坤卦〉六五「黃裳，元吉」，而順《坤文言》曰「君子黃中通理，正位居體」之說申述之，李贄大段引述其文，當亦表示認可其「稱裳以明下，稱黃以明中」之申發〔註65〕；然所謂「夫文生於相錯，若陰

〔註64〕孟子曰：「『求則得之，舍則失之』，是求有益於得也，求在我者也。『求之有道，得之有命』，是求無益於得也，求在外者也。」（《孟子·盡心上》第3章，《四書集註》，頁350）。

〔註65〕《東坡易傳》原文為「稱裳，以明其臣；稱黃，以明其德」（頁14）。

陽之專一，豈有文哉！」乃蘇軾自身的詮釋，亦有學者以此代表蘇軾之美學觀點[註66]，但李贄則特別對此提出商榷，曰：「坤不貴文，貴文在中。黃，中之色也，文在中也，何待相錯而後有文也。」乃強調坤之所貴不在於「文」，而在於「中」，「黃」即其「文」之表徵，亦其「中」之內涵，前已申述李贄再三強調「坤」之至柔至順、至靜至方，故「敬以直內」之「中」正是其核心精神，所貴在其純一，自不待陰陽相錯而後有文。李贄「何待相錯」之商榷，更凸顯他強力反對「責健以順，責順以健」的態度，「若健而復濟以順，必非真健者；順而乃加以健，必非至順者」，不論是至順或至健，本身皆自足而至足，做自己就好，盲目仿效他人，反而喪失自我！然而世間又有幾個真能安於自身德性，而不嚮慕追求他人所有的人呢？此李贄所以大嘆：「柔可能也，至柔不可能也」！

　　以上申明李贄闡述坤道之旨，可知在他倡言「君尊臣卑」看似強調階級命定的表象上，其精神實正在於落實其〈乾卦〉所謂的「一物各具一乾元」，「萬物統體一乾元」，唯有肯定保障每一物之本然特質──即使坤之柔順與乾之剛健看似截然相反──皆有同等的價值，「人人平等，人人皆聖」才不是一種徒具形式的口號，而是落實於生命中具體的實踐。其大量引述蘇軾《易》說，實為表彰蘇軾之善解，而關鍵概念之澄清與商榷，則是以儒者自律道德的精神作一貞定，則坤道之至柔至順亦是至善，自無「陷於邪」之杞憂。其可說是一方面肯定並吸納蘇軾提倡「柔道」[註67]的精神，另一方面更以道學家所掌握之自律道德、孟子性善之旨，對蘇學不夠精微深刻的部分作一補足。作為道學之一脈，而能充分正視蘇軾經學，李贄學術所欲建構的，正是一條能夠融通洛學與蜀學的大道，而其融通之道不是和稀泥式地不求甚解，而是真正落實孔子所謂「君子和而不同」[註68]的豁達大度，此在下文申述之。

（三）和而不同──試論李贄看重《東坡易傳》之學術意義

　　關於洛蜀之對立，前輩學者從不同角度考察，皆可見其中學術蘄向之根本歧異，殊難彌縫[註69]，因此，若站在各自之立場，將對方與自身迥異之

[註66] 見龍吟點評：《東坡易傳》，頁12。
[註67] 趙中偉：〈東坡的柔道──解析《東坡易傳》的思維結構〉，收入王靜芝等著：《千古風流：東坡逝世九百年學術研討會》（臺北：洪葉文化，2001.5）。
[註68] 《論語・子路》，第23章，《四書集註》，頁147。
[註69] 除前文註13已引黃明理《晚明文人」型態之研究》中對洛、蜀二家學術差異已有「性命之學」與「文學藝術」之分外，學者探討亦多，無法一一具引。

部分貶抑為毫無價值，則彼此之衝突對立，勢必是個永遠無解的難題。而李贄之學術，一方面反對道學家「執己自是」〔註 70〕之偏執，而大力表彰蘇軾之學術文藝與人格風範，且強調道德與文章並列同高的精神；但另一方面亦充分掌握道學家性命之學之精微，既正視蘇軾經學之成就，亦從道德性命之立場，對其說不足之處給予修正與商榷。故其學術涵融洛蜀之精神，既是保障兩方學術各自獨立之價值，且更超越二者，以「文王、孔子」之高標準，作為對所有知識分子之共同期許。故洛、蜀二學不必「同」，但亦無須衝突對立，而可和諧共處，共創大同。

　　李贄解〈睽卦〉時，亦引述蘇軾之說而再申己意，其說正可有助於吾人理解李贄心目中的「大同」之道。其言曰：

　　　坡公曰：人苟唯同之知，若是必睽；人苟知睽之足以有為，若是必同。予謂人苟唯同之知，若是必睽；人苟知睽之不得不睽，若是必同。〔註 71〕

以「坡公曰」與「予謂」二段相較，可知李贄對蘇軾前句所言完全接納，後句亦非反對蘇軾之說，而是在蘇說之外更進一解。〈睽卦〉之《彖》曰：「睽，火動而上，澤動而下，二女同居，其志不同行。」即象徵彼此之志向不同。世間萬物，人情百態，本來就不可能完全相同，故曰「人苟唯同之知，若是必睽」——若只知一味求同，而無視彼此之差異本質，反而必「睽」（離心離德）。因此，求同不在於否定、泯除差異的存在，事實上，「睽」是世間萬物自然存在的現象，唯有正視、尊重乃至保障彼此的差異，才能進一步互補互助，互通有無，終而能共創大同。以上所引「坡公曰」，乃《東坡易傳・睽卦》注《彖傳》之語，《彖》曰：「天地睽而其事同也，男女睽而其志通也，萬物睽而其事類也。睽之時用大矣哉！」〔註 72〕正在於申明天地萬物「相反而相成」之理，故蘇軾曰：「人苟知睽之足以有為，若是必同。」乃強調「睽」之能「相成」，而李贄改之曰：「睽之不得不睽」，則更強調「睽」（即「相反」）之「必然性」，

〔註 70〕　李贄：〈答耿司寇〉：「雖各各手段不同，然其為不容已之本心一也。心苟一矣，則公不容已之論，固可以相忘於無言矣。若謂公之不容已者為是，我之不容已者為非；公之不容已者是聖學，我之不容已者是異學，則吾不能知之矣。……恐公於此，尚有執己自是之病在。」（《焚書》，卷 1，《李贄全集注》第 1 冊，頁 71）。
〔註 71〕　《九正易因・睽》，《李贄全集注》第 15 冊，頁 232。
〔註 72〕　《東坡易傳》，頁 169。

唯有肯定「差異」、尊重「差異」，了解種種「相反」皆有助於「相成」，則知唯有保障「睽」（相反）之存在，才是「同」（相成）之前提；相反地，若以否定打壓異己、建立一言堂的方式求同，則「若是必睽」而已。

李贄引述蘇軾之說，申言「睽」與「同」相反相成之理，而更凸顯「睽」之必然與必要，言雖簡略婉曲，但若與以下文字相對照，更可清楚看出李贄一貫強調「尊重差異」的精神，其〈反騷〉一文曰：

> 夫有伯夷之行，則以餓死為快；有士師之沖，則以不見羞汙為德。各從所好而已。若執夷之清而欲兼柳之和，有惠之和又欲并夷之清，則惠不成惠，夷不成夷，皆假焉耳。屈子者夷之倫，揚雄者惠之類，雖相反而實相知也，實未嘗不相痛念也。彼假人者豈但不知雄，而亦豈知屈乎？〔註73〕

伯夷之清與柳下惠之和，表現全然相反，但若真知彼此之「各從所好」，則即使「相反」亦能「相知」，亦能感同身受（相痛念）。真知「睽之不得不睽」——每個人不同的特質表現，皆是宇宙萬物自然當然且不得不然的結果，則知尊重每個人「各從所好」的自由，而不強求其同，才能達到真正的和平與大同。

由李贄對「睽」與「同」相反相成之辨證的智慧，則當可推知李贄反對洛蜀二黨各是其是、相互非議的態度，且其學術更超越二者，而提出一種保障彼此差異，而能相互尊重欣賞的精神。然而，和諧大同固然是理想，但君子處世，亦非來者不拒、無所堅持。李贄在〈同人〉卦中，亦有對蘇軾之大段引述與討論，其中對所謂「同人」之「同」，又有另一番高標準的堅持，以下先將李贄自身解卦之重點作一歸納析論，其後再對照他與蘇軾《易》解之異同。

〈同人〉卦象為離下乾上，上下五陽，唯有六二一陰爻，而為卦之主。李贄首先以〈同人〉為「文王之卦」，又加眉批曰：「奇險」，表示在李贄看來，此卦實有深意存焉，不是常人可以就其表象輕易探知的。李贄申述曰：

> 一陰居二，上下五陽皆欲與同，則為同人于野，以其居中得位，自然為眾所宗耳。一陰居五，上下五陽皆為所有，則為《大有》元亨，以其居柔處尊，其勢自能有大耳。但五易於有大而二難居宗，則上下之別，尊卑之勢也。是以《大有》六五，獨為大有上吉；而《同

人》六二，不免于宗致吝。然六二自視雖若有于宗之吝，則五陽視
二，時則有于野之同。……則上下五陽皆以二為宗，而欲求以同，
明矣！……然此卦實以二五同心，名為同人。故《象》傳獨先言同
人，而曰：柔得位得中而應乎乾，曰同人也。應乎乾，蓋專言五……
凡乾之行，皆欲應二，求與二同也。所以然者，以六二文明以健，
中正而應，有君子之正故也。〔註74〕

李贄之闡釋，首先以〈同人〉與〈大有〉作一對比，〈大有〉卦象乾下離上，
與〈同人〉相反，唯有六五一陰爻居五陽之中。〈同人〉六二居中得位，自能
為眾所宗，「所以然者，以六二文明以健，中正而應，有君子之正故也」。但較
之〈大有〉六五之居柔處尊，〈同人〉六二柔爻處於下卦，尊卑之勢異，故「五
易於有大而二難以居宗」，因此〈六二爻辭〉曰：「同人于宗，吝。」然而，這
是因為六二身居下卦，故自感艱難而深加惕屬，實則上下五陽皆以二為宗，
而欲求與同。但李贄強調，「同人」之「同」，主要在於六二與九五兩爻之剛柔
相應，故《象傳》曰：「柔得位得中而應乎乾，曰同人」，乃專言二、五之相應
也，即使其他陽爻也欲與之同，但唯有九五才是六二之正應，其他則不足以
當之。

　　由上述李贄對〈同人〉的詮釋，再看下文對蘇軾《易》解之商榷，更可清
楚其意旨所在：

坡公《解》曰：利涉大川，乾行也。苟不得其誠同，與之居安則合，
與之涉川則潰矣。禿翁曰：六二非但應九五之乾，凡所與同之人皆
乾也。與乾為行，涉川豈足道哉！一乾獨不可當，況五乾邪？君子
於此可以喜而不寐也。坡公以誠同解乾行，似未通。誠同者，二與
五也。乾行者，五陽為行，同人于野也。〔註75〕

蘇軾以「誠同」解「乾行」，但李贄（自稱「禿翁」）則強調，上下五陽皆為
「乾行」，即卦辭所謂「同人于野」，但「誠同」則只有二五之相應足以稱之。
雖然因六二之德，令上下五陽皆欲與同，在眾望所歸之下，故能「利涉大川」，
而君子於此亦可以喜而不寐，但除了九五之正應外，餘皆不足以稱為「誠同」。
故在此李贄所要強調的是，即使眾望所歸，但究竟何者才是君子「誠同」的
對象，卻更應以極清明的心志作一正確的抉擇，李贄曰：

〔註74〕《九正易因‧同人》，《李贄全集注》第15冊，頁77。
〔註75〕《九正易因‧同人》，《李贄全集注》第15冊，頁79。

不知此六二者，使其果有君子之貞，則中正而應，自無害其為于野之同，使其果有斷金之利，如蘭之言，則二、五相信，又豈三、四之所可力爭也哉！雖以我為吝，不恤矣。此夫子於《文言》所以斷以二人之同如斷金，同心之言如蘭臭也。嗚呼！堯、舜之相授受也，孔、顏之相授受也，流濕就燥，隨雲從風，唯聲之應而氣之求，安能無吝乎？是故文王于九五，而夫子于六二，復有感也。〔註76〕

李贄以「堯、舜之相授受也，孔、顏之相授受也」作一比擬，其彼此關係就如「水流濕，火就燥；雲從龍，風從虎」〔註77〕一般，即使在「同聲相應，同氣相求」的過程中，亦將面對許多艱難挑戰，如二、五之間相隔著三、四兩爻，且三、四兩爻亦有「伏戎于莽」與「乘其墉」的強勢，但二、五兩爻依然堅定其信念：「中心同之，何日忘之」〔註78〕，因此李贄對〈九五爻辭〉「同人，先號咷而后笑，大師克相遇」的詮釋，亦引蘇軾之說而解之曰：

坡公曰：君子之道，或出或處，或默或語。二人同心，其利斷金；同心之言，其臭如蘭。由此而觀，豈以用師而少五哉！夫以三、四之強而不能奪，始於號咷而卒達於笑，至於用師相克矣，而不能散其同，此以知二、五之誠同也。禿翁曰：「誠同」二字，到此方說得著。〔註79〕

因此，若就蘇軾解九五「誠同」的精神來看，實與李贄的看法極為相合。而李贄必強調二、五方為「誠同」的精神，或可藉司馬遷〈伯夷列傳〉所言：「子曰：『道不同，不相為謀』，亦各從其志也」〔註80〕作一詮釋：正因尊重「各從其志」的自由，故若非「志同道合」者，亦不足與謀，不得謂為「誠同」。而六二堅持「居中正應」的精神，依然是《坤文言》之「敬以直內，義以方外」，此亦李贄所以言「至順未有不貞者」也！

此外仍須申明者，所謂「志同道合」並不等於同質性高，如〈同人〉之二、五兩爻本為一陰一陽，由此更顯示出志同道合者，依然可能是相反而相

〔註76〕《九正易因・同人》，《李贄全集注》第 15 冊，頁 77。
〔註77〕語出《乾文言》：「子曰：同聲相應，同氣相求；水流濕，火就燥；雲從龍，風從虎。聖人作而萬物睹，本乎天者親上，本乎地者親下，則各從其類也。」
〔註78〕《九正易因・同人》，《李贄全集注》第 15 冊，頁 79。
〔註79〕《九正易因・同人》，《李贄全集注》第 15 冊，頁 79。
〔註80〕漢・司馬遷：《史記》，瀧川龜太郎：《史記會註考證》（臺北：洪氏出版社，1986 年），卷 61，頁 848。

成的，李贄亦引蘇軾解曰：

> （坡公）又曰：二，陰也；五，陽也。陰陽不同而為同人，是以知
> 其同之可必也。苟可必也，則雖有堅強之物，莫能間之矣。故曰其
> 利斷金。

由上可見，李贄與蘇軾解〈同人〉之旨實乃相合，除了對蘇軾以「誠同」解
「乾行」的部分作一商榷外，大抵皆是藉由蘇軾之說來印證己意。總之，〈同
人〉六二與其他五陽皆有「于野」之同，亦「君子矜而不爭，群而不黨」〔註
81〕之精神，但畢竟「和而不同」，真正「誠同」者，唯有九五「同心之朋」〔註
82〕也。而引蘇軾所謂「陰陽不同而為同人，是以知其同之可必也」，證諸〈坤
卦〉強調乾健坤順皆「正性」，以及〈睽卦〉強調「睽之不得不睽，若是必同」
等，更可看出李贄所謂「一物各具一乾元」，正是肯定世間萬殊雖相反而皆能
相成，故有同等之價值。其主張實為一種真自由與真平等，不但有其「一以
貫之」的理路，更有其超越時代的意義與價值。然則其所表彰蘇軾之善解，
同樣亦可證明《東坡易傳》的價值，確實如四庫館臣所言「推闡理勢，言簡意
明，往往足以達難顯之情，而深得曲譬之旨」，其「多切人事」且「文辭博辯，
足資啟發」〔註83〕，值得後人再加深究。

四、結語

　　經由上文之考察，一方面可知李贄對蘇軾人格學術之高度評價，另一方
面亦發現李贄作為陽明心學之一脈，其對於蘇軾易學之正視與看重，並非彰
揚蜀學而貶抑洛學，而是站在「法文王、法孔子」的立場上，既能掌握洛學言
道德性命之精微，且更尊重、吸納蜀學之優長，實可代表陽明心學落實「以
天地萬物為一體」之精神境界，確可消融洛蜀之對立，展現「君子和而不同」
之修養與胸襟。由李贄《九正易因》對《東坡易傳》之大量徵引與討論，已能
顯見其看重蘇軾學術之精神；而進一步分析其內容，則不但是能表彰蘇軾善
解，且亦藉儒者自律道德的精神給予修正補足，而其意在言外，更有值得後
人反省深思之大智大慧，非徒空言玄理而已，其真自由與真平等的精神，若
能落實於生命之體悟與實踐，實有助於促進社會之合理與和諧，可見李贄思

〔註81〕《論語・衛靈公》，第21章，《四書集註》，頁166。
〔註82〕李贄曰：「世無同心之朋，大賢君子將安所托命哉！此于郊之同（上六「同人
　　　　于郊」），所以聖人不取也。」（《李贄全集注》第15冊，頁79）。
〔註83〕以上引文，見永瑢等：《欽定四庫全書總目》，《東坡易傳九卷》條。

想超越時代之先進與前衛。證諸洛蜀二黨君子相爭之歷史遺憾，乃至晚明及後世依然黨爭紛紜之時代悲劇，則知李贄之為「異端」，正在於他早已超越人類歷史上種種善善惡惡、是此非彼之鬥爭心態，而真能了悟王畿申說陽明所謂「無善無惡心之體」之真諦〔註84〕，正在打破世間種種相對的、有限的善惡分判，肯定所有生命獨特的價值，由此方能尊重所有「睽」（相反）之表現，而肯定其皆能「相成」。這樣一種超越的智慧，以道家玄理解《易》的蘇軾〔註85〕，擁有道家「無」之超脫，自然亦能「說得好」，但其未能善解孟子之性善論〔註86〕，無法確切掌握儒者之道德自律與意志自由，則或不免落於王弼所評曰：「老莊未免於有，恆訓其所不足。」〔註87〕此李贄所以一方面看重蘇軾《易》解，另一方面則又特別針對其說再加辨證之故。

　　長期以來，在「考亭出而程學勝」之後，學者往往忽略蘇軾蜀學（廣義言之即「文人」）的經學論著，無形中亦使傳統文化中的儒學，化約為程朱理學之儒學，於是對程朱理學不滿的人士，便進而否定整套源遠流長的儒學傳統，其誤解不待深辯，其流弊亦已不可勝言；實則無論宋明理學家如何極高明而盡精微，若忽略與論敵的對話，則亦難以致廣大而道中庸，其激而為反對者「禮教吃人」的控訴，實亦不能不說為許多道學家流於褊狹專斷之過。李贄學術實即有先見於此，故對道學家有諸多愛深責切的反省，如袁中道所云，其旨乃在於：「黜虛文，求實用，舍皮毛，見神骨；去浮理，揣人情」，因此，「即矯枉之過，不無偏有重輕，而舍其批駁謔笑之語，細心讀之，其破的中窾之處，大有補於世道人心。」〔註88〕而蘇軾「多切人事」之易學，與「解

〔註84〕　王畿承陽明「無善無惡心之體」而申說「四無」，其宗旨所在，實即李贄為眾所稱之「聖凡平等」精神，故得李贄衷心盛讚之。如其〈答楚侗耿子問〉曰：「大人之學，性相平等，無有高下……無同無異，無凡無聖，無三教可分，無三界可出，邁古無為之化也。」（《王龍溪全集》，臺北：華文書局，1970 年，卷 4，頁 335）但凡人執著現象之異同，則難以理解體悟其「無同無異，無凡無聖」之智慧。

〔註85〕　蘇軾之以道家解《易》，如林麗真、余敦康、趙中偉、鄧秀梅等學者皆有所論，而偏重（老、莊）不同，無法詳述，附錄各篇論著於後。

〔註86〕　蘇軾論性主張「性無善無惡」，而批評孟子之說；而王學「無善無惡心之體」，卻是能真知孟子即心善言性善之先天主體。蘇軾論性之說，除前註所引學者亦有所觸及外，如楊淑瓊、張曉芬等學者亦有專論，僅附錄於後。

〔註87〕　南朝宋·劉義慶：《世說新語·文學》第 8 則，楊勇：《世說新語校箋》（臺北：宏業書局，1971 年），頁 152。

〔註88〕　〈李溫陵傳〉，《李贄全集注》第 26 冊，頁 159。

粘去縛」、「虛恢諧謔」的文字風格，未嘗不能給予道學相同的啟發與針砭。
證諸朱子亦能吸納蘇軾之說，即可見必廣納百川，方可見儒學之真精神，故
今日的儒學研究者，亦不能忽略「蜀學」作為傳統儒學之一環。在二十一世
紀的今日，回頭省思儒學之常與變，更當關注長期與程朱理學對立的蘇軾蜀
學，乃至被視為「反道學」之異端的李贄，他們的經學著作及其儒學思想之
內涵，皆有被重新發掘的價值。

　　實則蘇軾與李贄皆一代大家，其學術值得比較探討之處非僅一端，如袁
中道以李贄為「今之子瞻」，而言二人晚年得禍之故，以「二公舌端筆端，真
有以觸世之大忌者，然歟？否歟？」〔註89〕作一反詰，而未置答。就其二人
橫遭磨難，著作幾度禁毀的事實，說其「舌端筆端，真有以觸世之大忌者」，
亦是順理成章的推論，否則又將如何解釋「性無忮害」的兩人，卻令時人「愛
之欲其生，惡之欲其死」〔註90〕呢？然而，當時的「大忌」在二十一世紀的
今日來看，或許已不成其為「大忌」；相反地，才識膽力過人的兩人之學術，
其所謂「觸世之大忌」，或許在時移世易之後，更可見其超越時代之先知洞見，
亦未可知。然而，本文限於篇幅，諸多論題無法深入探討，僅能作一拋磚引
玉，藉李贄《九正易因》對《東坡易傳》之對話，表彰李贄學術超越道學與文
學之界限、涵融洛蜀、「和而不同」之精神，但願能引發學界對二人學術之精
微，有更多的發掘與思考。

五、引用書目

原典文獻

1. 漢・司馬遷：《史記》，瀧川龜太郎，《史記會註考證》，臺北：洪氏出版
　　社，1986 年。

2. 晉・王弼注：《老子・帛書老子》，臺北：學海出版社，1989 年。

3. 南朝宋・劉義慶：《世說新語》，楊勇：《世說新語校箋》，臺北：宏業書
　　局，1971 年。

〔註89〕袁中道：〈跋李氏遺書〉，《李贄全集注》第 26 冊，頁 155。
〔註90〕周海門（1547～1629），〈題卓吾手書〉曰：「此卓吾老子……一幅字……當必
　　　　有愛之者，尤必有惡之者，愛惡之者亦必極。夫使不令人愛，不令人惡，愛
　　　　惡之又不極，何取於字，亦何以為卓吾老子？惟其不但愛而且惡，惡之且必
　　　　極，所以為卓吾老子之字。」（《李溫陵外紀》，卷 2，收入《李贄全集注》第
　　　　26 冊，頁 125），其說雖曰評李卓吾之字，移之以評其人亦甚恰切。

4. 宋・蘇軾撰，龍吟點評：《東坡易傳》，長春：吉林文史出版社，2002。

5. 宋・秦觀：《淮海集》，收入《景印文淵閣四庫全書》集部 54，別集類，臺北：臺灣商務印書館，1983～1986。

6. 宋・蘇轍：《欒城後集》，收入《景印文淵閣四庫全書》集部 51，別集類。

7. 宋・朱熹：《四書集註》，臺北：學海出版社，1988。

8. 明・朱時恩：《居士分燈錄》，收入《中國燈錄全書》第 6 冊，北京：中國書店，2008 年。

9. 明・王守仁著，吳光等編校：《王陽明全集》，上海：上海古籍出版社，2011 年。

10. 明・王畿：《王龍溪全集》，臺北：華文書局，1970 年。

11. 明・李贄：《焚書》，收入張建業主編：《李贄全集注》第 1、2 冊，北京：社會科學文獻出版社，2010 年。

12. 明・李贄：《續焚書》，收入張建業主編：《李贄全集注》第 3 冊。

13. 明・李贄：《藏書》，收入張建業主編：《李贄全集注》第 4～8 冊。

14. 明・李贄：《九正易因》，收入張建業主編：《李贄全集注》第 15 冊。

15. 明・袁中道、沈德符、祝世祿等論及李贄文章，收入張建業主編：《李贄全集注》第 26 冊。

16. 明・董其昌：《容臺集》，收入《四庫全書存目叢書》集部第 171 冊，臺北：莊嚴文化事業有限公司，1997）。

17. 明・劉宗周：《劉子全書》（臺北：華正書局，據清道光刊本影印）。

18. 清・永瑢等：《欽定四庫全書總目》，《景印文淵閣四庫全書》第 1、3 冊。

近人論著

1. 王煜：〈李卓吾雜揉儒道法佛四家思想〉，《明清思想家論集》，臺北：聯經出版公司，1973 年，頁 1～60。

2. 余敦康：〈蘇軾的《東坡易傳》〉，《內聖外王的貫通：北宋易學的現代闡釋》上海：學林出版社，1997 年，頁 69～143。

3. 金生楊：《《蘇氏易傳》研究》，成都：巴蜀書社，2002 年。

4. 林麗真：〈東坡易傳之特質〉，《文史論文集》，臺北：臺灣商務印書館，1985 年，頁 1～17。

5. 林麗真：〈東坡易傳中的「一」〉，《毛子水先生九五壽慶論文集》，臺北：

幼獅文化事業股份有限公司，1987 年，頁 363～392。

6. 林麗真：〈東坡易傳之思想及朱熹之評議〉，《宋代文學與思想》，臺北：
學生書局，1989 年，頁 627～667。

7. 林麗真：《義理易學鉤玄》，台北：大安出版社，2004 年。

8. 林慶彰主編：《經學研究論著目錄》，臺北：漢學研究中心，2002 年。

9. 陳萬益：〈論李卓吾與陳眉公〉，《晚明小品與明季文人生活》，臺北：大
安出版社，1997 年，頁 85～115。

10. 涂美雲：《朱熹論三蘇之學》，臺北：秀威資訊科技股份有限公司，2005
年。

11. 袁光儀：〈道德與反道德——李贄及其「童心說」的再詮釋〉，《臺北大學
中文學報》2（2007.3），頁 155～185。

12. 袁光儀：〈蒙以養正——李贄《九正易因》之〈蒙卦〉解與「童心說」〉，
《成大中文學報》29（2010.7），頁 51～82。

13. 袁光儀：〈李贄《九正易因》初論——一條擴展李贄與儒學研究的新路
徑〉，《臺北大學中文學報》8（2010.09），頁 73～106。

14. 袁光儀：〈仁者以天地萬物為一體——李贄儒學闡微〉，《成大宗教與文化
學報》15（2010.12），頁 1～32。

15. 袁光儀：《異端的儒學：李贄《九正易因》闡論》，高雄復文圖書出版社，
2012 年。

16. 張建業：〈李贄與《九正易因》〉，《李贄論》，北京：社會科學文獻出版社，
2010 年，頁 96～108。

17. 張學智：《明代哲學史》，北京：北京大學出版社，2000 年。

18. 張曉芬：〈試從《蘇氏易傳》的「思無邪」探究其性命之學〉（一）（二）
（三），《孔孟月刊》549/550、551/552、553/554（2008），頁 27～31、33
～47、35～39。

19. 黃尚信：《周易著述考》，臺北：國立編譯館，2002 年。

20. 黃明理：《「晚明文人」型態之研究》，新北市：花木蘭文化事業有限公司，
2011 年。

21. 黃忠天：《周易程傳註評》，高雄：高雄復文圖書出版社，2006 年。

22. 嵇文甫：《左派王學》，臺北：國文天地雜誌社，1980 年。

23. 粟品孝：〈朱熹評議蘇氏蜀學——立足于《朱子語類》的考察〉，《宋代文化研究》第 6 輯，成都：四川大學出版社，1996 年，頁 131～144。

24. 粟品孝：〈理學與非理學之間：朱熹對蘇軾學術的批評和吸取〉，《社會科學研究》（2000.1），頁 89～93。

25. 楊淑瓊：〈「東坡易傳」中的性命之說〉，《鵝湖》335（2003.5），頁 48～53。

26. 趙中偉：〈東坡的柔道——解析《東坡易傳》的思維結構〉，收入王靜芝等著：《千古風流：東坡逝世九百年學術研討會》，臺北：洪葉文化事業有限公司，2001.5）頁 617～657。

27. 鄧秀梅：〈王龍溪的易理思維研究〉，《東華人文學報》11（2007.7），頁 207～234。

28. 鄧秀梅：〈東坡易傳特色舉要〉，《臺北大學中文學報》12（2012.9），頁 1～20。

29. 謝桃坊：〈關於蘇學之辯——回顧朱熹對蘇軾的批評〉，《孔孟月刊》422（1997.10），頁 24～32。

30. 謝建忠：〈蘇軾《東坡易傳》考論〉，《文學遺產》（2000.6），頁 30～36。

附錄二　從《易因》到《九正易因》
——論李贄易學詮釋之發展與完成

（原刊於《閩南》第 64 期，2018 年 04 月）

一、前言

　　關於晚明思想家李贄（1527～1602）的研究，長期以來學者多看重其《焚書》、《藏書》中對於道學之批評，而少深入探討其易學著作：《九正易因》之內容。其書作為李贄生前最後一部蓋棺論定之作〔註1〕，書中卻強調「法神聖者，法孔子者也，法文王者也」〔註2〕，與世人眼中的「異端」形象大相逕庭；就算是視李贄為洪水猛獸、批判李贄不遺餘力的四庫館臣，在論及《九正易因》時亦曰：「贄所著述，大抵皆非聖無法，惟此書尚不敢詆訾孔子，較他書為謹守繩墨云。」〔註3〕可見其書內容亦無悖於儒學之矩矱。然則其所謂「法孔子」之思想內涵，與其對道學的反思批判，在李贄學術中究竟如何「一以

〔註 1〕《九正易因》是李贄生前最後一部著作，見袁中道（1570～1623）《李溫陵傳》載：「初公病，病中復定所作《易因》，其名曰《九正易因》，常曰：我得《九正易因》成，死快矣。《易因》成，病轉甚。」（《珂雪齋集》卷17，收入張建業編：《李贄全集注》第 26 冊，〈附錄一・李贄研究資料匯編〉，北京：社會科學文獻出版社，2010 年，頁 158）由其記載，亦可見李贄對其書之重視，及其書在李贄學術中的重要地位。

〔註 2〕《九正易因・讀易要語》，張建業主編：《李贄全集注》第 15 冊，邱少華注：《九正易因注》，頁 2。

〔註 3〕《欽定四庫全書總目》，經部七，易類存目一，《九正易因》條。《景印文淵閣四庫全書》第 1 冊，頁 1～176。

貫之」而無矛盾，實值得後人深入探討；而李贄一方面既「謹守繩墨」，另一方面又深具創發性的思想〔註4〕，能夠給予後人何等啟迪，亦值得再加闡明。

有鑑於《九正易因》在李贄學術中的重要性，堪稱為其學術最終、最完熟的型態，故筆者以其書為主題，陸續有幾篇論文發表，後整理為《異端的儒學：李贄《九正易因》闡論》〔註5〕一書出版。在研究之初，筆者僅見張建業有〈李贄與《九正易因》〉一篇以該書為主題的研究〔註6〕；在筆者專書出版之後，雖亦見有王寶峰：〈李贄「文王之卦」解〉〔註7〕，陳欣雨〈李贄以心論《易》及其自然人性論初探〉〔註8〕等論文之發表，然而相較於李贄《焚書》、《藏書》等其他主題研究之豐碩，關於李贄易學的研究，仍嫌過於單薄，應有再加著力的空間。

李贄對易學之研討，自幼至老，下過極大苦功，他曾自述曰：「余自幼治《易》，復改治《禮》……竟以《尚書》竊祿。然好《易》，歲取《易》讀之，而讀輒不解，輒亦遂止，然終好也。以終好，故輒止輒讀，不知凡幾讀而凡幾止。」〔註9〕其弟子汪本鈳亦言：「鈳從師先後計九載，見師無一年不讀《易》，無一月不讀《易》，無一日無一時刻不讀《易》，至於忘食忘寢，務見三聖人之心而後已。」〔註10〕直至七十四歲，與焦竑等友人及弟子夜夜聚講論《易》，遂將讀講之紀錄撰成《易因》一書〔註11〕。至於《九正易因》之撰作，則是在其前作《易因》一書的基礎上，又反覆改訂而成。李贄在〈九正易因序〉中述其自《易因》刊後，依然「日惟《周易》是誦是讀，才一年所，改其甚不堪

〔註4〕王煜曰：「今日看來，泰州派最具創發性的作家是李贄。」（《李卓吾雜採儒道法佛四家思想》，收入氏著：《明清思想家論集》，臺北：聯經出版公司，1973年，頁28～29）。

〔註5〕高雄：高雄復文圖書出版社，2012。

〔註6〕張建業：〈李贄與《九正易因》〉（《北京師院學報》1988.1，收入中國人民大學書報資料中心《複印報刊資料》，頁86～94。又收錄於張建業：《李贄論》，北京：社會科學文獻出版社，2010年）。如林慶彰主編：《經學研究論著目錄》（臺北：漢學研究中心，先後三冊，分別於1989、1995、2002年出版），黃尚信：《周易著述考》（臺北：國立編譯館，2002年），收錄有關《九正易因》之研究資料，皆僅此一篇。

〔註7〕《周易研究》，2012年第5期，頁68～74。

〔註8〕《周易研究》，2012年第6期，頁71～76。

〔註9〕李贄：〈易因小序〉，收入《李贄全集注》第26冊，《附錄四·集外集》，頁507。

〔註10〕汪本鈳：〈哭李卓吾先師告文〉，《李溫陵外紀》卷1，收入《李贄全集注》第26冊，頁206。

〔註11〕以上詳見〈易因小序〉，《李贄全集注》第26冊，頁508。

者，幸已得十之三。」其後又與馬經綸（誠所，1562～1605）一起研讀、修訂《易因》，曰：「晝夜參詳，才兩年，而《易因》之舊者，存不能一二，改者且至七八矣。」《易因》更名《九正易因》，亦是採納馬經綸的意見，所謂：「樂必九奏而後備，丹必九轉而後成，《易》必九正而後定，宜仍舊名《易因》，而加『九正』二字即得矣。」〔註 12〕從其自述日誦《周易》之勤，與改寫幅度之大（改者且至七八），可見其撰作態度之認真與嚴謹。

　　既然《易因》的內容已被大幅改寫，且《九正易因》才是李贄最終完成而滿意的作品，則《易因》一書，是否已無閱讀的價值，可以棄之不顧呢？筆者以為，從《焚書》主張「孔子未嘗教人之學孔子」〔註 13〕、《藏書》批判「咸以孔子之是非為是非」〔註 14〕，到《九正易因》的「法孔子者也，法文王者也」，可見前者之批判只是破執，後者之取法才是正說，其間李贄的思想更經歷過一番辯證與再超越，如汪可受（萬曆進士）〈卓吾老子墓碑〉所載，其見李贄以儒帽裹僧頭，迎揖如禮，驚問曰：「何恭也？」而李贄答曰：「吾向讀孔子書，心實未降。今觀於《易》，而始知不及也。敢不如其禮。」〔註 15〕而其中思想發展演變的軌跡，若對照《易因》與《九正易因》二書之異同，或許更可看出其學術獨立自由的精神，為何最終又以所謂「法文王、孔子」為歸趨。

　　筆者在之前《九正易因》研究的基礎上，進一步閱讀《易因》〔註 16〕的內容，則發現二書所展現的核心宗旨仍屬一貫，除了少數幾卦確實作了大幅改寫外，絕大多數的卦旨與思想大義之說解，《九正易因》實多承襲《易因》，至於卦中爻象、爻位的象徵，詮解或許有些更易，但大部分的改訂，乃在文字更加精練、闡釋更加精闢、義理更加精微而已，其精神內涵實無不同。此外《九正易因》在形式體例上有幾項增補與更動，是其中比較顯而易見的差

〔註 12〕以上〈九正易因序〉，《九正易因注》，頁 1。

〔註 13〕〈答耿中丞〉，《焚書》卷 1，張建業主編：《李贄全集注》第 1 冊，《焚書注》，頁 41。

〔註 14〕〈藏書世紀列傳總目前論〉，張建業主編：《李贄全集注》第 4 冊，《藏書注》，頁 1。

〔註 15〕以上見《畿輔通志》卷 166，收入《李贄全集注》第 26 冊，頁 84。

〔註 16〕承張建業教授提供《道藏》本《易因》（北京：文物出版社，1988 年，第 36 冊，據涵芬樓影本影印）之影本供筆者研讀，特此誌謝。又，嚴靈峰編輯：《無求備齋易經集成》第 54 冊亦收錄《易因》（據明萬曆三十五年刊《續道藏》本影印），筆者比對後，發現二書所據應為同一版本。又，此版本時或有形近訛字，如「旡」（無）作「无」，「亨」作「烹」等，逕改之，不一一加註。

異：首先是書前增加一篇〈讀易要語〉，以為全書導論，正面申明了李贄研《易》的基本態度與核心精神；其二是在各卦之解說前，或再加註簡要眉批，且特別標註所謂的「文王之卦」；其三則是將每卦《大象》移至爻辭之末，論斷《大象》是為中下人說，與《爻》、《彖》所代表的「神聖心事」不同。凡此增改的體例，其內容精神在《易因》解卦的文字中多已隱含，而在反複改訂中成熟，而總括為〈讀易要語〉（且更特加批語曰：「真要語，幸勿草草」）作正面的、明確的闡釋；並在各卦解說前多加註眉批，對該卦重點作一提示。此外《易因》引用較多當時一同論易的友朋之說，並附錄歷代各家之易說，《九正易因》對引用友朋之言論處刪略較多，對前代易說則或有減省，而亦有所增補。

　　以下將對二書之異同作進一步的歸納分析，再尋繹其思想之發展與其易學之精蘊，而「異端」李贄對於《周易》經傳與孔子精神之詮釋，亦可使後人對於易學內涵與孔門義理有更多元的思考。

二、《易因》與《九正易因》二書改訂增刪之概況分析

（一）形式體例上之增刪與更動

　　前已論及，《九正易因》在體例上與《易因》較顯著的不同，首先是在書前增加〈讀易要語〉一篇以為導論，姑節引其要：

> 文王《彖辭》、《爻辭》，其言約，其旨深，非夫子讀而傳之，後之人終不可得而讀也。惟夫子……以至聖之心，合前聖之心，而後義畫文理，燦然詳明，厥功大矣。雖謂夫子以註解文王之《易》可也。後之人又何以贅為？夫唯不免有贅矣，以故夫子之《傳》，明而復晦。贅贅無已，晦晦相仍，《易》道大喪。……故世之讀《易》者，只宜取夫子之《傳》詳之，必得其《易》象之自然乃已。不然，寧不讀《易》，不可誤述醫方以傷人也。雖然，夫子在當時亦已知文王之言至精至約，至約至精，非神聖莫能用矣。是故《爻》、《彖傳》之外，復為六十四卦《大象》，以教後世之君子。余嘗怪其與《爻》、《彖》不倫，每每置而不讀。後思而得之，乃知文王之深於憂患也，故於六十四卦、三百八十四爻，專一發揮神聖心事，不至入險而後悔。而夫子復舉《大象》有言之教，俾魯莽如余者得而讀之，亦可以省愆而寡於怨尤。分明是為余中下人說法，實與《爻》、《彖》不倫也。……六十四卦之《爻》、《彖》，專一發明六十四位神聖大人事

也。六十四卦之《大象》，專一發明六十四位君子學人事也。……余
又願後之君子，要以神聖為法。法神聖者，法孔子者也，法文王者
也，則其餘亦無足法矣！〔註17〕

以上文字申明了李贄研《易》的基本態度是：

一、文王作《易》與孔子解《易》，乃真至精至約，非神聖莫能用之至道，
而李贄解《易》，重在「取法乎上」，只以文王、孔子之「神聖」為法。

二、六十四卦之《爻》、《彖》，發明神聖大人事；六十四卦之《大象》，發
明君子學人事，即《大象》乃為「中下人說法」，與《爻》、《彖》是完全不同
層次的立論，「兩途各別，不可得而混」。

李贄以《爻》、《彖》為文王作（此《彖》指彖辭，即卦辭），並以「深於
憂患」概括文王的「神聖心事」；而《彖傳》、《小象》對卦、爻辭的補充，則
是孔子對文王言約旨深的註解與發揮，亦是後人研《易》得以依循的最佳路
徑；至於《大象》則是夫子為「中下人說法」的方便權說，其層次境界，與
《爻》、《彖》所代表的「神聖心事」是無法比擬的。以上對《周易》經傳作者
的認知及其內涵詮釋是否有可商榷，在此姑不置論，重點是這一觀點代表了
李贄解《易》的基本立場：其對於《易》道、對於文王、孔子所代表的「神
聖」境界，實乃無比推崇與敬服；相反地，對於《大象》之說，以及後世學者
的《易》學詮釋，他卻直白地評其「贅贅無已，晦晦相仍」，甚且欲「置而不
讀」。此一態度與其「反道學」的異端形象合觀，則可見李贄實立足於自身對
於文王、孔子的「真道學」的理解，以「法神聖」的高標準，檢討君子學人未
臻上乘的見解，進而更勇於批判等而下之的世俗之偽道學。而其所認知文王、
孔子的「神聖心事」，正是他自身所追求的理想社會與理想人格的典範。

上述〈讀易要語〉中所申明的觀點，若與《易因》的內容作一對照，吾人
可以說，關於第一點對文王「深於憂患」的「神聖心事」之體會，已時時顯現
在《易因》的解卦文字中；至於第二點對《大象》乃「為中下人說法」之理
解，則在作《易因》之初尚未成形，而是在李贄反複玩《易》，不斷體察所謂
「神聖心事」的過程中，才逐漸感受到《大象》的說法與《爻》、《彖》的精神
有扞格不入之處，最終形成這一獨特而大膽的論斷。以上兩點體認，即具體
呈現在《九正易因》體例上的增補與更動：

首先，對於「神聖心事」的體會，便是在各卦解說前，或增加一、二句簡

〔註17〕《九正易因注》，頁1～2。

要眉批，且有十六卦特別標註判語為「文王之卦」〔註18〕，此外亦有標註「險哉象」、「奇險」等批語〔註19〕，在在可見李贄對文王「深於憂患」、「不至入險而後悔」之智慧的體察。在《易因》中，雖尚未有批語明言「文王之卦」等說，但其解卦之宗旨，大抵已循相同之脈絡解讀文王之精神與智慧，《九正易因》只是進一步的深化與成熟。至於《大象》的部分，在《易因》的體例中，仍與其他各家之《周易》版本相同，將《大象》置於《彖傳》之後，《爻辭》之前，且在自身的解卦文字中，偶而也會引證《大象》的文句；但在《九正易因》中，非但〈讀易要語〉判《大象》為「為中下人說法」、「與《爻》、《彖》不倫」，且更直接變更一般版本的順序，將每卦之《大象》一律移至《爻辭》之末，其不循常規舊說，而獨行己見，實可謂十分大膽。且如《易因》中李贄解說〈震〉卦時，末句尚引《大象》「洊雷震，君子以恐懼修省」為證，但《九正易因》之解說〈震〉卦，其內文與《易因》之說非但大旨皆同，連文字亦少有更動，卻獨獨刪略最後引用《大象》的部分，可見其有不願抬高《大象》地位之意〔註20〕。然而，李贄究竟依據何等標準，判定《大象》「與《爻》、《彖》不倫」呢？對照其所申述「文王之卦」的精神，與《大象》內容之異同，或可看出端倪，此將於後文再作申述。

除以上所述之外，《九正易因》較之《易因》的增刪，尚有幾處不同，首先是關於《文言傳》，《易因》在〈乾〉、〈坤〉兩卦爻辭後，皆附有《文言傳》，其後才是他個人的解說與附錄各家之《易》說，《九正易因》則刪略了《文言傳》的部分。但刪略的原因，李贄亦特別在《九正易因·乾·附錄》中提出其解釋：

　　李贄曰：《乾》、《坤》不載《文言》者，以《文言》宜自為傳，不宜

〔註18〕 王寶峰：〈李贄「文王之卦」解〉一文，已整理「文王之卦」包括〈履〉、〈同人〉、〈豫〉、〈隨〉、〈蠱〉、〈大畜〉、〈頤〉、〈坎〉、〈遯〉、〈晉〉、〈明夷〉、〈家人〉、〈困〉、〈井〉、〈豐〉、〈旅〉等十六卦，占《周易》六十四卦的四分之一。又歸納李贄批為「文王之卦」者有五類：〈明夷〉、〈困〉等二卦為「正文王之卦」；〈履〉、〈豫〉、〈大畜〉、〈頤〉、〈坎〉、〈旅〉等六卦為「文王之卦」；〈同人〉、〈蠱〉、〈遯〉、〈晉〉、〈家人〉、〈井〉等六卦為「亦文王之卦」；〈隨〉卦為「上文王之卦」；〈豐〉卦為「文王當之」。

〔註19〕 「險哉象」如〈夬〉、〈兌〉、〈豐〉、〈中孚〉，「奇險」如〈同人〉、〈賁〉、〈姤〉。

〔註20〕 《九正易因注》，頁300～301。因筆者所據《易因》之版本有二，而皆流傳不廣，標註頁數之效益不大，為省篇幅，故以下僅標注《九正易因注》之頁碼，有興趣之讀者，亦可據卦名查考《易因》之原文。

獨摘《乾》、《坤》兩卦，而遺其他，以破碎聖人之經傳也。待未死，
尚當窮究《繫辭》之奧，不但發明《文言》而已。然中間亦有說及
《文言》者，蓋儒先連篇引類，不復裁減之矣。〔註21〕

可見其刪略並非不重《文言》，相反地，是見其看重《文言》，故欲獨立論之。
可惜由於李贄最終未能獨立撰文深論《文言》、《繫辭》，而《易因》中李贄論
《文言》的大段解說，乃至〈乾〉卦之〈附錄〉中引「坡公解曰」，其後亦有
大段的「李禿翁曰」，在《九正易因》中亦皆同樣刪略〔註22〕，雖其意旨在〈乾〉、
〈坤〉二卦的解說中或亦有所論及，但後人若想對李贄闡發《文言傳》之義
理有更多的了解，亦只能借重《易因》的說解，此亦《易因》不可廢之一例。

其次，二書在各卦之後，李贄大多附錄有歷代各家的《易》說，然若加
以比對，便可發現《易因》所引者，在《九正易因》中或有刪略，或有增補。
因李贄對於各家《易》說，大多僅是附列，而少有討論，故亦無由得知其增刪
的理由，僅能將筆者所觀察到的現象作一說明。姑引一例：如《易因‧革‧附
錄》有王畿（1498～1583）之說，在《九正易因》則刪略了。但王畿是王門弟
子中最受李贄推崇的一位前輩學者，曾盛讚曰：「王先生字字皆解脫門」〔註
23〕，故其省略當亦不是不滿其說，而只是將不必要重複或與其自身所論較無
直接相關的部分作一精簡而已。李贄於〈革〉之解說，二書前後文句或有精
簡改寫，而大旨相同。如《易因‧革》曰：「蓋民可使由，不可使知。（可與樂
成，不可以慮始，雖聖人亦不能不順之也。）既順而孚，是以可革；及其已
革，自然乃孚。孚之者，孚聖人之非喜革也，孚其不得已而革之當也。」《九
正易因‧革》將以上括號中的文字省去，「既順而孚」之「既」字改作「唯」，
其他則同〔註24〕。其言〈革〉之大義如此。而《易因》附錄之王畿曰：「水火
相息為革，革者，變也。」此意在李贄之〈解說〉中已有申發，而王畿下文所
論「君子觀變革之象，以治曆數，明四時之序」等，則與李贄闡釋之重點較為
不同，故《易因》引其說，乃補其所未及言者；而《九正易因》刪其說，則是

〔註21〕《九正易因注》，頁7。案：大陸著作中不論書名或篇名皆採雙尖號，臺灣方
　　　　面則書名為雙尖號，篇名則為單尖號。筆者引用其書原文時，皆依其標號方
　　　　式，一般行文時，則〈乾〉、〈坤〉等卦作篇名號，《易傳》各篇本可各自獨立，
　　　　則仍作書名號。
〔註22〕但《易因‧坤‧附錄》中「坡公解曰」下的「李禿翁曰」，在《九正易因》中
　　　　則改稱「余謂」而保留下來。
〔註23〕〈復焦弱侯〉，《焚書》卷2，《焚書注》，頁112。
〔註24〕《九正易因注》，頁288。

為更聚焦於己說。大概而言,《易因》之附錄或較為寬泛,《九正易因》之附錄,則更集中於與自身論點相關之資料補充。且因後出轉精,《九正易因》附列更多各家學者之說,亦可見在改訂《九正易因》的過程中,李贄仍持續泛觀博覽,用功之勤,令人感佩。

此外,《易因》之作,是與諸友人論《易》的成果,因此保留了較多友人的言論。如焦竑(1541~1620,著有《易筌》)、方時化(生卒不詳,焦竑弟子,著有《易引》等書)〔註25〕、劉用相(生卒不詳,李贄摯友劉東星子,劉東星,1538~1601)、汪本鈳(生卒不詳,李贄弟子)、馬逢暘(生卒不詳,李贄之友)等〔註26〕,在《易因》中皆或多或少紀錄諸人之說。其中方時化亦精於《易》,李贄《易因》在許多卦的解說中,皆以引述「方時化曰」為開頭,但在《九正易因》中,這些「方時化曰」則一律刪除〔註27〕。然若考其後文內容,有些確有大幅的改寫,但多數仍大旨相同,甚且有些文字亦未改動〔註28〕。若就今日強調學術倫理,應註明引文出處的標準來看,李贄此一刪略似有未當,但若比較李贄撰作《易因》與《九正易因》之不同態度來理解其中差別,則《易因》較似李贄之讀書筆記及與友朋之論學紀錄,但《九正易因》則是李贄融會各家之說後,有意自鑄其一家之言。《易因》之「方時化曰」是紀錄方氏之說,而其說是否切當,或可再作辯證;至於《九正易因》寫入〈解說〉的文字,不論與方說或同或不同,皆出於李贄自身體證後所認可者,故不必冠以「方時化曰」。此一態度雖為筆者之推測,但或可再舉一例為證:《易因‧節‧附錄》:「劉用相曰:節雖正理,苦則雖正亦凶。蓋既以節為正

〔註25〕 焦竑、方時化著作,皆收錄於《四書全書總目‧易類存目二》,參陳郁夫《寒泉古典文獻全文檢索資料庫》,http://skqs.lib.ntnu.edu.tw/dragon/。

〔註26〕 以上人物說明參《李贄全集注》第3冊,《續焚書注‧說法因由》,注15,頁308。

〔註27〕 此處所言一律刪除者,專指〈解說〉開頭之「方時化曰」,但《九正易因》在〈解說〉內文或〈附錄〉中仍或引用「方時化曰」,而與《易因》所引亦不全然相同。

〔註28〕 大幅改寫者,如《易因‧兌》曰:「方時化曰:麗澤,兌。兌為說,兩澤相麗,兩兌相學,師友之道也。」《九正易因‧兌》則曰:「兌,說也。說則亨,以故先民而民忘勞,犯難而民忘死。其說之大有如此,非亨而何?」(《九正易因注》,頁340)而〈巽〉卦除開頭省略「方時化曰」外,以下「風為天之號令,命乃君之風行。大君有命,三令五申,欲巽以入之,故重〈巽〉以申之」一字未改,其下「卦唯九五陽剛中正……」以後,文字較多更易,但卦旨仍相似。(《九正易因注》,頁336)。

矣，又安能悔也！故曰：悔亡。尤之也，非與之也。」本段在《九正易因・節》中移入〈解說〉正文，除改「以節為正」為「以苦為貞」（而大意相仿）外，其他未改，但《九正易因》不說本段為「劉用相曰」，而逕冠之以「聖人曰」〔註29〕，推究其意，應可見李贄乃以文王、孔子之「神聖心事」為判準，故若其說合於經傳之旨、聖人之言，亦不必在乎其出於何人之口。

　　以上比較《易因》與《九正易因》在形式體例上的更動，並嘗試推究李贄改訂之緣由與意旨；至於各卦解說內容之增刪改寫的狀況，則其修訂之幅度或大或小，實亦難以一概而論，以下僅就筆者所觀察到的幾種狀況略作舉例說明。

（二）解卦內容上之增刪與改訂

　　前已述及，二書內容所展現的核心宗旨實屬一貫，除了少數幾卦確實「存不能一二」，有大幅改寫外，《九正易因》之於《易因》的改訂之處，多在於使文字更精練、論理更周詳而已。在前文引述二書之解卦文字時，筆者亦已略作說明，如〈震〉之說解，《九正易因》除了刪略文末引證《大象》的段落外，其他內容與《易因》實無甚差異；又如〈革〉之解說，《九正易因》刪略了《易因》中「可與樂成，不可以慮始，雖聖人亦不能不順之也」一段，其他前後文句亦或有精簡改寫，而大旨仍相同。類此略作刪改者當不必一一舉例，以下僅舉二書解說文字中差異較大的幾種情況略作討論。

　　首先，因後出轉精之故，整體而言，《九正易因》之說理自較詳盡，若純粹比對二書中對每卦之〈解說〉文字，《九正易因》所加者，或將以為是新增之文，然究其實，則可能只是將《易因》前後文字安排的順序作一調整，譬如將原置於〈附錄〉中的說解移至正文而已。如前文已提及，李贄《九正易因》刪略了《文言傳》，而《易因》原本申發《文言》之大段文字亦從而刪之，若對照二書〈乾卦〉之〈解說〉，則可見二書文字大體皆同，唯《易因》全段止於「其旨深矣」，《九正易因》其下則又多一段：「乾之群龍，可得而見也。乾之群龍無首，不可得而見也。故用九者，能真見群龍之無首，則自然首出庶物而萬國皆咸寧矣……蘇子瞻曰：乾元，以無首為天則，至矣。」〔註30〕然

〔註29〕《九正易因注》，頁350。
〔註30〕《九正易因注》，頁5。又按：《九正易因注》末句之斷句原作：「乾元，以無首為天，則至矣。」然考《易因》本句為作「乾元以无首為天則嗚乎至矣」，故依文意將斷句改為「以無首為天則，至矣」。

而，此段實已見於《易因‧乾‧附錄》之「李禿翁曰」，故只是將《易因》原有之文字移入於此，而非《九正易因》所新增者。又如二書〈賁卦〉之〈解說〉看似相異處亦不少，但除二書所論之旨意仍大抵相同外，《九正易因》中有「《易》有剛柔往來上下之說，而其最著者，《賁》之《彖》也。故學者沿是爭推其所從變，曰《泰》變為《賁》，此大惑也……聖人之所取以為卦，亦多術矣。或取其象，或取其爻，或取其變，或取其剛柔之相易」〔註31〕等大段文字，雖不見於《易因‧賁‧解說》之文，但見於該卦〈附錄〉之《坡公總解凡例》後。凡此類雖有內容之異，但實可論證李贄撰《易因》之時，其易學思想大抵亦已臻成熟，故其說旨為《九正易因》所承繼。

當然，李贄必以《易因》為不足，故而再反複修訂之。各卦中雖大義相似，亦有增補較多者，即因《易因》之詮解仍較簡略，故在《九正易因》中，對於卦爻背後之義理，又有更詳盡地申發。如〈噬嗑卦〉之〈解說〉，在《易因》中乃引述各家《易》說，如程正叔（頤，1033～1107）、楊中立（時，1053～1135）、李子思（舜臣，宋人，著《易本傳》，生卒不詳）、朱仲晦（熹，1130～1200）、劉濬伯（濂，著《易象解》，生卒不詳）、熊過（1506～1565）、劉用相、方時化等，其他則僅就爻辭文字與爻象、爻位之象徵作一說明，李贄自身對全卦義理之闡發實有闕如，故《九正易因‧噬嗑》除大抵保留《易因》原有之內容〔註32〕外，又增加一段闡釋文字，曰：

> 九四中一奇畫，有噬乾胏而得金矢之象。六五噬乾肉而得黃金，故曰得當。言位雖不當，以之斷獄正得當者。所謂利用獄是也。何也？柔中也。如九四剛不中正，雖有金矢之才亦必以利艱貞戒之。縱以艱貞獲吉，夫子亦以為未光。則知獄貴情恕，用在柔中，過剛者之不足以斷獄，審矣！不然四之乾胏，難於腊肉，況加以金矢之才，助發其間，胡謂而未光乎？三曰腊肉，近日象也。四曰乾胏，五曰乾肉，則適當離日。《賁》之《象》曰：君子以明庶政，無敢折獄。

〔註31〕 《九正易因注》，頁130～131。又，《九正易因‧賁‧附錄》中的《坡公總解凡例》（頁134）只錄二行文字，其他皆刪略。

〔註32〕 上述《易因‧噬嗑》之引文中，《九正易因》僅刪除了劉用相之說，其他皆保留，此外並改稱正叔、仲晦為程子、朱子，其他解爻之說，略有文字增減，而大意相似。蓋劉用相之說以申言九四為主，但文句較為繁冗，李贄下文之補充闡釋已包括其說之意，而更精簡之，即下文「如九四剛不中正……夫子亦以為未光」一段。

　　嗚呼！黜剛明於不用，聖人好生之心何如哉！學者宜細思之。〔註33〕

六五陰爻，本不當位，而六五《小象》曰「得當」，其故安在？李贄曰：「言位雖不當，以之斷獄正得當者。所謂利用獄是也」，「則知獄貴情恕，用在柔中，過剛者之不足以斷獄，審矣！」而所以黜剛明而不用者無他，唯在「聖人好生之心」而已。李贄解《易》之所謂文王、孔子之「神聖心事」，即特別強調此一恕道，闡揚聖王對百姓眾庶之寬恕包容，即使在用刑治獄時，亦當多矜憫而少苛責，不失其「好生之心」，而此意在《易因》中未能充分發揮，故《九正易因》再詳加補充說明。如歐陽修《瀧岡阡表》中，記其父深夜秉燭為死刑犯求生路的精神，正可印證此所謂的「獄貴情恕」。然在專制皇朝下，以苛厲治民而自以為大公無私者多，能夠如歐公之父寬柔以教、愛民如子者少，故李贄不免諄諄告誡焉。前已述及李贄貶抑《大象》乃為「中下人說法」、與《爻》、《彖》不倫者，若與上述精神作一對照，當在於《大象》中有不少「君子以遠小人，不惡而嚴」（〈遯〉）、「君子以除戎器，戒不虞」（〈萃〉）、「君子以折獄致刑」（〈豐〉）、「君子以申命行事」（〈巽〉）……等等，過於強調上位者嚴明政刑以治百姓的論點，如《噬嗑・大象》亦曰：「先王以明罰敕法」，與李贄以「六五柔中」所體認的「獄貴情恕」之精神不符，故使李贄無法認同；但《賁・大象》曰：「君子以明庶政，無敢折獄」，此一上位君子反求諸己以明庶政，而不願苛察百姓、輕動刑法的態度，則為李贄所肯定，故亦不吝在此引述《大象》之說。

　　《九正易因》之解卦，除了在《易因》既有的規模下補充大段文字外，亦有刪略原本文句，而作大幅改寫者。然雖改寫，或亦在精益求精而已，而未必代表對卦旨大義有何不同體認。如以〈大畜〉為例，《易因》開頭一段曰：

> 艮，剛大也，養賢，畜也，何謂賢？三陽，乾也，乾則剛健而篤實。四、五，艮也，艮則輝光而日新。其賢如是，是以皆得見畜于上九，而成所畜之大。然上九之德，實足以畜之，其為德也，剛上而尚賢，尚賢，故賢者皆肯為其所畜；居上則得天位，故見賢而勢自足以畜之，以剛則能止健，故必可以養成其賢，而後畜不遽畜也。以是大

─────────────

〔註33〕《九正易因注》，頁125～126。前數句《易因・噬嗑》作：「九四剛德，噬乾胏而得金矢，金矢，匕、筯屬。六五柔中，噬乾肉而得黃金，故曰得當。」以下則無申發。

者之正如此，故並時諸賢，咸與大亨，无有一人家食者，野之无遺
賢可知也。其相與荷天之衢，應乎天而涉大川，又何疑哉？

《九正易因》則特標註〈大畜〉為「文王之卦」，而又改寫之曰：

大畜，大者畜也。何謂大畜？合《乾》之剛健與《艮》之篤實，大
者皆無不畜之。則其輝光日新，可勝言哉！故特以形容大者之所畜
如此。且上當艮止，其德剛上而尚賢，又能止健，既大且正，故又
曰大畜利貞也。夫尚賢，則賢者皆願為其所畜。居上，則得天位，
而其勢自足以畜之。以剛則能止健，必養成大賢，然後畜之，以待
他日之用焉。已是大者之正，顧并時諸賢咸與大亨，無有一人家食
者。其相與荷天之衢，應乎天而涉川，又何疑哉！〔註34〕

比較二書所論，則可見皆同以「養賢」為卦旨大義，而《九正易因》的改寫確
實更加精煉，「合《乾》之剛健與《艮》之篤實，大者皆無不畜之」，即已概括
《易因》前二行之意；而「上當艮止，其德剛上而尚賢，又能止健」之說，較
之《易因》反複言上九之德，亦更無冗贅之嫌。凡此既可見《九正易因》之後
出轉精，而亦可見對於所謂「文王之卦」的精神，如本卦之言「養賢」，在撰
作《易因》之時，李贄亦早有深刻體認，如《易因・大畜》其下尚有部分解說
文句，亦為《九正易因》完整保留，曰：

眾正之途闢，群陽之路開，天衢亨通，一至於此。濟濟蒸蒸，咸願
嚮（向）用，又孰有過於大畜者邪！然觀之三陽也，先之以有屬，
申之以脫輹，守之以艱貞，觀之四、五也，制之以牿，守之以牙，
才不使遽逞，健不使遽試，其不輕于畜又如是（焉）。誠哉，大畜之
時，其當唐虞之際與！〔註35〕

故所謂「文王之卦」，在〈大畜〉中所表現的，便是以上九為剛上而能止健之
帝王，而以下五爻皆賢者，上能尚賢以養大賢，而下之賢者皆願為其所畜，
「濟濟蒸蒸，咸願嚮用」，此即「唐虞之際」的理想政治。另一方面又依六爻
爻辭如初九「有屬，利已」、九二「輿說（脫）輹」、九三「良馬逐，利艱貞」、
六四「童牛之牿，元吉」、六五「豶豕之牙，吉」等，強調五爻諸賢，當時時
艱貞自守，用賢者亦當牢記「才不使遽逞，健不使遽試」之謹慎惕勵的精神。
由此則益可充分印證李贄所體察的「神聖心事」，一方面追求「尊賢使能，俊

〔註34〕《九正易因注》，頁154。
〔註35〕《九正易因注》，同前註。《九正易因》改「嚮」作「向」，「焉」字刪。

傑在位」〔註36〕，諸賢皆樂為大我付出，而成功亦不必在我；另一方面則更強調賢者須時時懷抱憂患，不敢一日或懈，更不可急功躁進。——不急功躁進者，即其才能之用皆以大我之利弊得失為考量，而非為個人謀。唯有賢者時時不忘自畜其德，以大我為念，才是創造理想社會之前提。

　　以上〈大畜〉雖有較大幅度改寫，而卦旨則同；但在六十四卦中，二書之解卦，固然亦有改易卦旨者。僅舉〈兌〉卦為例：

> 方時化曰：麗澤，兌。兌為說，兩澤相麗，兩兌相孚，師友之道也。卦極言其道至於感天人、致民勸，然所以得此者，非友其誰？貫乎五倫，動必商正，君臣上下，皆師友矣。……觀于六爻而友之義著矣。……夫大人者，但求正己而不求物正，而朋友咸在其遍覆之中，彼商兌者，不免有介疾，和兌者，亦近于不恭，故唯九五之孚于剝，不以為屬，庶幾近之。(《易因》)

> 兌，說也。說則亨，以故先民而民忘勞，犯難而民忘死。其說之大有如此，非亨而何？然而民不可以徒說也。此卦剛中柔外，說以利貞，是以能順天應人而得斯民之說也。……初九以剛處下，有和兌之象。爾說兌來，我以和受；我無爾虐，爾無我疑。則雖未有以致民之勸，而和兌之吉，初自當之矣。九二以剛居中，有孚兌之象。爾以說來，我以誠感；直信民志，其悔自亡。則雖未有以大致民勸，而孚兌之吉，二自當之矣。……以九居五，以剛處中，所謂當位之大君也。兌為毀折，故其處人也不但孚於兌已也。雖其毀折而我剝者，而吾孚信之，唯恐有一之不獲焉。其自處也，不但口無甘說可喜之詞，雖其身亦時有嚴厲難犯之色，何嘗專以兌說為事也！其絕無說民之心如此，然後民之欲為我勞，欲為我死者，相踵也。乃六三直區區守其甘說以來之耳。其不來者，上六又仍欲以甘說引之。終始務於說人，是豈光明正大之為！一旦有急，泮然以離，將誰為我死，又誰為我勞也？其凶必矣。嗚呼！君子觀此，可以知民勸之道矣。(《九正易因》)〔註37〕

比較兩書之解卦內容，便見《易因》以「師友之道」為卦旨，但《九正易因》則在申說所謂「民勸之道」。所謂「兌，說也」，即論人際相處和悅之道，然和

〔註36〕《孟子‧公孫丑上》，第5章。
〔註37〕《九正易因注》，頁340～341。

悅亦非閹然媚世，故唯有正己，方能孚信於人。小至師友相處，大至領導人民，道理相通。《易因》引方時化曰而作闡發，已論及此「師友之道」推其極，亦可「至於感天人、致民勸」，又言所謂「大人者，但求正己而不求物正」，其對於各爻辭之智慧的體察，實亦涵融於《九正易因》之所謂「民勸之道」中。《九正易因》由師友之道擴而充之，而論「順天應人而得斯民之說」，其對於文王、孔子的「神聖心事」，固有進一步的發揮。文中對於九五君王之闡釋曰：「其處人也不但孚於兌己也。雖其毀折而我剝者，而吾孚信之，唯恐有一之不獲焉。其自處也，不但口無甘說可喜之詞，雖其身亦時有嚴厲難犯之色，何嘗專以兌說為事也！」一方面在待人的部分，此當位之大君，不只是讓支持者信服，即使是批評者、反對者，亦以誠信待之，唯恐不獲其心（唯有誠懇傾聽其心聲，方可能獲其信服）。但另一方面，其自我要求嚴格，亦絕不會為了討好他人而放棄原則。這樣的聖王典型，在現實中的統治者確實難得一見，但若非這樣既能以百姓心為心，又能堅持大是大非、不肯媚俗的統治者，又焉能有為有守，大公無私，真正促進國家社會的發展與進步呢？李贄之法文王、孔子，雖難免於曲高和寡，即使是二十一世紀的今日，亦同樣是一位極其非主流的「異端」，但現實中絕大多數反其道而行的統治者，不論其獨裁或民選，在人民眼中，除了印證「沒有最爛，只有更爛」以外，又何嘗能真正彰顯出「統治者」的尊嚴與價值呢？

　　以上略述《九正易因》增訂改寫《易因》之概況，可知李贄之易學詮釋，在《易因》的反複修訂中逐步圓熟，至《九正易因》方為大成，確立其「法神聖者，法孔子者也，法文王者也」之最高標準，而其刪定更動，既不拘泥前說，亦無人我之別，而可見其以一心而通千聖萬賢之自尊自信。然而，從《易因》之內容，已可充分顯現其對於所謂文王、孔子之「神聖心事」之體察，以下即就《九正易因》所承繼《易因》之內容，以及其特加補充闡發之思想重點，以觀李贄易學詮釋之特色。

三、由《易因》與《九正易因》之變與不變綜觀李贄易學詮釋之特色

　　前文著重於《九正易因》之於《易因》之改寫概況，然二書有許多內容實皆相沿未改，以下先以〈乾〉為例：

> 夫天者，萬物之一物，苟非統以乾元，又安能行雲施雨，使品物流

通行著而若是亨乎？……苟能大明乎此，則知卦之六位，一時皆已成就，特乘時而後動矣……蓋皆乾道自然之變化，聖人特時乘之以御天云耳。是故一物各具一乾元，是性命之各正也，不可得而同也。萬物統體一乾元，是太和之保合也，不可得而異也。故曰：乃利貞。然則人人各正一乾之元也，各具有是首出庶物之資也。乃以統天者歸之乾，時乘御天者歸之聖，而自甘與庶物同腐焉，不亦傷乎！萬國保合有是乾元之德也，何嘗一日不咸寧也。乃以乾為天，以萬為物，以聖人能寧萬國，以萬國必咸寧於聖人，不益傷乎！〔註38〕

李贄對〈乾〉之解說，一方面肯定「一物各具一乾元，是性命之各正也，不可得而同」之個體性、差別性，另一方面則肯定「萬物統體一乾元，是太和之保合也，不可得而異」之普遍性、共同性，亦即其根於儒者性善之「人皆可以為聖」，故以聖凡為平等，提醒世人勿以「統天者歸之乾，時乘御天者歸之聖，而自甘與庶物同腐」，當知人人皆有獨立自存的價值。「以聖人能寧萬國，以萬國必咸寧於聖人，不益傷乎」，亦即表示，即使聖人能寧萬國，但亦不必定於聖人之一尊，萬國可以各自獨立發展，而不必依賴於聖人的統一規範。此一聖凡平等、自由開放的大膽主張，在專制時代固易被視為異端，然此精神，實即李贄所深心體認的文王、孔子之「神聖心事」，如子曰：「己欲立而立人、己欲達而達人」〔註39〕，其所欲立欲達者，即人人能各得性命之正而已。

　　然而，李贄一方面主張聖凡為平等，另一方面亦申說「君尊臣卑之正道」，乍看似有矛盾，故須再加申說。李贄的「聖凡平等」，乃至儒者之「人皆可以為堯舜」，並非無視種種「天生不平等」的千差萬別，且亦正視社會各階層分工之必要性，即孟子所謂「勞心者治人，勞力者治於人」〔註40〕、夫子所謂「君君、臣臣、父父、子子」〔註41〕之義。故聖凡平等之真諦，乃在於人人若能各司其職、各盡其分，當其盡己之性，則能盡人之性、盡物之性，不論所司何職，其價值皆同。而君臣之大倫固不可逆，否則僭越暴亂，百姓失所，固為仁者所不忍。《易因》與《九正易因》於〈坤〉之說解，即

〔註38〕《九正易因注》，頁5。按：《易因》之「大明乎此」誤作「天明」。
〔註39〕《論語‧雍也》，第28章。
〔註40〕《孟子‧滕文公上》，第4章。
〔註41〕《論語‧顏淵》，第11章。

在闡明此義，曰：

> 乾坤定質，則一健一順。（健之不能為順，亦猶順之不能為健），苟責健以順，責順以健，健、順皆失其質矣。《乾》、《坤》兩卦，即為反常，非天尊地卑之正理也。乾坤定位，則一夫一婦。（夫之不可為婦，猶婦之不可為夫），苟責夫以婦，責婦以夫，夫婦皆反其分矣。《乾》、《坤》兩卦，總為失位，非君尊臣卑之正道也。〔註42〕

不論天地、夫婦、君臣，其「一健一順」，皆是「不可得而同」的本質差異，不論其性偏於健或偏於順，要能依其本性發揮，皆為正性；但若必以「責健以順，責順以健」為平等，則亦不可得其正性矣。本段文字中，《易因》原有「健之不能為順，亦猶順之不能為健」，「夫之不可為婦，猶婦之不可為夫」二排句，《九正易因》則刪略之，除了使文字較為精簡外，以上二段文句確實亦有較不周延之處，易引發某種「性別刻板印象」之誤解，刪略之後，義較圓融。由此亦可再次論證，李贄之易學思想，在《易因》已大義本具；「九正」之則更精益求精。簡而言之，李贄於〈乾〉倡言聖凡平等，於〈坤〉則申明各盡己性。夫婦、君臣之間，若能各當其位，各司其職，即為真平等；若欲泯除差別強求其同，亦只是假平等。且若人人不願各盡職分，則社會將混亂失序；或欲責求人人皆當既健且順，則除徒增個人壓力，使憂鬱症成流行病之外，社會亦不會更加和諧美滿。由李贄此義反觀今日人群社會之問題，猶有足以引人深思者。

以上言李贄對〈乾〉、〈坤〉二卦的說解，實即所謂「神聖心事」，是以萬物為一體的聖人，看待人群社會的基本價值觀。而順此一平等尊重的態度，李贄所強調的文王之「神聖心事」，首重一「群龍無首」之寬柔包容，上文已申說〈噬嗑〉之「獄貴情恕」，以及〈兌〉之「剛中柔外」，而李贄批為「文王之卦」的〈晉〉卦，亦同樣強調此一「柔中」的包容精神，曰：

> 今觀六五以文明柔中之主，廣大地之度，順遍照之容，當時諸侯凡有失得，皆一切勿恤而不與校矣。此群下所以畢見其忱，而往吉無不利與！……但得天下無冤，則一張廷尉而足，而何愁于鼫鼠之竊位也？是故几杖不朝，何必繫單于之頸；陸賈足使，何必羈南越之頭？〔註43〕

〔註42〕《九正易因注》，頁 12。
〔註43〕《九正易因注》，頁 212～213。

以上引文，亦前後二部《易因》皆未改易之文句。「但得天下無冤，則一張廷尉而足」，即可見李贄以為，統治者若不務創造一個公平正義（無冤）的社會環境，反致力以嚴刑防範他人之「竊位」，實為捨本逐末之舉。而其舉單于、南越為例，更可充分看出，此一平等尊重的態度，固不止於面對境內之臣民，在面對國際關係時，其理亦同。故李贄心目中的文王，乃一和平反戰的人道主義者，而其宏闊大度的思想與智慧，不只遠遠超出專制時代，即使至今日，仍是人類社會尚未達致的高度。

此外，如前引〈大畜〉，乃以「養賢」申發其「文王之卦」之大義，此一精神亦可再引同樣在《九正易因》被標示為「文王之卦」的〈頤〉卦為證，而其中內容，實亦沿襲《易因》之說，曰：

> 頤，所以養人也。觀頤者，觀其所養而非以其自養也。若自求口實，（但知自養，）又何觀焉？是故觀之天地，則所養者萬物，天地不自養也。觀之聖人，則所養者賢人以及萬民，聖人不自養也。……夫養天下者，憂天下者也，安得不以為屬！然欲養天下者，必先於養賢者也，又安得不謂之由頤！〔註44〕

「觀之天地，則所養者萬物，天地不自養也。觀之聖人，則所養者賢人以及萬民，聖人不自養也」，李贄所體認的文王、孔子，儒者聖人，乃以天地為法，以天地萬物為一體，故心心念念以養賢人及萬民為事，而非斤斤於一己之養。然而，正如孔子答子貢問「博施於民，而能濟眾」，「可謂仁乎？」孔子則言：「何事於仁，必也聖乎！堯舜其猶病諸！」〔註45〕博施濟眾乃無盡之事業，豈有盡期？故李贄曰：「夫養天下者，憂天下者也，安得不以為屬！」真正聖人，必然樂以天下，憂以天下，此義在前後兩部《易因》許多卦爻之說解中，李贄亦皆反複申言之。

如解〈未濟〉卦曰：

> 聖人之處世也，無一日而非既濟之時，則無一日而非未濟之心；無一時而非未濟之日，則無一日而非欲濟之念。憂方來，而喜或乘之；喜甫至，而憂復生焉。憂喜相仍，此聖人所以發憤而不知老之將至也。是故既濟、未濟合為一卦，而《易》道終矣。〔註46〕

〔註44〕《九正易因注》，頁160～161。
〔註45〕《論語・雍也》，第28章。
〔註46〕《九正易因注》，頁372。

本段《易因》已有的文字，《九正易因》亦一字未改，而從文中節引聖人之說，即可見孔子「學而不厭、誨人不倦」，「發憤忘食，樂以忘憂，不知老之將至」〔註47〕的精神，亦為李贄所深心體察。正因聖人的精神境界乃不斷自我超越，故其憂樂不會自限於一己物質生命之口體與得失，充其「仁者愛人」之心，則生命時時充實飽滿；然面對立人達人乃至博施濟眾之無盡事業，以及現實生命中種種「求在外者」〔註48〕的困境，聖人亦時時自警，自我惕勵，不敢一時或懈，此即李贄所謂「無一日而非既濟之時，則無一日而非未濟之心；無一時而非未濟之日，則無一日而非欲濟之念」。

　　李贄所謂的「文王之卦」，除彰明聖王博愛天下之仁德外，更強調所謂文王「深於憂患」的戒懼惕勵，以及「不至入險而後悔」的智慧修養。文王以「三分天下有其二」〔註49〕之盛德，而以卑巽艱貞的態度服事殷紂，卻仍不免於困於羑里之危，可見人生中種種「求在外者」的困境，每每難以逆料，而亦避無可避，然則文王之「深於憂患」，亦良有以也。李贄標舉為「文王之卦」者，亦每以身處憂患之自警自勵為戒，並以由入險而能出險之智慧為說。此一「深於憂患」之體悟，亦皆已先發於《易因》，而後《九正易因》又加以承續發揚。以下僅以〈明夷〉為例：

　　　明夷事，莫著乎文王。自初至四，非文王其誰以之！……六四以下，皆為文王之明夷。《象》所謂利艱貞，（晦其明者），具見之矣。夫當其不明而反晦也，則雖以聖人，不免入地下而見傷；及其艱貞而用晦也，則雖至強暴，可以獲心意而出地上。孰謂「利艱貞」一語，非文王出門庭之微旨與！六五與君偕晦，則箕子之明夷真是已。佯狂以避，至晦矣。然人但見其晦，而孰知箕子之明，一何如其不息也！所謂愈晦而愈明，非獨一時不息，殆千萬古而不息（矣）。非不息也，不可息也。熊南沙曰：大難，天下之難；內難，一家之難。……予謂（李生曰）大難，外難也，為外難可以計校求出，亦可以晦明不入。若內難，則出不得，入不得，真難矣。故箕子之明夷，晦不息，明亦不息。夫子特深贊之，不必申以艱貞之戒也。夫天地有晦

〔註47〕《論語・述而》，第2、18章。

〔註48〕《孟子・盡心上》，第3章：「求則得之，舍則失之，是求有益於得也，求在我者也。求之有道，得之有命，是求無益於得也，求在外者也。」

〔註49〕《論語・泰伯》，第20章：「（孔子曰）三分天下有其二，以服事殷，周之德，其可謂至德也已矣。」

明之時，聖人與時偕行，亦不免嚮晦宴息（者）。若曰吾內文明而外
柔順，不宜遽蒙大難，豈知內有文明，則外必有輝光，烏容掩邪！
唯至於明入地中，盡晦其明，無名可見，如箕子然，乃為深體《易》
象，合乎明夷之時（耳）。故文王斷以為箕子之明夷，而自視缺然，
若不知艱貞者。至矣，美矣！非文王大聖人，其孰能感創至此哉！
〔註50〕

〈明夷〉之卦象離下坤上，象徵日入之黑夜，亦象徵昏君在上之黑暗時代。
《彖》曰：「明入地中，明夷。內文明而外柔順，以蒙大難，文王以之。利艱
貞，晦其明也。內難而能正其志，箕子以之。」身處紂王暴虐之世，文王與箕
子之「內文明而外柔順」、「利艱貞，晦其明」之聖德，正為後人樹立了一種善
處憂患的智慧典型。李贄解此卦，以為自初爻至四爻，乃文王之明夷，六五
則箕子之明夷。箕子與紂王有同姓之親，李贄析論曰：「大難，外難也，為外
難可以計校求出，亦可以晦明不入。若內難，則出不得，入不得，真難矣。」
既深知箕子之難乎其難，更可見其智慧難能而可貴。箕子之於紂王有規諫之
責，而無法使其納諫，既不可觸君之怒自陷死地如比干，又不願去國避禍如
微子，故唯有自晦其明，佯狂以避，看似至晦，但李贄則依六五小象：「箕子
之貞，明不可息也」，而詮釋其精神曰：「晦不息，明亦不息」，「愈晦而愈明，
非獨一時不息，殆千萬古而不息。非不息也，不可息也」，而箕子「內難而能
正其志」的精神，實萬古常新，千古以下，仍是一盞明燈，使後人體悟居夷處
困之時，亦知自我貞固之性，當愈晦而愈明。天地既有晦明之時，聖人亦唯
有與時偕行，嚮晦宴息，若不能盡晦其明，「則雖以聖人，不免入地下而見傷」；
然而，「及其艱貞而用晦也，則雖至強暴，可以獲心意而出地上。」亦即在黑
暗的時代，個人若顯其輝光反易遭戕害，唯有順應時勢、靜待時機，要其「晦
不息，明亦不息」，則黑夜終會過去，黎明終會來臨，終有「獲心意而出地上」
之時。

　　實則李贄身處數百年前之專制時代，不論君臣眾民，雖內在皆本有「惻
隱羞惡」之心，但絕大多數人們皆未自覺其「貞固之性」的道德主體方為不
可移易之最高價值；而若以物質生命之貪婪欲望主於其內，即荀子所謂的

〔註50〕《九正易因注》，頁 216～217。括號內文字為二書略有不同之處，如「晦其
　　　　明者」，為《九正易因》所補，其他則《易因》所有，《九正易因》刪改之。
　　　　《易因》另有零星錯字，逕改之，不復註記。

「從人之性，順人之情，必出於爭奪，合於犯分亂理，而歸於暴」〔註51〕，若論其暴虐殘酷，又豈有底限？無知民眾尚有純樸之性，然而掌權得利之上位者，要不迷其本性，陷於權力鬥爭、欲望競逐則難矣。儒者在世俗名利場中，若欲堅持正道，亦難免輝光刺目，引人嫉恨；而面對無法動搖之君權，更時時有履虎尾之危。千古以來，君子所受昏暴君王之屠戮、奸險小人之迫害，史不絕書，李贄痛心之餘，亦奉勸君子當思「出險」之道，否則徒以身死以博忠烈之名，而蒼生斯民何賴？正因反思歷史之斑斑血淚，故其解卦時，對於文王之「深於憂患」與「不至入險而後悔」之智慧，亦為其再三申論的重點。

　　李贄於《易因》解〈坎〉之義，亦再以「西伯之羑里」申述所謂「處險之第一義」，《九正易因》亦保留其說，曰：

> 今唯無故而自入于險也，則已身在險中，可遽出乎！是以君子不喜其能出險，而復喜其能巽入于險。何以故？蓋當此無可奈何之時，必有可以奈何之勢，然後徐定以圖出，若西伯之羑里是已。是故既入于險，則安于險，勿用匆遽求出為也。方且以險為枕，而入于險坎之中，斯為處險之第一義耳。〔註52〕

〈坎〉亦被李贄視為「文王之卦」。所謂「君子不喜其能出險，而復喜其能巽入于險」，正因遭遇憂患險阻，往往是「無可奈何」，非主觀努力所能求免；但「巽入于險」，則是「可以奈何」──個人主觀生命可以選擇的態度與智慧。實則無人願意遭逢憂患險難，因此驟然面對，往往怨天尤人，或為臨難苟免而無所不至，或因一時衝動而自陷死地，鮮有不迷其本性者。唯有「憂以天下」的仁者，能對種種外來憂患之避無可避，有深刻之體會與了悟，故亦能洞澈身處憂患之智慧：唯有致力於自身之修養，內則艱貞，外則卑巽，既有剛毅堅忍貞固之道德主體，亦有寬和柔軟謙卑的處世智慧，「既入于險，則安于險」，才可能「徐定以圖出」，亦終能「吉無咎」。李贄以「西伯之羑里」期於後世大賢，標準容或太高，但其愛深責切之批評，反被視為「顛倒千萬世之是非」，當世君子無以思其深意，其身後東林君子亦無以逃黨禍之毒，實令後人讀史至此，亦不免掩卷太息。

〔註51〕《荀子‧性惡》。
〔註52〕《九正易因注》，頁 171。

四、結語

　　本文由李贄從《易因》之撰作至《九正易因》之改訂，觀察其易學詮釋之演進，可知李贄在《易因》的階段，仍有較多的看法乃依循前儒之說，並廣納朋友之見；而至《九正易因》之定稿，則重在闡明個人獨特的見解與勇於提出體例之創新。然而，若比較其解卦之內容，則將發現李贄的許多重要看法與詮釋，在《易因》中已然大備，而《九正易因》保留且更著重闡釋者，更可充分看出李贄超越時代的見解與智慧。

　　其以仁者以天地萬物為一體的胸襟，體察文王、孔子之「神聖心事」，其一在於尊重肯定人人皆具乾元之正性，故聖凡皆平等；人人若能各盡其性，各司其職，則價值無高低。其二則在體察聖王博愛天下之襟懷，乃寬柔以教，大度包容，以當今思想詮釋之，可謂為一和平反戰之人道主義者，此實乃超越時代之見解思維，至今的人類社會，亦難找出幾個能夠符合此一精神的統治者。其三則特別強調文王「深於憂患」、「巽以入險」而能出險之智慧，此乃李贄為史上受昏暴君王、奸險小人迫害屠虐之君子深致嘆息，故諄諄告誡其明哲保身之道。

　　然而，若不能創造一合於公平正義之社會環境，徒責求君子以文王之神聖為法，無法嚴懲昏暴之君王、濫權之酷吏，反責君子之不能卑巽艱貞，則類似之悲劇，亦無從避免，此亦身處專制皇朝，同受迫害的李贄，所難以避免之思想侷限，而二十一世紀之今日，吾人但願此一「卑巽艱貞」的智慧，可以「備而不用」，任何人亦無須為其「外有輝光」而受迫害，則是生於今日之人類之幸矣。